融合教育系列精品教材

U0463259

幼儿园
融合教育
课程调整

张丽莉　编著

南京大学出版社

图书在版编目(CIP)数据

幼儿园融合教育课程调整 / 张丽莉编著. —— 南京 ：南京大学出版社，2025.7

ISBN 978 - 7 - 305 - 27702 - 3

Ⅰ.①幼… Ⅱ.①张… Ⅲ.①学前教育－教学参考资料 Ⅳ.①G613

中国国家版本馆 CIP 数据核字(2024)第 032743 号

出版发行　南京大学出版社

社　　址　南京市汉口路 22 号　　邮　编　210093

书　　名　**幼儿园融合教育课程调整**
　　　　　YOUERYUAN RONGHE JIAOYU KECHENG TIAOZHENG

编　　著　张丽莉

责任编辑　提　茗　　　　　　编辑热线　025 - 83686756

照　　排　南京开卷文化传媒有限公司

印　　刷　扬州皓宇图文印刷有限公司

开　　本　787 mm×1092 mm　1/16 开　　印张 15.5　　字数 330 千

版　　次　2025 年 7 月第 1 版　2025 年 7 月第 1 次印刷

ISBN 978 - 7 - 305 - 27702 - 3

定　　价　48.50 元

网　　址：http://www.njupco.com

官方微博：http://weibo.com/njupco

官方微信号：njuyuexue

销售咨询热线：(025)83594756

本书资源

前　言

　　随着我国学前教育和特殊教育政策的不断深化与完善,融合教育的发展已成为学前教育领域的核心议题之一。2010年,《国家中长期教育改革和发展规划纲要(2010—2020)》提出要"因地制宜发展残疾儿童学前教育",2019年,中共中央、国务院印发《中国教育现代化2035》,明确特殊教育现代化是中国教育现代化的有机组成部分。2022年,党的二十大报告设置专章论述"实施科教兴国战略,强化现代化建设人才支撑",指出要"强化学前教育、特殊教育普惠发展",进一步凸显了学前融合教育的必要性和紧迫性。2024年11月8日,十四届全国人大常委会第十二次会议表决通过《中华人民共和国学前教育法》,提出"普惠性幼儿园应当接收能够适应幼儿园生活的残疾儿童入园,并为其提供帮助和便利","县级以上地方人民政府应当根据本区域内残疾儿童的数量、分布情况和残疾类别,统筹实施多种形式的学前特殊教育,推进融合教育,推动特殊教育学校和有条件的儿童福利机构、残疾儿童康复机构增设学前部或者附设幼儿园"。《学前教育法》已于2025年6月1日正式实施,历时15年的发展,特殊教育在学前教育阶段延伸成为必然趋势,特殊需要儿童进入普通幼儿园接受融合教育成为学前特殊教育形式的主体,教师具备融合教育素养成为学前教育事业对幼儿教师职业素养的必然要求。学前融合教育是特殊教育的开端,其现代化发展既是中国教育现代化的有机组成部分,也是体现教育公平、保障特殊教育质量的根基力量。幼儿园课程是实现学前教育目的的桥梁和手段,对幼儿园课程进行调整以满足班级所有儿童尤其是特殊需要儿童需求就成为不可回避的问题。然而,在实际操作层面,许多幼儿园现行针对特殊需要儿童的课程体系尚存在与主流课程分离的现象,表现为课程目标设定、内容设计、实施过程及评价机制上的融合理念未能有效落地,导致学前融合教育效果不尽如人意。究其根本,幼儿教师队伍普遍缺乏针对性的融合教育课程调整能力是一个关键原因,这已成为制约学前融合教育质量提升的一大瓶颈。基于此,《幼儿园融合教育课程调整》新编教材应运而生,旨在满足新时代对幼儿园教师融合教育素养的需求,帮助幼儿园教师更好地理解和应对多元化的幼儿群体,尤其是在融合教育环境中如何进行有效的课程调整。

　　《幼儿园融合教育课程调整》分为上下两篇,上篇扎实奠定幼儿园课程的基本理论知识基础,确保学生对幼儿园课程的本质、目标和结构有深入的理解。在此基础上,教材创造性地将融合教育理念贯穿其中,不仅介绍如何在新的教育环境下调整幼儿园课程的整体目标以适应特殊需要儿童的发展需求,还详细探讨了内容选择、组织形式、实施策略以及评价方法的融合内容与策略,使学生能够在掌握一般幼儿园课程体系的同时,充分理解并学会如何在融合教育背景下进行有效的课程调整,从而培养他们具备适应多元化幼儿群体的教学能力。下篇则聚焦于幼儿园五大领域(健康、艺术、科学、社会、语言)的具体活动设计及其在融合教育环境下的个性化调整。每章针对一个特定领域,结合实际案例进行深度剖析,详解如何根据不同类型特殊需要儿童的特点与需求,针对性地设计和优化教学活动,以促进所有儿童全面发展。本书将融合教育理念融入幼儿园课程设计与实施全过程,同时兼顾理论教学与实践操作,通过案例分析的方式,进一步增强了其实用性和指导意义。本教材既可以作为高等院校学前教育专业学生的教学用书,提升学生在未来融合教育工作中解决实际问题的能力,也可以作为幼儿园融合教育参考用书,为幼儿园一线教师提供融合教育经验和启示。

　　本书在编撰过程中参考了国内外研究学者的相关论著与研究成果,也得到了高春玲、金玲、周昉、赵红梅、马骏、梁田田的大力支持。在此,要特别感谢高春玲完成第三章、第八章内容的编撰,金玲完成第四章、第九章内容的编撰,殷华街幼儿园周昉参与第九章、第十章、第十一章、第十二章部分案例分析的编写,北京大学附属幼儿园李慧萍、张春娟、李鑫、尤凤娇、张帅、张胜静、包何燕、王安琪参与第八章、第九章、第十章、第十一章、第十二章部分案例分析的编写,北京东路小学附属阳光幼儿园吴琦参与第八章部分案例分析的编写,昆明学院附属幼儿园王珊、奚银晶参与第八章、第十一章部分案例分析的编写,昆明市西山区前卫幼儿园徐玉珏、李金惠参与第八章部分案例分析的编写,昆明市第十七幼儿园王红、徐莹莹参与第九章部分案例分析的编写,云南省金牛幼儿园南亚园郭书廷、牟玺欣参与第九章部分案例分析的编写,昆明市第十八幼儿园房云慧、刘杨参与第十章部分案例分析的编写,昆明市西山区第七幼儿园崔家羽参与第十章部分案例分析的编写,郑州市奇色花福利幼儿园杨思维参与第十章部分案例分析的编写。

　　《幼儿园融合教育课程调整》是对学前融合教育理论与实践相结合的积极探索。我们诚挚希望本书能为我国学前融合教育事业的发展贡献力量,并期待读者们能从中获得启发,共同推动我国学前融合教育事业迈向更高水平。由于本书涉及内容广泛,难免存在不足之处,敬请广大读者不吝赐教,给予宝贵的意见和建议。

张丽莉

目　录

ONE

幼儿园融合教育课程调整概述

学习目标

1. 了解课程类型及要素
2. 掌握幼儿园课程概念及特点
3. 掌握幼儿园融合教育课程调整概念和核心内容

第一节 课程与幼儿园课程

一、课程

（一）课程的定义

课程是关于教育目标、内容、方法和评价的一个系统，是教育思想、教育理论转化为教育实践的中介或桥梁。教育实践常以课程为轴心展开，教育改革也常以课程改革为突破口而进行①。可见，课程是连接教育目标和教育实践的纽带，对课程的理解往往决定了教育的实施和走向，影响了怎样培养人的思路和策略。

---

① 朱家雄.幼儿园课程［M］.3 版.上海:华东师范大学出版社,2022:2.

中文中的课程始见于唐代,孔颖达为《诗经·小雅》中"奕奕寝庙,君子作之"注疏:"维护课程,必君子监之,乃得依法制也。"宋代学者朱熹在《朱子全书·论学》中多次提到课程,如"小立课程,大作功夫"等,朱熹这里的课程指的是功课及其进程。

英语中课程"Curriculum"来源于拉丁语"currere",最早见于英国学者斯宾塞《什么知识最有价值》(1859)一文。Curriculum 有名词和动词两种词性,名词内涵"跑道",即"学程",为儿童设计学习的轨道;动词内涵"奔跑",即"学习的过程",是儿童对自己学习经验的认识。从中外课程起始发展来看,课程的含义已经与今天人们对课程的理解相接近。

任何教育过程都涉及知识、技能、能力、态度或情感等方面的因素,都涉及"教什么"的问题。从这个意义上来说,课程的问题是教育上的一个永恒的课题。[1] 由于学者们所处时代、地域不同,所持哲学观、儿童观等观念不同,对课程应该教什么的问题各持己见,莫衷一是,至今已有百余种不同的定义来解释课程这一术语。华东师范大学朱家雄教授在对课程定义进行分析之后将其归类,认为课程定义主要围绕四个维度,分别是学科维度、经验维度、目标维度和计划维度,以下内容参考朱家雄教授《幼儿园课程》(第三版)。[2]

1. 学科维度

将课程看作是教学的科目在历史上由来已久。我国古代的礼、乐、射、御、书、数六艺,就有将这些科目当作课程的含义。同样的,在中世纪的欧洲,学校有文法、修辞、辩证法、算术、几何、音乐、天文学七艺,西方现代的课程体系就是在此基础上逐渐建立起来的。

我国 1980 年版的《辞海:教育、心理分册》对课程的定义为:课程即教学的科目,可以指一个教学科目,也可以指学校的或一个专业的全部教学科目,或指一组教学科目。[3]

学科课程注重学科科学体系,并根据学习者的发展特征和认识水平编制教材,让学习者进行系统的学习,这种课程通常表现为课程标准、课程(教学)计划、教学大纲和教科书。

2. 经验维度

以经验维度界定课程起源于杜威(Dewey J.)的进步主义教育思想。杜威认为:"教育是在经验中,由于经验、为着经验的一种发展过程。"[4]他主张"把各门学科的教材或

---

① 施良方.课程理论——课程的基础、原理与问题[M].北京:教育科学出版社,1996:1.
② 朱家雄.幼儿园课程[M].3 版.上海:华东师范大学出版社,2022:5-7.
③ 《辞海》编辑委员会.辞海:教育、心理分册[M].上海:上海辞书出版社,1980:5.
④ 约翰·杜威.杜威教育论著选[M].赵相麟,王承旭,编译.上海:华东师范大学出版社,1981:351.

知识各个部分恢复为原来的经验。"①在杜威的著作中,凡是涉及课程和教学内容的地方,几乎都采用了经验的提法。

我国的《大百科全书:教育》从学科维度和经验维度对课程的界定做了阐述:"(课程)广义指所有学科(教学科目)的总和,或指学生在教师指导下各种活动的总和。狭义指一门学科。"②

经验课程以"开发与培养主体内在的、内发的价值为目标,突出生活现实和社会课题,或者说是以社区、经验、活动、劳动等作为内容编成的,旨在培养丰富的、具有个性的主体。"③"经验课程的基本着眼点是儿童的兴趣和动机,以动机为教学组织的中心。"④

3. 目标维度

以目标维度界定课程起源于博比特(Bobbitt F.)、查特斯(Charters W.W.)的课程工学,后经泰勒(Tyler R.W.)等人的发展,使这种把预期的学习结果和目标看作课程的观念日趋完善。

4. 计划维度

以计划维度界定课程反映了一种综合倾向,塔巴(Taba H.)指出:"所有的课程,不管是什么样的特殊设计,都是由一定的元素组成的,课程通常包括对目的和特定目标的阐述;对内容的选择和组织;不管是因为目标的需要还是内容组织的需要,都暗含着或显示了一定的学和教的类型;最后还包括对结果的评价方案。"塔巴将课程定义为"一种学习计划"。

(二) 课程的类型

1. 分科课程与活动课程

分科课程又称科目课程,指的是根据培养目标和科学发展水平,从各门科学中选择合适一定年龄阶段儿童的发展水平的知识,组成教学科目。分科课程将科学知识加以系统组织,对教材依一定的逻辑顺序加以编排,注重儿童在学习过程中知识和技能的掌握。

活动课程以儿童的兴趣、需要和能力为出发点,通过儿童自己组织的活动而实施课程。活动课程打破了学科本身的逻辑,注重儿童的学习过程本身。对于活动课程这一术语,有人提出用"经验课程"或"儿童中心课程"加以替代。

分科课程注重让儿童掌握基础知识和技能,而且容易被教师把握,长期以来被广泛运用。但是,它只关注学科逻辑,容易脱离儿童的生活实际。与之相反,活动课程能从

---

① 约翰·杜威.杜威教育论著选[M].赵相麟,王承绪,编译.上海:华东师范大学出版社,1981:89.
② 中国大百科全书总编辑委员会《教育》编辑委员会.中国大百科全书:教育[M].北京:中国大百科全书出版社,1985:207.
③ 钟启泉.现代课程论[M].上海:上海教育出版社,1989:186.
④ 钟启泉.现代课程论[M].上海:上海教育出版社,1989:186.

儿童的兴趣需要出发,与儿童的生活相贴近,但是,由于缺乏严格的计划,活动课程不容易使儿童掌握系统的知识。分科课程和活动课程各自的长处正好是对方的不足。

2. 显性课程和隐性课程

显性课程是学校情境中以直接的、明显的方式呈现的课程。隐性课程是学校情境中以间接的、内隐的方式呈现的课程。两者在性质和功能上都不同。第一,课程的计划性不同。显性课程是有计划、有组织的学习活动,学习者有意参与活动的成分很大,隐性课程是无计划、无组织的学习活动,学习者在学习活动中主要获得的是隐含于课程中的经验。第二,学习的环境不同。显性课程主要通过课堂教学获得知识技能,隐性课程主要通过学校环境(包括物质环境、社会环境和文化影响等)得到知识、态度和价值观。第三,学习者的学习结果不同。显性课程中学习者获得的主要是预期性的知识,隐性课程中学习者获得的主要是非预期性的内容。

显性课程和隐形课程之间存在内在联系。一方面,显性课程实施的过程中常常伴随着隐性课程,特别是显性课程实施过程中能充分发挥师生双方的自主性和创造性时,就一定会出现更多非计划、非预期的教育影响。另一方面,隐性课程也在课程实施的过程中不断转化为显性课程。[1]

二、幼儿园课程

幼儿园课程是发生在幼儿园中关于幼儿教育目标、内容、方法和评价的一个系统,是幼儿教育思想、教育理论转化为幼儿教育实践的中介或桥梁。

幼儿园课程与其他各级各类教育的课程具有相似之处,如都要反映一定的社会价值和文化知识,都注重将这些社会价值和文化知识整合到学习者的经验之中。但由于幼儿园课程的教育对象为3—6岁学前阶段儿童,学前阶段是人生中发展的早期,也是发展最为迅速的阶段,幼儿学习的能力极大地有赖于自身的发展,因此,以幼儿为教育对象的幼儿园课程的决策应该充分考虑每个幼儿的发展水平。几乎所有的早期教育工作者都认为,早期教育应该是适宜儿童发展的。幼儿教育的方法和材料也不同于其他各级各类教育,在儿童早期,更多采用的是具体的材料和活动,课程较多地是采用活动而不是上课的形式加以组织的。[2] 从这个意义上来讲,活动课程或经验课程更适合幼儿园课程。

(一) 幼儿园课程的要素

幼儿园课程要素是指构成幼儿园教育活动整体的各个核心组成部分,是设计和实施幼儿园课程时不可或缺的关键环节,主要包括课程目标、课程内容、课程组织与实施、

① 朱家雄.幼儿园课程[M].3版.上海:华东师范大学出版社,2022:10-11.
② 朱家雄.幼儿园课程[M].3版.上海:华东师范大学出版社,2022:10-11.

课程评价。

　　课程要素的概念可以追溯到美国教育家弗朗西斯·博比特(Francis Bacon),他被誉为现代课程理论的先驱之一,他在 1918 年出版的《课程》一书中首次系统提出了"活动分析法",强调通过分析人类生活中的各种活动来设计教育课程,并将课程内容划分为多个基本单元或要素。然而,对于课程具体的四大要素划分——课程目标、课程内容、课程组织与实施、课程评价,则是在后续课程论发展的过程中逐渐完善和明确起来的。1949 年,美国课程论专家拉尔夫·泰勒(Ralph Tyler)在其著作《课程与教学的基本原理》中提出了著名的"泰勒原理"或"目标导向模式",该理论体系对课程设计和评价具有里程碑式的影响。他认为课程设计应遵循以下四个基本问题:(1) 确定教育目标。首先明确教育希望学生在学习过程中达到什么样的具体、清晰的目标,这些目标应关注学生的知识、技能以及态度等方面。(2) 选择教育内容。根据预先设定的教育目标,精心挑选和组织相关的教学内容,确保所教授的内容有助于实现预设的学习目标。(3) 组织与实施教学活动。设计有效的教学方法和策略,合理安排教学过程,以保证学生能够通过参与各种教学活动,系统地获取并掌握所需的知识与技能。(4) 评估与反馈。建立一套严谨的评价机制,用于检测和判断学生是否达到了预期的教学目标,同时,基于评价结果进行反馈和调整,不断完善课程设计和教学实践。泰勒的这一理论框架为后来的课程开发与改革提供了重要的理论指导,并在全球范围内被广泛应用于教育领域。泰勒提出的课程设计应遵循的四个基本问题也就成为今天我们常说的课程要素。

　　幼儿园课程中的课程目标、课程内容、课程组织与实施、课程评价这四个要素相互联系、相互作用,共同构成了幼儿园课程的完整体系,旨在培养具有良好习惯、广泛兴趣、初步能力及积极态度的全人儿童。具体来说:

　　幼儿园课程目标是幼儿园课程设计的基础与方向标。明确指出幼儿在经过一段时间的学习后应达到的知识、技能、情感态度以及价值观等发展目标。课程目标要以幼儿全面和谐发展为核心,关注个体在身心健康、认知能力、社会情感、艺术修养等多个方面的启蒙与培养,为后续学习及终身发展奠定基础。

　　幼儿园课程内容是实现幼儿园课程目标的具体路径和载体。课程内容的设计必须紧密围绕课程目标,确保教学活动能够帮助幼儿逐步达成目标要求。幼儿园课程内容包括了游戏活动、生活活动、学习活动等各种形式的教学活动及其具体内容,涵盖了健康、语言、科学、社会、艺术五大领域的学习内容,教师依据课程目标精心挑选和组织这些内容,以确保幼儿通过参与各种活动,在认知、语言、艺术、健康、社会等各方面得到全面发展。

　　幼儿园课程组织与实施是实现幼儿园课程目标、落实幼儿园课程内容的重要手段和过程,它将课程设计的理论层面转化为实际的教学活动,包括课程结构的设计、教学方法的选择、活动形式的设定、教学环境创设以及教育资源的整合等方面。幼儿园课程的组织与实施必须紧密围绕课程目标和内容进行,既要保证教学活动的有效性,又要充分考虑幼儿的发展需求和兴趣特点,最终目的是促进每个幼儿全面和谐地发展。

幼儿园课程评价是检验和确认课程目标达成情况的重要环节,是对课程内容实施效果的反馈和评估,是对课程组织与实施过程及结果的质量监控。课程评价是一个持续的过程,关注幼儿的学习过程和全面发展,检验课程目标达成情况,同时作为改进课程的重要依据,推动幼儿园课程的不断优化与发展。

(二) 幼儿园课程的特点

1. 课程目标的基础性

幼儿园课程首要特点在于其基础性,在其对幼儿早期全面发展所起到的关键作用。该阶段的课程设计和实施旨在为儿童提供全面而均衡的发展基础,关注幼儿在身体、心理、认知、情感、社会交往及艺术等多维度的成长需求。这一时期的学习不仅为幼儿未来进入小学阶段奠定扎实的知识与技能基础,更是在其价值观培养、习惯养成以及人格形成等方面发挥着至关重要的奠基作用,为他们的终身学习和健康成长提供了有力支撑。

2. 课程内容的生活性

幼儿园课程强调与日常生活紧密相连的生活化特征,以幼儿熟悉的日常生活情境作为教学内容的源泉,选取贴近实际生活的内容作为教学素材,如饮食、卫生习惯、季节变化、社会交往等。通过模拟或真实体验这些生活场景,幼儿能够在轻松自然的过程中习得知识技能,并学会将所学应用到日常生活中去。这种无缝对接的方式不仅有助于提高幼儿的学习兴趣和积极性,更能促进其对知识的理解吸收以及实际操作能力的发展,为未来独立生活与适应社会奠定基础。

3. 课程结构的整合性

幼儿园课程结构具备高度整合性,通过跨学科融合的方式,将语言、科学、艺术、健康和社会等多个领域的内容相互渗透,形成一个相互交织、彼此支撑的教学网络。通过这种高度整合的课程结构,幼儿能够在不同的学习情境中自然地接触和掌握各类知识与技能,促进多元智能全面发展。例如,在一次关于"植物生长"的主题活动中,教师可能会融合科学探索(了解植物生长过程)、语言表达(描述观察结果和感受)、艺术创作(绘画或手工制作植物模型)以及社会情感教育(培养爱护生命的责任感),让幼儿在各个层面上都有所收获。这样的课程设置有助于激发幼儿的多种智能潜力,促使他们在整体性和关联性的环境中快乐成长。

4. 课程实施的活动性

活动性是幼儿园课程的重要特色,它强调以幼儿为主体,通过生动活泼、富有创意的游戏、探索、实践等多种形式的活动来引导和支持他们的学习与发展,让幼儿在参与、互动的过程中主动建构知识,培养解决问题的能力及创新思维。活动性具体表现为:游戏活动、探索式学习和实践操作。游戏是幼儿最自然的学习方式,教师会设计丰富多样的角色游戏、建构游戏、表演游戏、体育游戏等,让幼儿在游戏中掌握知识、发展技能,同时培养社交能力和团队协作精神。探索式学习是鼓励幼儿动手操作和亲身体验,例如科学小实验、户外观察等,让他们在探究自然界和社会现象的过程中发现问题、提出问题,并尝试解决问题,从而激发探索精神和好奇心。实践操作是通过生活自理、手工制作、园艺劳作等活动,使幼儿在实践中锻炼动手能力,理解生活常识,体验成就感,同时也培养其独立思考和创新思维的能力。

5. 课程评价的过程性

幼儿园课程评价强调对幼儿学习与发展过程的持续观察和记录,关注每个幼儿在不同情境、不同阶段的进步与变化,而非仅仅依赖于一次性的测验或考试结果。评价的主体是多元的,教师、家长及幼儿本人共同参与到评价过程中,通过互动交流和行为观察,了解幼儿真实的学习状态和能力发展水平。评价的内容是全面的,涵盖知识技能、情感态度、社会交往等多个方面,充分考虑幼儿之间的个体差异,重视每一个幼儿的独特性和个性化发展。评价的情境是多样的,融入游戏活动、日常生活以及各类教学活动中,根据幼儿在具体情境中的表现进行分析和判断,更准确地反映幼儿的实际能力和素养。

第二节　幼儿园融合教育课程调整的概念与内容

课程调整是因着融合教育的需求而提出的,是融合教育推动下课程发展的结果。课程调整源自 20 世纪 50 年代美国民权运动的融合教育理念,其核心价值观是平等、尊重差异和多元化,目的是保证特殊需要儿童与普通儿童一样在教育机构接受高质量高效率的教育,最终实现个人尊严与社会公正的目标。[①]

一、幼儿园融合教育课程调整的概念[②]

(一) 课程调整

课程调整是在普通课程的基础上,基于特殊需要儿童的具体情况而做出的个性化

---

① 邓猛.融合教育与随班就读:理想与现实之间[M].武汉:华中师范大学出版社,2009:245.
② 刘新学,欧阳新梅.学前融合教育[M].南京:南京大学出版社,2023:51 - 52.

改变,目的在于促进所有学生参与课堂活动,实现所有学生在班级中的有效融合。[①] 课程调整是帮助特殊需要儿童在普通课程中获得进步的重要手段,是融合教育成败的关键。

20 世纪 70 年代,课程调整作为帮助学习困难学生参与普通教育课程的有效工具得到推崇。1982 年,鲍姆加特等人提出用综合方法进行课程调整来帮助重度障碍学生参与普通教育,但这时的课程调整多是出于教师的意愿和研究者的兴趣。1997 年,美国修订《残疾人教育法案》(The Individuals with Disabilities Education Act,IDEA),要求学校考虑特殊学生参与普通教育课程并达到州和地区的评估标准。[②] 课程调整正式成为融合教育实施的必要部分。课程调整对于融合教育的重要性逐渐得到国际认同,经过 20 余年的研究,国际上关于课程调整已经积累了一些经验并在一些核心内容方面达成了共识。

(二) 幼儿园融合教育课程调整

融合教育旨在确保所有学生,无论他们的能力或残障程度如何,都能在同一个课堂环境中一起学习。实现这一目标需要致力于提供课程适应性,使所有学生都能进入和参与,在教育环境中茁壮成长。课程适应性是对课程、教学方法和课堂环境的调整,以满足所有学生的多样化学习需求。在学前教育环境中,这些适应性对学前特殊需要儿童来说尤为重要。

幼儿园融合教育课程调整是课程适应性的一个方面,同样是随着学前融合教育的发展提出的,是学前融合教育推动下课程发展的结果。所谓幼儿园融合教育课程调整,指的是在幼儿园现有课程基础上基于特殊需要儿童具体需求而改变进行中的教室活动或材料,以最大化促进幼儿在教学活动、人际互动中的参与,实现所有幼儿在班级的有效融合。党的二十大报告指出,要"强化学前教育、特殊教育普惠发展",学前融合教育是学前教育和特殊教育的有机结合,是启蒙教育和奠基教育,其课程调整状态决定着学前融合教育的成败,直接影响着学龄阶段特殊需要儿童融合教育的效果,在一定程度上反映了学前教育、特殊教育普惠发展的程度,意义重大。

二、幼儿园融合教育课程调整的核心内容

幼儿园融合教育课程调整与其他学段课程调整的核心内容在本质上是一致的——以学生为中心,以课程要素调整为核心,以"最小调整,最大融合"为原则,以通用学习设计为基础。下文将在呈现课程调整核心内容的基础上结合幼儿园融合教育课程调整进行阐述。

---

① 韩文娟,邓猛.融合教育课程调整的内涵及实施研究[J].残疾人研究,2019(6):70-76.
② 韩文娟,邓猛.融合教育课程调整的内涵及实施研究[J].残疾人研究,2019(6):70-76.

（一）以学生为中心

尽管关于课程调整的内涵表述众多,但学生是课程调整的中心已成为研究者的共识。

康福特(1990)认为课程调整是基于一个学习者或一群学习者的合理需求而对学校的正式课程进行调整,课程调整涉及课程中的一系列教学元素,如内容知识、教学方法、学习结果;胡佛等人认为,课程调整指的是修正或增补一个或多个课程要素,以满足个别学生的特殊需求。两位研究者所认同的课程调整的内容和侧重点截然不同,但都强调了学生的需求这一中心。钮文英提出课程调整应遵循七条原则,分别是:选择最能符合学生需要的调整策略,采取最少干预和最大融合的调整策略,在学生最近发展区内提供支持,了解学生学习问题的根源,采取适龄的调整策略,考虑学生的想法,选择调整策略时需考虑到对教学的影响。七条原则中每一条都在强调学生及其需求这一中心。

幼儿园课程的教育对象为学龄前儿童,在设计和实施过程中,更要坚持以学前儿童为中心,因为这一阶段的儿童正处于身心发展的重要时期,他们的兴趣、需要、能力发展水平变化迅速,个体差异尤为显著。幼儿园融合教育课程调整的每个环节都要以幼儿为中心。第一,要关注幼儿的兴趣与需要:幼儿园教师要深入了解每个幼儿的兴趣所在,并将其融入课程内容中,使教学活动更具吸引力。同时,课程要充分考虑幼儿在生活自理、社会交往、认知发展等方面的实际需求,确保课程内容既满足一般幼儿的成长要求,又能适应特殊需要儿童的发展特点。第二,要结合幼儿能力发展水平:每个幼儿的能力发展速度和水平都有所不同,因此,在课程调整时需针对幼儿的当前能力基础进行适宜的教学设计。例如,对于语言表达能力较弱的幼儿,可以设置更多视觉化、动作化的学习体验;而对于动手能力强的幼儿,则提供丰富的操作材料和实践机会。第三,尊重并接纳个体差异:学前融合教育强调包容性和平等参与,课程应具有足够的弹性,以适应不同幼儿的学习风格、速度和方式。教师应当通过观察、评估等方式,识别并尊重每一个幼儿的独特性,灵活调整教学策略和方法,确保所有幼儿都能在适合自己的节奏下进行有效学习。

因此,幼儿园融合教育课程调整的中心是幼儿,课程在各个环节都必须从幼儿出发,深入理解并关注他们的发展特点和需求,从而构建出既能满足全体幼儿全面发展,又能兼顾个体差异的高质量教育体系。

（二）以课程要素的调整为核心

课程调整要"调整什么"是一个必须回答的核心问题。有研究者认为,课程调整就是对课程要素的调整,即在了解学生教育需要的基础上,对课程的目标、内容等进行调整。如张文京认为,课程调整是将普通班的课程目标、内容以及方法等与随班就读学生的教育诊断相比较,找到随班就读学生的学习起点、兴趣、风格、特点、水平,在尊重学生学习特点的基础上进行调整。蒋明珊认为,课程调整是教师针对个别学生的需求而对课程的相关要素,如目标、内容、策略、活动、评鉴、环境、学生行为、学习材料及学习时间等进行分析、编辑、修改、补充、删减或重组的过程。也有研究者将课程调整理解为对一系列教学要素的调整。维拉等指出,课程调整是旨在提高学生的学业表现与活动参与的积极性而进行的教学环境、方法、材料方面的任何改变;康福特则认为,课程调整涉及课程中的一系列教学元素,如内容知识、教学方法和学习结果。还有研究者未将二者明确区分,如纳里等认为,课程调整是依据不同学生的需要而改变内容、教学方法和学习结果。可见,研究者对这一问题的回答丰富多样,但依据我国对课程要素的常见划分(即将课程目标、课程内容、课程实施、课程评价作为课程调整的四个要素),教师可以从特殊需要学生的需求出发,选择调整其中一个要素或多个要素,也可以同时调整四个要素。当对四个要素都进行了调整时,就可能会形成与普通学生完全不同的替代性课程。

在幼儿园融合教育课程调整的过程中,面对特殊需要儿童的融合教育需求,同样需要围绕幼儿园课程的四要素——课程目标、内容、实施和评价进行全面而深入的适应性调整,并结合环境创设与学习材料的选择来优化整个教学过程。第一,课程目标要调整。在明确普通幼儿发展要求的基础上,充分理解并尊重特殊需要儿童的个体差异和发展特点,细化或调整原有的课程目标,使之既能满足全体幼儿的基础发展目标,又能体现对特殊需要儿童个性化需求的关注。第二,课程内容要更新。根据特殊需要儿童的特点和需求,选择和设计适合他们的课程内容。这可能包括增加生活化、情境化的活动,提供多元感官体验的机会,或者引入专业康复训练元素。同时,通过灵活整合五大领域知识,确保课程内容既包含基础教育元素,又兼顾特殊教育特色。第三,课程实施策略要变革。实施过程中强调以儿童为中心的教学方法,采用差异化教学策略,如分层教学、小组合作学习、个别辅导等方式,确保每个幼儿都能在适合自己的节奏和方式下进行有效学习。此外,注重运用辅助技术手段,如视觉支持、语言沟通工具等,为特殊需要儿童参与课堂活动提供更多便利和支持。第四,课程评价体系要完善。建立多元化、包容性的评价体系,不仅要关注所有幼儿的学习成果,还要重视他们在学习过程中的进步、努力以及特殊才能的表现。对于特殊需要儿童,要采取过程性评价和形成性评价相结合的方式,真实反映其成长轨迹和独特优势。第五,教育环境与学习材料要优化与创新。打造无障碍、包容性的学习环境,提供易于操作的教具,改造适应特殊需要儿童需求的设施,营造和谐、互助的班级氛围。同时,选择和制作适宜的学习材料,如触觉书籍、视觉提示卡片等,让特殊需要儿童能够在丰富的感知体验中获得全面发展。

(三)遵循"最小调整,最大融合"原则

实现普特儿童的融合,课程调整还要回答"如何调整"的问题,如调整的方法、程度等。与普通儿童的课程相比,调整方法主要包括不变、增加、减少、替代四种方法。程度在方法之上有改变多少的区别。教师选择方法和程度,应遵循的重要原则就是"最小调

整,最大融合"。对于大多数特殊需要儿童,经过很小修改甚至是未经修改的课程即可满足他们的需要。只有极少数学生需要单独设计的、完全不同的替代性课程。应该尽量让所有学生都参加同样的课程与教学活动,并尽量让他们独立完成任务,只有在必要的时候才改变课程内容和教学方法。

在满足特殊需要儿童教育需求的前提下,对某一个或几个课程要素进行调整时,调整程度最小、融合程度最高的策略是首选。这就使课程调整具有层次性,主要体现在三个方面:第一,调整要素具有层次性。通过选择不同的课程要素,如课程目标、内容等,自然形成不同的调整范围,以适应儿童的需要。第二,调整方法有层次性。调整包含三种方法:增加、减少和不变——依据具体的课程内容,可以增加难度、深度、广度;减少则可以降低难度、简化要求、减少内容等,教师可根据儿童的能力和需求灵活选择;相比增加和减少,不变是教师首先要考虑的方法。第三,调整的程度呈现层次性。即使是相同的课程要素,也有从小到大不同的层次。如不变、微调、小变、大变等。以课程内容这一要素为例,将课程内容按照调整的程度从小到大分成四层,依次为同样的课程、多重课程、交叉课程和替代性课程。同样的课程中,特殊需要儿童所学的课程与普通儿童完全相同;多重课程中,虽然课程内容相同,但是要求特殊需要儿童掌握的水平有所改变,如语言活动中,降低句子的复杂性;交叉课程中,尽管课程内容和要求儿童掌握的水平都发生改变,但是特殊需要儿童仍然在融合的环境中继续与普通儿童一起参加教学活动;替代性课程中,则因为课程内容和教学活动全部个别化,特殊需要儿童将无法参与统一的教学活动,被"部分隔离"。这里的"隔离"依据课程内容及相关教学活动而改变,是有目标、有计划的隔离。

在幼儿园融合教育课程调整的过程中,面对学前特殊需要儿童,我们优先提倡"最小调整"。这一原则强调,在保障所有学前儿童获得适宜教育的同时,尽量减少对特殊需要儿童课程内容和教学方式的大幅度改变,以降低他们感知到与同龄人差异的可能性,从而维护他们的自尊心和自我价值感。具体来说,在幼儿园融合教育课程调整中,"最小调整"意味着尽可能利用幼儿园现有的教育资源和环境,通过对课程目标的微调、教学方法的创新、学习材料的选择以及课堂活动的设计等细微改动,来满足特殊需要儿童的学习需求。例如,对于有语言发展障碍的儿童,教师可能会采用更多视觉辅助工具进行教学,而对于肢体协调能力较弱的儿童,则可能设计更多适合他们的动作游戏或动手操作活动。同时,为了实现"最大融合",幼儿园会在日常课程中融入更多的全纳元素,确保普通儿童与特殊需要儿童在同一个环境中共同学习、互动成长。这样的课程设置不仅有利于特殊需要儿童在自然、无压力的环境中提升技能,还能培养其他幼儿接纳、尊重和帮助他人的意识,促进全体幼儿的全面发展。总之,幼儿园融合教育课程调整的目标是在最小程度改变原有课程结构和实施方式的基础上,最大限度地包容并满足特殊需要儿童的发展需求,让他们在平等、和谐且富有挑战性的教育环境中健康成长。

（四）以通用学习设计为基础

在幼儿园课程的设计与调整中，通用学习设计（Universal Design for Learning，UDL）的理念扮演了至关重要的角色。这一理念强调在设计之初就充分考虑所有学习者的学习差异性，为不同能力、兴趣和需求的学习者提供平等参与、有效学习的机会。多数学者对此表示赞同和支持，例如伊娃和拉什达（Eva，Rashida）在 2009 年的研究中明确提出，优质的融合教育应当建立在高质量通用学习设计课程的基础之上。

基于通用学习设计原则，融合教育课程首先要构建一个包容性的、具有弹性和适应性的通用课程框架，确保课程内容、教学方法和评价体系能满足大多数儿童的共同需求。然而，这并不意味着忽视个体差异。相反，在此基础之上，教师会根据对每个儿童学习成果的持续观察和个性化评估，采用嵌入式课程设计策略，将个别化的教学内容巧妙地融入到日常活动和自然情境之中，使得特殊需要儿童能够在不脱离集体环境的情况下接收到有针对性的支持和指导，从而最大程度地促进其全面发展，确保每位儿童都能够得到最适合他们的教育体验。[①]

本书第二章部分内容将进一步深入剖析通用学习设计理念的核心要义及其对幼儿园融合教育课程调整的启示，以期为幼儿园课程的改革与优化提供理论支持和实践指导。

思考与练习：

1. 结合实践体验分析幼儿园课程的特点。
2. 结合幼儿园课程特点，分析幼儿园课程的维度。
3. 如何看待融合教育背景下幼儿园融合教育课程调整的必要性。

---

① 刘新学，欧阳新梅.学前融合教育[M].南京：南京大学出版社，2023：52-54.

TWO

第二章
幼儿园融合教育课程调整的理论基础

学习目标

1. 了解幼儿园融合教育课程调整的理论基础
2. 理解每个理论的基本理念
3. 掌握不同理论与幼儿园融合教育课程
   调整的联系

幼儿园融合教育课程调整作为学前融合教育领域的重要实践环节,其背后蕴含着深厚的教育理论支撑。在设计与实施幼儿园融合教育课程调整的过程中,我们充分借鉴了融合教育理念、发展适宜性原则、多元智能理论、社会建构主义理论、通用学习设计(UDL)等多种教育学说。

第一节　　融合教育理念

一、融合教育理念的发展

(一)国际融合教育的发展

1994 年,联合国教科文组织在西班牙举办的"世界特殊需要教育大会"上,发起了全球教育体系改革的倡导,大力推动建立包容各类学生的融合学校模式。在这次具有里程碑意义的会议上,《萨拉曼卡宣言》和《特殊需要教育行动纲领》两份文件应运而生,它们成为国际融合教育发展的重要指引。文件首次在全球范围内正式定义并阐述了融合教育(Inclusive Education)的理念:其核心宗旨是确保每所学校的教育资源、课程设计、管理制度以及与社区的联动机制均能够充分适应并满足服务区域内所有儿童的学习需求,无论他们是否具有特殊需要。这意味着每一所学校都应当具备接纳和教育区域内全部儿童的能力,并通过提供适宜的教学方案、优化教育资源配置、强化学校管理效能以及积极与周边社区合作,来保障每一个儿童都能享受到高质量且适切的教育服务。这次会议及文件的发布标志着联合国教科文组织对融合教育概念及其实施策略进行了清晰、公开的界定和推广,为各国教育改革和发展提供了方向性指导。

2001 年,联合国教科文组织在专门编写的《全纳教育共享手册》中指出:融合教育就是"让学校为全体儿童服务,让学校接受全体学习者。不会因为学生有某项特点、缺陷或者困难而拒绝接收。"[①]2005 年,联合国教科文组织发布《融合教育指南》,融合教育被定义为一个解决和回应所有学习者多样化需求的过程。它涉及教育在内容、方法、结构和战略方面的改变和修改,通过增加对学习、文化和社区的参与,减少教育内部和外部的排斥。融合教育的共同愿景是教育应包含所有适龄儿童,并坚信教育所有儿童是正规制度的责任。2008 年,联合国教科文组织召开第 48 届国际教育大会,这次大会的主题为"全纳教育:未来之路"。在主题报告中,融合教育被解释为一种转变学校及其他学习中心,让所有儿童,包括男童和女童、少数民族学生、受艾滋病毒和艾滋病感染的儿童以及残疾儿童和有学习障碍的儿童,都有机会接受教育的过程。[②] 2019 年,联合国教科文组织在"融合教育与教育公平国际论坛"上再次重申了融合教育的定义,即:融合是一个变革过程,确保所有儿童、青年和成年人充分参与并获得高质量的学习机会,尊重和重视多样性,消除教育中的和通过教育产生的一切形式歧视。融合一词代表了一种承诺,即让学前教育、学校和其他教育机构成为每个人都有价值和归属的地方,多样性被视为一种资源。[③]

从联合国教科文组织自 1994 年以来的一系列关于融合教育的界定来看,关于融合教育基本有着一以贯之的理解。我们从一个较为宽泛的全球教育改革的视角来审视当今世界各国的教育,将融合教育视为推进世界范围内普通教育改革的重要方式,倡议通过学校的改变,满足所有儿童的教育需求。[④]

① 联合国教科文组织.全纳教育共享手册[M].陈云英,杨希洁,赫尔实,译.北京:华夏出版社,2004:7.

② International Bureau of Education, UNESCO. Inclusive Education: The Way of the Future[EB/OL]. http://www.orientation94.org/uploaded/MakalatPdf/ICE_FINAL_REPORT_eng.pdf,2023-08-11.

③ UNESCO.Cali Commitment to Equity and Inclusion in Education[EB/OL]. http://unesdoc.unesco.org/ark:/48223/pf0000370910,2023-08-11.

④ 李拉.融合教育学[M].南京:南京大学出版社,2022:9.

（二）我国融合教育的发展

我国融合教育的发展是国际融合教育运动的组成部分。在 20 世纪 90 年代之后融合教育逐渐席卷全球的同时,我国也自 20 世纪 80 年代中后期开始推进残疾儿童随班就读,将残疾儿童安置于普通学校的普通班级里和普通学生一起接受教育。我国融合教育的发展历程,很大程度上是中国本土的随班就读产生、发展与演进的过程,历经随班就读的零星探索阶段(1949—1985 年)、随班就读的正式兴起阶段(1986—1993 年)、随班就读的规范化阶段(1994—2000 年)、随班就读的支持保障体系建设阶段(2001—2013 年),最终与国际领域所倡导的融合教育紧密契合,进入从随班就读向融合教育的迈进阶段(2014 至今)。[①] 在不断探索融合教育的过程中,结合我国国情和本土特色,形成了具有鲜明中国特色的融合教育发展模式:以普通学校随班就读为主体、以特殊教育学校为骨干、以送教上门和远程辅导为补充。

（三）我国学前融合教育的发展

我国学前融合教育的发展是融合教育整体推进的一部分,与义务教育阶段融合教育推进情况相比,学前融合教育起步相对较晚,但推进较快。20 世纪 80 年代末至 90 年代,随着国际融合教育理念的影响和我国特殊教育改革的推进,政府开始关注到学前教育阶段特殊需要儿童在普通幼儿园接受教育的可能性,初步尝试让部分轻度残障儿童进入普通幼儿园随班就读。进入 21 世纪,我国对学前融合教育的探索逐渐深入,各地试点项目增多,通过政策引导和实践经验积累,推动了学前融合教育的发展。2010 年,《国家中长期教育改革和发展规划纲要(2010—2020)》提出要"因地制宜发展残疾儿童学前教育"。[②] 2019 年,中共中央、国务院印发《中国教育现代化 2035》,明确特殊教育现代化是中国教育现代化的有机组成部分。2022 年,党的二十大报告设置专章论述"实施科教兴国战略,强化现代化建设人才支撑",指出要"强化学前教育、特殊教育普惠发展",重视学前特殊教育发展成为必然。2023 年 6 月,国务院常务会议讨论并原则通过《中华人民共和国学前教育法(草案)》,提出"县级以上地方人民政府应当根据本区域内残疾学前儿童的数量、类型和分布情况,统筹实施多种形式的学前特殊教育,推进融合教育。幼儿园应当接收具有接受普通教育能力的残疾学前儿童入园,鼓励、支持有条件的特殊教育学校、儿童福利机构和康复机构设置幼儿园(班)"。[③] 2024 年 11 月 8 日,十四届全国人大常委会第十二次会议表决通过《中华人民共和国学前教育法》并于

---

① 李拉.融合教育学[M].南京:南京大学出版社,2022:45.

② 国家中长期教育改革和发展规划纲要工作小组办公室.国家中长期教育改革和发展规划纲要(2010 - 2020)[EB/OL].(2010 - 07 - 29).https://www.gov.cn/jrzg/2010 - 07/29/content_1667143.htm.

③ 中国学前教育研究会. 李强主持召开国务院常务会议,讨论并原则通过《中华人民共和国学前教育法(草案)》附《学前教育法(草案)》全文[EB/OL]. (2023 - 06 - 05). http://www.age06.com/Age06Web3/Home/MobileImgDetail? Id=bb95da0b - 4cea - 4a88 - ae1a - ae26a1d20d6c.

2025 年 6 月 1 日实施,《学前教育法》提出"普惠性幼儿园应当接收能够适应幼儿园生活的残疾儿童入园,并为其提供帮助和便利","县级以上地方人民政府应当根据本区域内残疾儿童的数量、分布情况和残疾类别,统筹实施多种形式的学前特殊教育,推进融合教育,推动特殊教育学校和有条件的儿童福利机构、残疾儿童康复机构增设学前部或者附设幼儿园"①。经过 30 余年的发展,我国的学前融合教育事业从早期的借鉴学习,到逐步结合国情进行实践创新,再到如今形成具有中国特色的学前融合教育模式(以幼儿园融合教育为主体,以特殊教育幼儿园或特殊教育学校学前班为骨干,以送教上门和远程辅导为补充),这一过程反映了我国教育界和社会对所有儿童权利平等、全面发展教育目标的追求与努力。

二、融合教育理念的本质

融合教育理念的核心本质体现在五个关键方面:

(一) 平等(Equality)

平等是融合教育的首要原则,是融合教育最根本与最核心的部分,体现了教育公平与包容性的基本价值取向。它强调每个儿童,无论其性别、种族、社会经济背景、身体状况、学习能力或其他个体差异,都应享有接受高质量教育的权利。正如《萨拉曼卡宣言》(1994 年)中所强调的:"每一个人都有接受优质教育的权利,无论其身心条件如何。"具体来说,融合教育中的平等观念意味着,每个儿童都应该有机会在不区分差异、不受歧视的环境中学习和发展,倡导教育体系应当尊重和接纳个体间的多样性,并提供适应不同需求的教学策略和资源支持。在融合教育体系中,所有学习者都有同等的机会参与学校生活和学习过程,不受歧视或排斥。

(二) 进入(Access)

进入是融合教育中的关键原则,它强调确保所有儿童和青少年,无论其能力、背景或特殊需求如何,都能无障碍地进入并持续参与到常规的、多元化的教育环境中。这一原则要求学校系统摒弃传统的隔离式教育模式,转而构建一个包容性的教育体系,让每个学习者都有机会在主流课堂中学习、成长。进入作为融合教育实践中不可或缺的原则之一,是对平等理念在操作层面的深刻体现和延伸。它强调实现真正的平等并不仅仅停留于口号阶段,而是必须转化为能够落实到每个个体身上的、具有实质意义的参与权利。唯有让所有儿童都能够在日常学习生活中获得切实的参与机会,才有可能真正提升融合教育的质量,并以此为途径实现教育公平的终极目标。

---

① 教育部.中华人民共和国学前教育法[EB/OL].(2024 - 11 - 08).http://www.moe.gov.cn/jyb_sjzl/sjzl_zcfg/zcfg_jyfl/202411/t20241108_1161363.html.

（三）参与（Inclusion）

参与是融合教育的核心要素，它强调的是每位学习者在全面学习体验中的实质性融入，而不仅仅是参与到教室这样一个物理环境中。参与不仅意味着所有学生都有权利和机会参与到学校设置的正式课程中，更要求他们在课堂讨论、项目合作、实验实践等各类教学活动中发挥主体作用，共享教育资源并从中受益。也就是说，参与是指全方位的参与，既包括特殊需要学习者在学校教育环境中对课程及活动的参与、所享受的各类设备与服务，也包括课外活动以及校外活动都把特殊需要学习者考虑进来。[①] 美国学者库克和苏梅尔（Cook & Semmel, 1997）在他们的研究中指出："融合教育环境下的参与意味着学生能够根据自身需求和能力，在与同伴的合作互动中积极参与到课程设计和实施过程中，从而实现个人潜能的最大化发展。"美国学者托马斯·赫尔（Thomas Hehir, 2002）在其著作 *Inclusion: The Dream and the Reality* 中也阐述了这一理念的重要性："进入不仅是物理空间上的存在，更是精神层面的接纳与参与。这意味着学校不仅要有容纳特殊教育需求学生的物理设施，更要在课程、教学方法以及校园文化上做出调整，以满足各类学生的个性化需求。"

（四）支持（Support）

支持是融合教育的保障要素，在融合教育中扮演着至关重要的角色。支持就其方式而言，包含从宏观政策设计、组织架构、人才培养模式变革到微观资源教室建设、资源中心构建、巡回指导服务、康复人员配备、课程与教学调整等系列环节。[②] 就微观层面开展融合教育的学校而言，支持旨在通过提供个性化的、适应性强的教育资源和服务，确保所有学生——包括那些有特殊教育需求的学生能够在普通教育环境中获得充分的学习和发展机会。Thomas Hehir 在 *Inclusion: The Dream and the Reality* 中还强调，为了实现真正的全纳融合，学校必须超越物理设施和课程内容的调整，转向提供系统化、专业化的支持服务。[③] 例如，特殊教育资源教师与普通班教师紧密合作，共同设计和实施教学计划，以满足不同学生的学习风格和能力水平。再如为每一位学生制定个人化的教育计划（Individualized Education Program，IEP），还可以合理利用现代科技手段，如电子助读设备、沟通辅助软件、适应性电脑硬件等，帮助有特殊需求的学生克服学习障碍，增强独立学习和交流的能力。支持原则意味着学校需构建一个动态、全面的支持体系，通过对课程内容、教学方式、资源分配、技术支持等方面的精细化管理，使每一个学生都能够在一个包容而富有挑战性的环境中充分发挥潜力，实现自我成长。

---

① 李拉.融合教育学[M].南京：南京大学出版社，2022：71.
② 李拉.融合教育学[M].南京：南京大学出版社，2022：72.
③ Hehir T. Inclusion: The dream and the reality[M]. Boston: Harvard Education Press, 2002: 12–18.

（五）合作（Collaboration）

合作是融合教育的实践路径。融合教育倡导通过集体合作来应对个体特殊教育需求，强调通过跨学科、跨专业、多角色的协作来实现对每个学习者的全面支持。在实际操作中，这意味着不再孤立地看待和处理学习者的问题，而是通过构建一个包括教师、家长、学校管理者、心理咨询师、言语治疗师、职业治疗师等在内的多元化专业团队，共同参与决策与实施过程。在融合教育体系下，团队成员各司其职，又紧密协作。例如，普通教师负责日常教学活动，并与特殊教育资源教师（Special Education Teacher）协同调整教学策略，确保所有学生都能从课堂学习中获益；同时，家庭作为儿童成长的重要环境，深度参与到儿童的教育规划中，形成家校合作机制；社区资源和社会服务机构也被积极调动起来，提供多元化的支持服务。这种集体合作模式有助于确保教育干预的有效性和针对性，它不仅关注个体学生的特殊需求，更注重整个教育生态系统的优化。每一个参与者都须具备良好的沟通协调能力和包容性思维，能够理解并接纳差异，从而共同创造一个既能满足普遍性教育要求又能适应个别化需求的教育环境。正如联合国教科文组织在《萨拉曼卡宣言》（1994）以及后续的诸多文件中所倡导的，只有当家庭、学校、社区和专业机构携手努力，才能真正实现融合教育，让每一个儿童在享有高质量教育的同时，最大限度地挖掘自身潜能，实现全面和谐发展。

三、融合教育理论对幼儿园融合教育课程调整的启示

融合教育理念与实践的发展必然会对课程与教学提出适当调整的要求。就学前融合教育而言，幼儿园融合教育课程调整不仅是融合教育理念推动下的一项必要的改革任务，更是对学前教育领域深层次理论研究与实践探索的高阶要求。它要求幼儿园课程从课程目标设定、内容选择、教学方法创新乃至评价机制构建等全方位视角出发，将融合教育的核心价值融入幼儿园教育的各个环节，以此促进全体幼儿在无歧视、无排斥的环境中共享优质教育资源，实现全面发展。

（一）倡导无歧视的幼儿园融合教育课程调整

在幼儿园开展融合教育时，首先强调的是所有儿童都应享有平等接受高质量教育的权利。这意味着课程设计和教学过程中要摒弃任何形式的歧视，确保每个儿童不论其背景、能力或是否有特殊需求，都能得到尊重和平等对待。幼儿园需要制定无偏见的招生政策，并在课程内容、评价体系以及资源分配上体现公平性，确保每个幼儿都有机会充分发展自己的潜能。

（二）倡导"零排斥"的幼儿园融合教育课程调整

学前特殊需要儿童能够顺利进入普通幼儿园是实施融合教育的第一步，也是实现教育公平、包容和全纳的重要标志。在这一过程中，"零拒绝、零排斥"的招生政策具有

核心意义。"零拒绝"意味着无论幼儿是否存在身体或认知上的障碍、发育迟缓或其他特殊需求,只要他们符合入园的基本条件,幼儿园都应当无条件地接纳,并为他们提供学习的机会。这意味着幼儿园需摒弃以往可能存在的因幼儿个体差异而产生的歧视性录取标准,确保每个有意愿入学的幼儿都有权利享受到优质的学前教育。"零排斥"则强调的是,在幼儿进入幼儿园之后,应保证他们在日常学习与生活中不受任何形式的排斥,包括教学活动、游戏互动、生活活动、校园环境以及心理情感层面等。幼儿园不仅要在物质设施上创造无障碍环境,更要在课程设置、教学方法、师资培训等方面做出相应的调整与改革,以适应不同能力和发展水平的幼儿。

(三)倡导实质参与的幼儿园融合教育课程调整

在学前融合教育的实践中,特殊需要儿童并不是简单地进入教室、坐在课桌前这一物理层面的参与,而是强调每个幼儿应当在教育体验中实现深层次、全方位的融入。这意味着,每位幼儿不仅有法定的权利参与到幼儿园安排的正式活动中,更要在这些活动的过程中扮演积极主动的角色,以主体的身份去探索、创造和学习。学前融合教育中的参与原则要求我们构建一个高度包容、尊重差异的学习环境,确保每一位幼儿都能够根据自身特点和需求,在不同类型的教育活动中深度参与,发挥主体作用,并从多维度的教育体验中获得成长与发展。这一原则要求幼儿园课程设计和实施必须充分尊重并满足不同幼儿的个性化需求,确保他们能够在互动、游戏、探索和学习中发挥主动性,从而促进其全面发展。

(四)倡导提供充分、全面且针对性的支持的幼儿园融合教育课程调整

在学前融合教育中,充分、全面且针对性的支持是实现融合教育和个性化教学的关键环节。特殊需要儿童在进入幼儿园班级、参与各项活动的过程中,要真正实现实质性融入,避免随班就坐、随班混坐等现象,来自老师、同伴等有效的支持非常关键。首先,幼儿园应当构建一支专业且多元化的师资团队。其中,特殊教育资源教师的角色至关重要,他们具备特殊教育的专业知识与技能,可以为有特殊需求的幼儿制定并执行个别化教育计划(IEP),以满足他们的独特学习需要。此外,普通教师也需要接受相关的培训,提高其对融合教育的理解和支持能力,确保在日常教学活动中能有效整合各类教育资源,采用合适的策略为每个幼儿提供适宜的教学。其次,同伴支持也是实现学前融合教育成功的关键因素之一。通过开展同伴辅导、团队协作等活动,促进特殊需要儿童与其他幼儿之间的交流与互助,帮助他们在自然的社会交往中提升自信心,增进社会情感技能,同时也让其他幼儿学会理解和尊重差异,培养同理心和包容精神。最后,应用辅助技术工具和策略也是支持的重要体现。这些工具和策略可能包括适应性教材、互动式软件、感官刺激材料以及行为干预方案等,它们有助于特殊需要儿童克服在语言、认知、社交或身体发展等方面的障碍,使他们能够在课堂活动及游戏中更加自主地参与和学习。

（五）倡导深度合作的幼儿园融合教育课程调整

融合教育理念强调的是所有儿童（包括有特殊教育需要的儿童）都有权利在包容性的环境中接受高质量的学前教育。为了实现这一目标，幼儿园课程必须从单一、传统的教学模式向多元化、互动性、个别化的方向转变，并在此过程中充分融入合作原则。第一，幼儿园应当与家庭建立紧密联系，共享幼儿的发展信息，共同制定符合幼儿个体差异的学习计划，通过家庭教育和幼儿园教育的有效衔接，确保幼儿在幼儿园和家庭中都能得到连续、一致的支持。第二，幼儿园内部应构建一个跨学科的教学团队，教师之间需要密切协作，共同设计并实施能够满足不同幼儿发展需求的课程内容和活动。特殊教育资源教师、普通教师以及相关专业人员如言语治疗师、心理咨询师等要形成专业支持网络，针对每个幼儿的特点提供针对性的帮助。第三，社区资源也是促进学前融合教育不可或缺的一部分。幼儿园应主动对接社区资源，邀请社区成员参与到课程设计与实施中来，利用社区环境和设施为幼儿提供更丰富的学习场景和体验机会，同时也能增强幼儿的社会适应能力和归属感。第四，与相关专业服务机构的合作也尤为关键。幼儿园可以联合特教机构、康复中心等，引入专业的评估方法和技术工具，为特殊需要儿童提供更加精准的干预服务。同时，通过持续的专业培训与研讨，不断提升教师队伍的专业素养和融合教育实践能力。

融合教育的五大原则为幼儿园融合教育课程调整提供了明确的方向和实践指导，要求幼儿园在课程改革中注重教育公平、提供普遍可进入的机会、倡导全面参与、给予充足支持以及建立多方合作机制，从而构建一个真正关注个体差异、促进全体幼儿发展的包容性教育环境。

第二节　发展适宜性原则

发展适宜性原则是幼儿园融合教育课程调整的核心依据之一，它指导我们在制定课程内容和教学方法时，应始终关注儿童身心发展的阶段性特征和规律，确保课程活动既符合儿童当前的发展水平，又能激发他们的潜能和兴趣。

一、发展适宜性原则的发展历程

发展适宜性原则在学前教育领域中的提出和发展是一个逐步积累和深化的过程，其核心理念源自对儿童身心发展规律的深入研究以及对教育实践的不断反思与改进。以下简述其主要发展历程。

（一）20 世纪初至 20 世纪中叶

在美国及欧洲的部分国家,随着心理学家如让·皮亚杰关于儿童认知发展阶段理论的研究成果逐渐被教育界所接受,人们开始关注教育活动应符合儿童的认知发展阶段,这一理论对后来的发展适宜性原则产生了重要影响。

20 世纪 30 年代,苏联心理学家列夫·维果茨基提出了"最近发展区"的概念,认为教学应当基于儿童现有的发展水平,并帮助他们达到更高的发展阶段,这为发展适宜性原则提供了理论支撑。

（二）20 世纪 60 年代至 70 年代

美国幼儿教育领域开始了大规模的改革运动,其中最为著名的是《开端计划》(Head Start Program),该计划始于 1965 年,强调针对低收入家庭儿童提供教育服务时要考虑到其年龄特点和个体差异。

（三）20 世纪 80 年代至今

1986 年,全美幼儿教育协会(National Association for the Education of Young Children,NAEYC)在其发布的《幼儿园教育与发展适宜性课程的准则》(*Position Statement on Appropriate Curriculum in Early Childhood Education*)中正式提出了"发展适宜性原则",明确指出早期教育课程应该既适合儿童的年龄特点,又能考虑到他们的个别差异,提供富有挑战性的学习经验。

随着时间推移,发展适宜性原则不断得到丰富和完善,并在全球范围内得到广泛传播和应用。1997 年,全美幼儿教育协会(NAEYC)进一步修订和完善了发展适宜性原则,在《早期学习标准与发展适宜性实践:对高质量幼儿教育项目的描述与评估》(*Early Learning Standards and Developmentally Appropriate Practice：Describing and Assessing High-Quality Early Childhood Programs*)这份重要文件中详细阐述了这一原则及其在课程设置、教学方法、环境创设等方面的具体应用。

2009 年,全美幼儿教育协会(NAEYC)正式发布第三版阐述发展适宜性立场的文件《发展适宜性实践:早期学习标准与教师有效性》,在这一版本中,NAEYC 不仅重申了发展适宜性原则的重要性,并对其进行了补充和细化,而且特别关注了教师教学有效性的提升问题。文件指出,教师教学的有效性成为优质学前教育的核心问题,教师知识的核心应该是关于儿童学习与发展的知识、儿童个体的知识、儿童社会文化背景的知识等。①

发展适宜性原则至今仍被全球范围内广大的幼儿教育工作者视为指导课程规划与

---

① 卡罗尔·格斯特维奇.发展适宜性实践——早期教育课程与发展[M].霍力岩,等译.北京:科学教育出版社,2011:译者序.

实施的重要依据,并且随着对儿童发展认识的深化,这一原则也在持续地完善和发展中。

二、发展适宜性原则的基本内容

发展适宜性原则是学前教育领域中的一个重要指导理念,从1986年正式提出发展到今天,其基本内容主要包括以下几个方面:

(一)年龄适宜性(Age Appropriateness)

全美幼儿教育协会指出:在人生的早期,存在着一个生长和变化的普遍的、可以预知的顺序,这些预知的变化会出现在人的发展的各个方面,包括身体、认知、情感和社会性等方面。[①] 学前教育阶段的课程与教育活动应符合幼儿的年龄特点和发展水平,教育内容、活动和方法应与幼儿的年龄和发展阶段相匹配。这意味着教师需要了解不同年龄段幼儿的认知、语言、社会情感、身体动作等各方面的发育特点,并以此为基础设计课程和实施教学。

(二)个体适宜性(Individual Appropriateness)

每个儿童都是独特的,有着不同的兴趣、能力、性格及家庭背景等。因此,教师需关注每个儿童的独特性,给予个性化的支持与引导。在实施教育方案时,必须充分考虑并尊重每个儿童的个体差异,提供适合他们独特需求的个性化支持,使每个儿童都能在各自的发展轨道上取得进步。

(三)文化适宜性(Cultural Appropriateness)

每个儿童都生活在特定的文化背景中,具有独特的家庭习俗、语言习惯、价值观和信仰。因此,课程内容和活动设计要尊重这些差异并积极融入儿童所在的文化背景和多元文化环境,通过多元化的教材选择、多语言教学环境的创设以及跨文化主题活动的组织,培养儿童的自我认知和文化认同,同时也提升他们对多元文化的理解和尊重,从而帮助他们在日益全球化的社会环境中健康成长。

(四)教学有效性(Teaching effectiveness)

全美幼儿教育协会(NAEYC)2009年发布的第三版关于发展适宜性实践的文件中,强调了教师的教学行为和策略对儿童学习和发展所产生积极影响的重要性。文件指出,随着处境不利儿童和不同文化背景儿童数量的增加,教师的教育教学任务越来越重,他们既要具备观察、识别和回应每个儿童个体差异的能力,又要能够设计并实施适应性的教学活动和策略,确保每个儿童都能在适合自己的步伐下学习和进步。教师教

---

① 朱家雄.幼儿园课程[M].3版.上海:华东师范大学出版社,2022:251.

学的有效性成为优质学前教育的核心问题。[1]

三、发展适宜性原则对幼儿园融合教育课程调整的启示

发展适宜性原则的年龄适宜性、个体适宜性、文化适宜性、教学有效性要求进行幼儿园融合教育课程调整时要充分关注每个幼儿的个体差异和特殊需求,确保课程内容、教学方法与活动设计符合不同年龄段幼儿的发展阶段特征并积极采用融合教学策略。同时,强调创设包容且富有挑战性的学习环境,合理配置资源以满足各类幼儿的需求,通过持续观察与评估动态调整课程方案,促进所有幼儿在相互尊重和支持的氛围中实现全面发展。

(一)与幼儿发展阶段相匹配

与幼儿发展阶段相匹配是发展适宜性原则在学前教育中的核心体现。这一原则强调,幼儿园教育必须基于幼儿的发展阶段和特点进行科学设计,课程内容应与幼儿的发展阶段相适应,不论是针对普通幼儿还是有特殊需求的幼儿,都要提供符合其年龄特点的教学材料和活动,确保教学活动既能够激发幼儿的学习兴趣,又能促进他们在各个领域得到均衡而恰当的成长。例如,在认知能力方面,小班幼儿处于前运算阶段前期,课程应侧重于通过直观的实物操作、游戏互动等方式,培养其对周围环境的认知以及基本概念的理解。中班幼儿进入前运算阶段,课程可以引入简单的逻辑推理和初步分类等认知活动,鼓励他们通过观察、比较和探索来认识世界。大班幼儿处于前运算阶段后期,接近具体运算阶段,此时的课程可包含更复杂的思维训练,如问题解决、预测和实验,帮助他们进一步提升逻辑思考能力和解决问题的能力。在融合教育背景下,针对有特殊需求的幼儿,课程调整不仅要考虑一般发展阶段的特点,还要结合每个幼儿的个别化教育计划(IEP),提供更加针对性的支持。比如,为有语言发育迟缓的幼儿设计言语训练活动,为孤独症谱系障碍的幼儿制定社交技能训练方案等,以满足他们的个性化学习需求。

总之,与幼儿发展阶段相匹配的幼儿园课程要求教育者具备敏锐的观察力和专业的教育素养,以便准确把握每个幼儿的成长节奏,及时调整课程内容,从而有效促进所有幼儿在尊重个体差异的基础上全面发展。

(二)关注并尊重幼儿个体差异

关注并尊重幼儿个体差异与融合教育的理念是一致的。在走向融合教育的今天,关注并尊重幼儿个体差异,尤其是关注到特殊需要儿童的教育需求,及时对幼儿园课程目标、内容、实施及评价做出调整成为必须。关注并尊重幼儿个体差异要求幼儿园课程目标需从单一、普遍化向多元化和个别化转变,不仅要设定符合大多数幼儿发展阶段的

---

① 朱家雄.幼儿园课程[M].3版.上海:华东师范大学出版社,2022:258.

一般性目标,还要针对特殊需要儿童制定具有针对性的个性化发展目标,如提高特定技能、改善社交互动等;幼儿园课程内容应结合幼儿的个体差异进行设计。例如,为满足幼儿不同认知发展水平的需求,教师可以提供多层难度的学习任务,并引入适应性教材和资源;对于有特殊需求的儿童,还应结合他们的兴趣点和发展领域,开展具有针对性的教学活动。[①] 课程组织与实施时要采用灵活多样的教学方法和策略,如分层教学、小组合作学习、个别辅导等,确保每个幼儿都能积极参与到学习过程中来。对特殊需要儿童来说,可能需要额外的支持服务,如资源教师的协同教学、辅助技术的应用等。课程评价时不仅关注一般性的学习成果,更要重视每个幼儿的进步幅度和个人成长历程。通过形成性评估、过程性观察和持续性记录,反映每个幼儿的独特进步,为后续教学调整提供依据。总体而言,关注并尊重幼儿个体差异意味着幼儿园课程必须基于儿童实际发展做出适当调整,教师应具备敏锐的观察力,识别出每个幼儿的兴趣爱好、优势潜能以及学习风格,然后根据这些信息设计丰富的教学活动和任务选择,使每个幼儿都能在自己擅长或感兴趣的主题中获得成就感。同时,对于有特殊需要的儿童,课程应包含定制化的干预措施和辅助策略,帮助他们在普通班级环境中顺利参与学习,发挥自身潜力。

(三) 培养全球公民意识

发展适宜性原则中的"文化适宜性"建议幼儿园在设计和实施课程时,不仅要充分尊重并积极融入幼儿所在的文化背景,还要通过一系列教学策略和活动拓展幼儿的全球视野,促进所有幼儿在尊重自身文化根源的同时,开阔眼界,增强对世界的理解和接纳,为他们成长为具有全球意识、懂得尊重差异、善于沟通合作的未来公民奠定坚实的基础。对特殊需要儿童在全球公民教育上的个性化支持,应基于融合教育的理念,确保他们在发展全球视野和培养全球公民意识的过程中能够得到充分的关注与适切的帮助。具体措施可以包括:(1)课程内容调整:根据特殊需要儿童的个体差异,提供易于理解、可视化或触觉化的国际文化教材和活动材料,如使用符号、图片、模型等辅助教学工具。设计适合特殊需要儿童参与的多元文化交流活动,如通过简化版的故事、手语翻译、视觉图表等方式介绍世界各地的文化习俗。(2)教学方法创新:利用个性化的教学策略,如应用行为分析法(ABA)设计跨文化互动训练,或者采用多感官教学法帮助他们理解和体验不同文化的艺术、音乐和传统活动。(3)技术支持与资源利用:引入辅助技术和无障碍设施,如使用适应性技术软件促进语言交流和信息获取,为有听力障碍的儿童提供视频或手语解释,为有认知障碍的儿童定制易于理解的信息展示方式,创设虚拟现实(VR)、增强现实(AR)等环境,让特殊需要儿童在安全且无压力的环境中模拟真

① Hornby G, Lafaele R. Barriers to the uptake of inclusive practices in the primary school years[J]. European Journal of Special Needs Education, 2011, 26(4): 375-387.

实的国际交流情境。（4）家庭与社区合作：与家长紧密合作，了解特殊需要儿童在家中的文化背景和兴趣点，并邀请家长共同参与全球公民教育活动的设计和实施。联合社区资源，如当地文化组织、外籍人士社群等，开展针对性强、包容度高的实践活动，让特殊需要儿童在真实的社会环境中接触并学习不同文化。通过这些个性化支持策略，特殊需要儿童不仅能在全球公民教育方面获得平等的机会，还能更好地适应多样化的社会环境，成长为具有包容心和同理心的全球公民。

（四）重视教学有效性

关注教师教学的有效性既是发展适宜性原则对幼儿园课程实践提出的要求，也是融合教育发展对幼儿园融合教育课程调整提出的要求。随着发展适宜性原则在学前教育领域的普及以及融合教育的发展，幼儿园班级中的幼儿具有不同的学习能力或者具有特殊需求已经逐渐得到承认，教师需要灵活运用各种有效的教学策略和方法，以适应每个孩子的学习特点和发展速度，确保他们都能得到适宜的教育支持。因此，关注和提升教师在学前教育中的教学有效性，是实现教育公平，保障每一位幼儿受教育权利的关键所在。第一，要重视幼儿教师专业培训与发展，定期组织教师参加各类教育理论、教学方法和融合教育理念的培训活动，提升教师的专业素养，使他们能更好地理解和实施适宜的教学策略。同时，鼓励教师参与研讨交流，分享实践经验，不断提升教学能力。第二，明确课程目标与评价标准。确保每一位教师对幼儿园课程的目标有清晰的认识，并能够结合幼儿的发展特点和实际需求制定具体、可操作的教学计划。同时，建立科学合理的教学效果评价体系，帮助教师明确教学改进的方向和路径。第三，鼓励互动式和参与式的多元化教学方法。在幼儿园课程的组织与实施中，教师需采用游戏化、探索式教学，合作学习，情境教学、嵌入式教学等，鼓励所有幼儿共同参与，发挥各自的优势，互相支持和学习。同时，针对特殊需要儿童，可以利用辅助技术、个性化教学计划等方式进行支持。第四，提供个性化教学指导与反馈机制。针对每位教师的特点及需求，提供个性化的教学指导和支持，建立常态化的教学观摩与反馈机制，通过同行互评、专家指导等方式，促使教师不断反思自己的教学实践，提高教学效率和质量。总之，幼儿园融合教育课程调整的有效性关键在于教师，为教师提供持续发展的平台和空间，让他们能够根据幼儿的实际需求，灵活运用各种教学手段和策略，才能实现高质量的教育教学。

第三节　多元智能理论

多元智能理论拓宽了我们对幼儿能力的认识视角，鼓励教师在融合教育课程调整中注重发掘和培养幼儿多种智能类型，提供丰富多样的学习体验，为每一位幼儿提供全面且个性化的教育机会,帮助他们发掘自身潜能,实现最大程度的成长与发展。

一、多元智能理论概述

多元智能理论是由美国心理学家和教育学家霍华德·加德纳(Howard Gardner)于 1983 年在其著作《智能的结构:多元智能理论》(《Frames of Mind:The Theory of Multiple Intelligences》)中首次系统性地提出的。这一理论是对传统智力观念的重大挑战,在教育领域产生了深远影响。它否定了单一的智商测试能够全面衡量人类智能的观点,提出了人类智力并非单一维度,而是由多种相对独立的智能组成的观点。

1983 年,在《智能的结构:多元智能理论》一书中,加德纳提出了最初的七种智能类型。1995 年以后,随着研究的深入,加德纳对多元智能理论进行了修订和完善,加入了自然智能(Naturalist Intelligence)作为第八种智能。之后,尽管加德纳未曾正式添加更多智能类别,但他曾讨论过是否存在第九种智能——存在智能(Existential Intelligence),即对生活、死亡及宇宙意义等抽象问题进行深思的能力,但这一智能并未被广泛接受为多元智能理论的一部分。本书中主要介绍前八种智能。

二、多元智能理论的基本内容

加德纳认为,人类智能是由多种相对独立的智能组成的,具体包括语言智能、逻辑—数学智能、空间智能、身体—动觉智能、音乐智能、人际智能、内省智能和自然智能。

(1)语言智能(Linguistic Intelligence):口头与书面语言的理解和使用能力。

(2)逻辑—数学智能(Logical-Mathematical Intelligence):处理逻辑推理、计算和解决问题的能力。

(3)空间智能(Spatial Intelligence):理解和创造视觉图像的能力,包括导航和艺术设计。

(4)身体—动觉智能(Bodily-Kinesthetic Intelligence):运用身体动作来表达思想和情感,以及掌握精细或大型运动技能的能力。

(5)音乐智能(Musical Intelligence):感知并创作音乐的能力,包括理解节奏、旋律和音调的能力。

(6)人际智能(Interpersonal Intelligence):理解他人情绪、动机和行为模式的能力以及有效地与人交往的能力。

(7)内省智能(Intrapersonal Intelligence):认识自我、了解自己的感情和思维过程,并能做出适当的人生规划的能力。

(8)自然智能(Naturalist Intelligence):识别和分类自然环境中的各种元素以及与之和谐相处的能力。

每个个体在这八种智能上的表现各不相同,多元智能理论认为有效的教育应当识别并培养每个学习者的强项智能,同时用强项带动不足,支持他们在较弱领域的发展。

三、多元智能理论对幼儿园融合教育课程调整的启示

多元智能理论提出的八种智能要求幼儿园课程设计要充分尊重和包容每一个幼儿的个体差异,针对不同智能领域的特点进行内容编排,通过差异化的教学方法,多元化的评价体系,确保所有幼儿都能在语言、逻辑数学、空间、身体动觉、音乐、人际交往、内省等多种智能领域得到合适的培养和发展。

(一)幼儿园课程设计要具有包容性

多元智能理论强调每个儿童都有其独特的智能优势和学习方式,融合教育背景下更应关注特殊需要儿童的智能特点,他们可能在某一种或几种智能领域表现出超乎寻常的能力,而在其他方面则需要更多的支持与引导。因此,课程内容的设计应当遵循多元智能理论的原则,确保能覆盖并充分发掘各个智能领域的潜能。例如,针对语言智能较强的幼儿,可以设置丰富的语言表达和阅读活动;而对于空间智能突出的幼儿,则可提供绘画、拼图以及三维建构等活动;对于孤独症儿童,则要挖掘他们的优势领域,如空间智能或音乐智能,通过绘画、拼图、乐器演奏等活动提高他们的自信心和参与度。基于多元智能理论的幼儿园融合教育课程设计要求我们从传统的"一刀切"模式转向更加精细化、个体化的教育实践,通过构建丰富多样、灵活开放的教学环境和资源,让所有幼儿都能在各自的优势智能领域中得到充分发挥,并在相对薄弱的智能领域中得到适度的支持与挑战,从而实现全人发展和潜能的最大化挖掘。

(二)幼儿园课程组织与实施要具有差异化

多元智能理论强调教师应识别并尊重每一个儿童的智能差异,并据此设计和实施分层教学或个别化教学计划。这是确保每个儿童都能在其优势智能领域得到发展,并在较弱领域获得支持的关键。例如,针对语言智能较弱但视觉空间智能较强的儿童,教师可以采用更直观的教学方法,如通过图表、图片、实物模型、动画视频等方式呈现信息,代替过多依赖口头讲解或文字描述的教学方式。再如,针对社交能力、语言沟通有障碍的孤独症儿童,教师应提供差异化教学材料和活动,允许孤独症儿童按照自己的进度学习,并给予适时的一对一或小组指导;集体活动中要特别强调社交互动训练,通过游戏、小组合作等方式提高孤独症儿童的轮流等待、分享合作、情绪识别与表达等社交技能。通过差异化教学实践,充分调动各类智能类型儿童的积极性,促进他们在各自擅长的领域取得进步,同时也能针对性地帮助他们弥补和发展不足之处,最终实现全面而个性化的成长。

(三)幼儿园课程评价要多元化

在多元智能视角下,每个儿童都有其独特的智能优势和发展节奏,因此,首先,幼儿

园课程评价体系应当是全方位的,全面涵盖语言智能、逻辑数学智能、空间智能、身体动觉智能、音乐智能、人际交往智能、内省智能等各个智能领域的发展状况。其次,幼儿园课程评价应该具有个性化,例如,对于空间智能突出的幼儿,他们的绘画创作或拼图能力应得到肯定;而对于音乐智能较强的幼儿,他们在节奏感、音调识别及乐器演奏上的成就也应被纳入评价范围。再次,幼儿园课程评价应该是动态化的,除了静态的成绩评价,还要注重过程性的记录与反馈,观察并记录幼儿在面对挑战、解决问题过程中所展现出的学习策略、创新思维和进步轨迹。例如,一个幼儿在初次尝试拼图时可能遇到困难,但经过一段时间的努力后,他能够独立完成更复杂的拼图任务,这样的成长进步同样应该被纳入评价范围。最后,幼儿园课程评价应该具有包容性,要关注到幼儿在相对弱势领域的表现,以鼓励和支持他们全面发展。即使在某一领域相对较弱,也应看到其努力程度和微小的进步,并提供适宜的支持和指导,帮助他们克服困难,提升信心。

从多元智能理论看融合教育下的幼儿园课程,意味着我们要以开放、包容和全面的眼光看待每一个幼儿的学习和发展,关注个体差异,鼓励潜能发挥,并充分尊重和支持他们在多维度、全方位的成长历程中取得的进步和展现的独特价值。

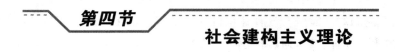

第四节　社会建构主义理论

社会建构主义理论强调知识是通过社会互动与文化实践共同建构起来的,倡导每个儿童都是独一无二的学习者,他们通过与同伴、教师以及环境的互动来构建自己的认知结构和理解。因此,要从同伴、教师、环境等方面进行融合教育课程的设计与实施,推动教育公平和质量提升,更好地满足所有儿童的个性化教育需求。

一、社会建构主义理论概述

社会建构主义理论是多学科交叉融合的结果,经历了从社会学、心理学到教育学的演变过程,逐渐形成了一个强调知识的社会建构属性和学习者主体性的综合理论体系。社会建构主义理论的发展可以分为以下几个阶段:

(一)社会学与知识社会学的萌芽阶段

马克斯·韦伯(Max Weber)和乔治·赫伯特·米德(George Herbert Mead)等人探讨了社会互动如何影响个体的认知和社会行为。

马克斯·韦伯作为德国社会学、经济学和历史学的重要人物,着重研究了社会行动与社会结构之间的关系。他认为社会行动具有意义赋予的行为特征,即个体在进行行动时会根据特定的文化价值观和理性原则来解释自己的行为以及他人的行为。在他的著作中,尤其是《经济与社会》等作品中,韦伯探讨了社会制度、权威类型(如传统型、魅力型和法理型权威)、职业伦理以及现代社会中的合理性过程如何塑造个体的认知和行为模式。

乔治·赫伯特·米德是美国的社会学家、心理学家和哲学家,以其符号互动论而著名。他的理论强调了社会互动在个人自我意识和社会身份形成中的关键作用。米德认为,个体通过象征性沟通(如语言和符号)与他人相互作用,从而发展出"自我"概念,并在此过程中学会了各种社会角色。在《心灵、自我和社会》一书中,他详细阐述了儿童如何通过模仿、游戏和其他社会活动学会理解他人的立场,进而建构并调整自身的行动策略。

韦伯从宏观层面分析了社会结构对个体行为的影响,而米德则更关注微观层面,探讨了社会互动如何具体塑造个体的心理发展和社会角色扮演。尽管两位学者的研究方向不同,但他们都认可社会互动对于个体认知和社会行为的重要性。尽管他们并没有明确使用"社会建构主义"这一术语,但他们的工作为后来的社会建构论奠定了基础。

(二)心理学发展阶段

瑞士心理学家让·皮亚杰(Jean Piaget)是认知发展理论的奠基人,他的研究揭示了儿童的认知结构并非通过被动接受外界信息而形成,而是通过主动与环境互动,不断尝试、调整和适应的过程来建构和发展。皮亚杰认为儿童的认知发展是一个连续且有序的过程,从感知运动阶段到前运算阶段、具体运算阶段,最后达到形式运算阶段。皮亚杰的理论强调了学习过程中儿童的主动性和主体性,即儿童是自己知识的积极建构者而非被动接受者。他的理论虽然主要关注个体心理发展过程中的内部建构,但它开启了对学习过程中主体性作用的关注。

苏联心理学家列夫·维果茨基(Lev Vygotsky)以其社会文化历史理论在教育和心理发展领域产生了深远影响。他强调社会互动和文化工具在个体认知发展中的关键作用,指出儿童的心理发展不是孤立发生的,而是与社会环境密切相关的动态过程。维果茨基认为,人的心理发展受到所在的社会文化环境的深刻塑造。成人、更成熟同伴以及社区成员通过语言交流、示范、指导等方式与儿童进行互动,这种互动不仅仅是信息的传递,也是知识建构和社会化的途径。通过这些社会化的过程,儿童逐渐内化社会的文化工具(如语言、符号系统等),并学会运用这些工具来解决问题和适应社会。他强调了最近发展区(Zone of Proximal Development, ZPD)的概念,即在成人的支持下,儿童能完成高于其独立完成水平的任务。维果茨基的研究成果对现代教育理念和实践产生了重大影响,尤其是在课程设计、教学方法论以及特殊教育等领域,他的理论被广泛应用于促进儿童全面发展和个性化教育实践中。

(三)后现代转向与成熟期

20世纪70年代末至80年代初,科学知识社会学(Science and Technology

Studies，STS)领域出现了一次重要的转向，以布鲁诺·拉图尔(Bruno Latour)、迈克尔·波兰尼(Michael Polanyi)等学者为代表的科学家们对传统科学哲学中关于科学知识的客观性和中立性假设提出了挑战。他们认为，科学知识并非如实证主义所主张的那样是纯粹客观、独立于社会和文化背景之外的真理发现过程，而是由科学家社群在特定的社会语境中共同建构而成。

作为 STS 领域的重要人物，布鲁诺·拉图尔在其著作《实验室生活：科学实践的民族志》(*Laboratory Life：The Construction of Scientific Facts*)中与史蒂文·舒茨曼合作，通过实地考察科学实验室的研究活动，揭示了科学知识生成过程中的社会动态和协商机制。他提出"行动者网络理论"(Actor-Network Theory，ANT)，强调科学事实并非孤立存在，而是由科学家、实验设备、数据、论文等多种"行动者"相互关联和交织的结果。拉图尔主张科学知识的生产是一个社会建构的过程，它涉及权力关系、利益分配以及多种非人类因素的作用。

迈克尔·波兰尼在《个人知识：朝向一种后批判哲学》(*Personal Knowledge：Towards a Post-Critical Philosophy*)中指出，科学知识不仅仅是逻辑推导或观察验证的结果，还包含了隐性知识(Tacit Knowledge)这一重要维度。隐性知识指的是那些难以言传、内化于个体经验中的知识成分，它们影响着科学家的认知框架和研究决策。因此，波兰尼同样认为科学知识的形成受到个体认知结构和社会环境的深刻塑造。尽管迈克尔·波兰尼主要活跃于 20 世纪中叶，但他的工作为后来的社会建构主义观点奠定了基础。

(四) 当代多元化发展

进入 21 世纪，社会建构主义在不同学科领域的应用更为广泛和深入，出现了更多流派和分支，包括批判性社会建构主义、后结构主义社会建构主义等，不仅关注知识的产生方式，也关注权力关系、话语分析和身份认同等问题。

二、社会建构主义理论的主要内容

社会建构主义(Social Constructivism)认为知识不是客观存在的固定实体，而是由个体与社会互动过程中共同建构的。这一理论强调学习是一个社会文化过程，其中认知的发展和社会经验密切相关，且知识的意义和理解是在与他人沟通、合作及交流的过程中不断协商和重新定义的。

(一) 知识的社会性

社会建构主义的核心内容之一是知识的社会性，它强调知识并非固定不变的、独立存在于个体或外部世界的实体，而是通过人类在社会互动中的交流、协商和共享经验而动态生成的。此外，知识的建构受到历史、文化和社会结构的影响，不同的社会群体可能基于各自的文化背景和价值观发展出独特的知识体系。因此,知识不仅是个人的内在认知结构,更是嵌入于社会网络之中,并随着社会变迁和发展而不断演变的。

(二) 学习者中心论

社会建构主义中的学习者中心论强调了学习者的主体性和能动性在知识建构过程中的核心地位。这一理论主张,每个学习者都是一个独一无二的知识建构者,他们带着各自独特的经验和认知框架参与到学习过程中。学习不再是简单的信息接收和记忆,而是通过与他人互动、协商,以及对周围环境的探究来构建个人化的理解。学习者不是被动接受教师灌输的信息,而是在自己已有的知识结构和生活经验的基础上,通过与教师、同伴等人的社会互动,在真实或模拟的情境中主动积极地探索、质疑和解决问题,从而建构自己的知识体系。

(三) 学习的社会文化机制

在社会建构主义理论中,学习被视为一个文化参与过程,它强调知识和学习并非孤立的个体心理过程,而是深深植根于社会互动与文化实践之中。学生在学习共同体(如班级、小组)中通过互动和实践活动内化知识,并借助语言、文字、图表、模型等各种社会工具和符号系统进行意义创造。教师的角色转变为指导者和支持者,教师的工作不再仅仅是充当信息源,而是在学生自主探索的过程中提供引导、搭建平台、设计促进深度思考的任务,并在必要时给予反馈和建议,促进学生的自主探索和合作学习。

(四) 多元性和相对性

社会建构主义承认知识的多元性和相对性,强调知识的生成和理解具有显著的社会文化背景依赖性。在不同的社会文化背景下,人们通过各自的语言、习俗、信仰、传统等媒介构建并传递知识,这些因素共同构成了独特的认识结构。例如,在东方文化和西方文化中,对于教育目标、学习方法的理解可能存在差异;不同民族对自然现象的解释也可能基于各自的文化传统而形成多种版本的知识表述。因此,教育应当尊重每个学生所携带的独特文化背景和知识体系,鼓励他们分享和交流各自的观点和经验来丰富学习体验,培养学习者的跨文化理解和批判性思维。

(五) 对话与协作

在社会建构主义的教育理念中,对话与协作被视为知识构建和深化理解的核心手段。它强调学习的社会性本质,认为知识并非孤立地存在于个体心智之中,而是通过人际交往和社会实践动态建构起来的。首先,对话是知识建构过程中的关键要素。在开放、平等、尊重多元观点的对话过程中,个体能够表达自己的观念,同时聆听他人的见解,并在此基础上进行反思、质疑、调整和完善。其次,协作为个体提供了共享认知资源和共建知识体系的机会。通过小组讨论、项目合作等形式,个体能基于不同背景、经验和能力的互补,在实际操作和协商中形成共识,解决复杂的问题。

三、社会建构主义理论对幼儿园融合教育课程调整的启示

社会建构主义理论要求幼儿园要创建一个包容、开放且富有互动性的学习环境,重视每一个幼儿的独特贡献,鼓励他们通过互动与合作来共同构建知识,促进全体幼儿在多元文化背景下实现全面、和谐、可持续的发展。

(一)课程设计要以所有幼儿为中心

每个幼儿都是自己学习过程的主体,具有独特的认知结构和发展节奏。在融合教育环境中,幼儿园课程设计要尊重每个幼儿的个体差异,尤其是理解特殊需要儿童的教育需求,提供多元化的学习体验和个性化支持,帮助他们在互动中发挥自身优势,同时鼓励他们在挑战中发掘潜能,以促进全面发展。

(二)课程组织要以情景化为主

情境化教学能够充分契合社会建构主义的理念,即知识的生成和理解是通过个体与社会环境、文化背景以及他人的互动过程中实现的,强调将学习内容融入真实或模拟的生活情境中,使幼儿能够在实际操作和生活体验中习得知识和技能。因此,在融合教育环境中,幼儿园课程更应利用丰富的社交情境和实践活动,创设丰富多样的学习情境,让幼儿在实际操作和生活体验中,结合个人经验和社会背景进行学习,在解决问题和完成任务的过程中内化知识,并借助符号系统(如语言、图像等)进行意义创造,使得不同能力和发展速度的幼儿都得到适应性成长。例如,在开展科学探究活动时,教师可以设计一系列与生活紧密相关的实验,如种植种子观察生长过程,通过实践让幼儿理解生命科学的基本概念;或者在进行数学启蒙时,通过分发实物(如积木、水果等)来教授数量关系和形状认知,使得抽象的概念变得形象生动,易于理解。对于特殊需要儿童,如孤独症儿童,他们往往具有独特的认知特点和发展优势。许多孤独症儿童在视觉空间智能方面表现突出,对此,教师可以充分利用这一优势,为他们提供各种具体的图像材料和视觉线索,以支持其理解和学习。在语言沟通训练中,教师可以通过图片交换系统(Picture Exchange Communication System,PECS)辅助孤独症儿童表达需求和情感;在日常活动中,使用直观的图表和视觉流程图帮助他们更好地理解任务步骤和规则。

(三)课程实施要创设互动学习条件

幼儿的知识并非孤立产生的,而是通过与同伴、教师及环境的互动构建而成的。在融合教育背景下,社会建构主义理论强调了幼儿知识获取的社会性和互动性。特殊需要儿童和普通儿童共同参与合作学习环节,对于他们的认知发展、社会情感技能提升以及全面成长具有重要意义。首先,教师要设计多样化的合作学习形式,如小组讨论、实验探索、游戏化教学、分层教学,让特殊需要儿童和普通儿童在平等、互助的氛围下进行

交流、协商和分享,确保每个儿童都能在其最近发展区中得到挑战与支持,从而积极参与知识建构过程。其次,发挥同伴支持的积极作用。同伴不仅是学习的伙伴,也是特殊需要儿童社会化的重要途径。通过共同参与活动,特殊需要儿童可以从同伴那里学习新的技能和解决问题的方法,同时也能提高沟通交流能力和团队协作技巧。最后,创设便于互动学习的环境对知识建构至关重要。一个包容且富有刺激性的学习环境能够激发所有幼儿的学习兴趣和潜能。幼儿园应创设丰富的感官体验环境,提供多种学习工具和材料,鼓励幼儿通过探索和实践来建构知识。同时,环境应具备足够的灵活性,以适应不同的学习风格和节奏,让特殊需要儿童能在舒适的环境中展现和发展自己的优势智能。

(四) 课程评价要多元

承认并尊重不同文化背景和社会群体所带来的知识体系多样性,要求教育者承认并珍视不同文化背景和社会群体所带来的知识和经验多样性,反映在课程评价上则体现为摒弃单一、刻板的标准与模式,转而采取多维度、全面且个性化的评价方式。在评价内容上,不仅要涵盖传统认知领域的技能和知识掌握程度,更要关注幼儿的社会情感、道德品质、生活实践能力以及跨文化交际素养等的培养和发展的多元化目标。对于幼儿个体差异的接纳与尊重体现在具体评价过程中,应当以每个幼儿自身的发展起点为基础,衡量他们在特定阶段的成长进步。评价过程中特别强调对特殊需要儿童的关注与包容,他们的认知特点、学习方式和表达习惯可能与一般儿童有所不同,因此在评价时应充分考虑这些特性,发掘他们的独特视角和思考模式,并将其视为班级整体认知资源的重要组成部分,促进全体儿童共同理解和接纳多样性的价值。

第五节　通用学习设计理论

通用学习设计是一种教育理念,强调在课程设计之初就考虑到所有学生的学习需求和差异性,旨在为所有学生提供公平、无障碍且有效的学习机会。这种设计理念要求幼儿园创建一个更加包容、多元和个性化的学习环境,促进所有幼儿全面、均衡地发展,同时更好地满足特殊需要儿童的教育需求,实现真正意义上的融合教育。

一、通用学习设计概述

通用学习设计的英文全称是 Universal Design Learning,缩写为 UDL,经常会翻译为通用设计学习、通用学习设计、全方位设计学习等。通用学习设计是通用设计(Universal Design,UD)延伸到教育领域的一种运用。通用设计起源于美国,20 世纪

80 年代,北卡罗来纳州立大学通用设计研究中心提出通用设计的概念,指无需改良或特别设计就能为所有人所使用的产品、环境及通讯,考虑到最大程度的包容性与可用性。它是一种基于人性需要,人人平等,充满爱与关怀体贴的设计概念。[①]

通用学习设计是将通用设计运用到教育中的一个课程框架,是一种基于学习科学研究(包括认知神经科学)的教育框架,它指导开发灵活的学习环境和课程,以适应个体学习差异,强调创建对于所有学生而言(包括那些有不同学习需求的学生)都可以接触和有效的学习体验。[②] 20 世纪 90 年代,美国特殊技术应用中心(Center for Applied Special Technology,CAST)将通用设计的理念引入融合教育背景下的中小学课程设计之中,尝试从学习材料的革新和教与学的转化等方面,让每一个学生都能接受平等的、最合适的教育,提出通用学习设计理论。该中心认为,通用学习设计是以满足学习者差异性需求为依据的课程设计框架,包括课程目标、方法、材料和评估等。2008 年,美国《高等教育机会法案》对通用学习设计给出了更具弹性空间的定义,即用于指导教育实践的、科学有效的指导框架。这个指导框架在信息呈现方式、学生参与方式、知识技能展示方式等环节都具有灵活性,减少了在课程指引方面的障碍,提供了适当的环境、支持条件和适当的学习挑战,所有学生都可能取得优秀的学习成果,包括那些具有残疾的学生和英语水平有限的非英语母语学生。[③]

二、通用学习设计的核心原则

通用学习设计以大脑神经科学、最近发展区和多元智能理论相关研究结论为基础,其中,最近发展区指向学习者现有发展水平和在教师帮助下潜在发展水平之间的区域,启示教育者要提供"脚手架"式的支架教学;多元智能理论既扩充了同一发展水平的内容广度与深度,又关注到学生发展的多样性,在课堂中满足了不同学习者的需要。通用学习设计的提出者梅耶和推动者罗斯等人进一步将不同个体学习需求、方式和学业成就差异归因为大脑识别系统、策略系统和情感系统三者之间的相互关联,其中识别系统指学习者感知学习内容与材料的能力,策略系统指学习者的学习过程及方法,情感系统指学习者的动机、情感、态度与价值观,这直接构成了通用学习设计的三大核心原则:多元呈现方式、多元表达方式、多元参与方式。

(一) 多元呈现方式

多元呈现方式指的是以不同的方式呈现信息,以满足不同学习者的需求,包括使用视觉辅助工具、听觉刺激或触觉材料来教授概念。例如,为了教儿童了解形状,教育者

① 黄群.无障碍通用设计[M].北京:机械工业出版社,2009:15.
② 刘新学,欧阳新梅.学前融合教育[M].南京:南京大学出版社,2023:55.
③ 刘斌.利用"通用学习设计"让融合教育落地[N].中国教师报,2018-12-12(3).

可以使用该形状的图片,大声描述形状,并为儿童提供可以触摸和操作的该形状的积木。

(二) 多元表达方式

多元表达方式指的是教学中儿童有各种各样的形式来回应和展示他们所知道的,也有机会通过各种各样的形式来表达自己的想法、感受和喜好。面向所有儿童尤其是班上有特殊需要儿童的课程设计,必须要做到在课程设计时考虑到给予儿童多种表达途径与方式,并且这些方式是儿童能够接受与掌握的。例如,儿童可以通过画一幅画,用自己的话重述故事或表演一个场景来展示他们对故事的理解。

(三) 多元参与方式

多元参与方式指的是教学中要确保有各种各样的机会来激发儿童的注意力、好奇心和积极性,满足他们广泛的兴趣、偏好和学习方式,从而使他们高效参与到课程中来。要将儿童参与与否作为衡量课程设计与教学的重要标准,这要求教师在进行课程设计与教学时,必须考虑如何构建充满学习机会的环境,提供多样的参与选择,增加儿童在学习过程中选择与参与的机会。[①]

随着对通用学习设计的深入研究与运用,其核心原则在多元呈现方式、多元表达方式、多元参与方式的基础上,又增加了多元评价方式。多元评价方式指的是教学中要有多种评价方式来评估学习者的学习水平和学习结果。课程设计和教学时,教师在评价的范围、方法、形式等方面可以有多种选择,比如评价的范围可以根据儿童实际情况,评价的方法可以是笔试、口试、书面报告、材料分析等,评价的形式可以根据儿童需要选择提供视觉材料、听觉材料等。

综上所述,通用学习设计在教育目标、教学手段、教学方式、评估方式等方面都不同于传统教育,它致力于减少课程障碍,为每一位儿童提供丰富多样的支持,追求在融合教育环境中满足每一位儿童的需求,保证每一位儿童都能在融合教育中获得平等的学习机会,最大限度获得知识技能并维持学习热情。

三、通用学习设计理念对幼儿园融合教育课程调整的启示

通用学习设计为幼儿园融合教育课程提供了重要的启示和实践方向,2002 年,罗斯和梅耶在研究中指出,在实践中运用通用学习设计理念进行课程设计时主要渗透课程的四个核心要素:课程目标,达成目标的材料、方法和评估方式。[②]

---

① 刘斌.利用"通用学习设计"让融合教育落地[N].中国教师报,2018 - 12 - 12(3).

② Rose H D, Meyer A, Strangman N. Teaching every student in the digital age: universal design for learning[M]. Alexandria, VA: Association for Supervision and Curriculum Development, 2002: 78.

（一）课程目标的设定要有包容性

通用学习设计强调课程应面向所有学前儿童的多元需求，不论他们的能力、兴趣或背景如何。这意味着在设计课程时，教师需要考虑不同幼儿的学习方式和特点，确保每一个幼儿都有平等参与和成功学习的机会。因此，课程目标应该是为所有的幼儿提供适宜的挑战和难度，反映的是所有幼儿都要努力学习的知识和技能。在目标的陈述上，通用学习设计主张将目标与达成目标的方法相分离，向幼儿提供多种学习方法（如一段自制的视频、录音、图画、文字等），使幼儿根据个人的学习能力、学习风格和偏好等选择适合自己的方法，而不是限定幼儿以某一种方法实现课程目标。

（二）课程内容的呈现要有多样性

基于幼儿的认知发展特点，通用学习设计鼓励通过视觉、听觉、触觉等多种感官通道提供教学内容，让不同智能优势的幼儿都能找到适合自己的学习途径。在呈现教学内容时，教师扮演着整合和转换教育资源的重要角色，他们可以利用数字化工具和技术手段，为幼儿提供丰富且可适应不同需求的课程材料。关键的教学内容、事实、概念和原则不再拘泥于单一的表现形式，而应该通过多样化的数字媒体得以生动展示，并能够根据幼儿的个体差异进行调整与优化。为了确保所有幼儿都能有效地学习，教师应将课程内容设计成可以跨越多种媒体形式的状态，使得内容与其表现形式相互独立。例如，文本信息可以根据阅读者的需求，以大字体显示在屏幕上，或者转化为直观的概念图解、盲文版，甚至改编为视频或音频格式，以便残障儿童以及其他具有特殊需求的幼儿获取信息。在选择和应用这些媒体形式时，教师必须明确一个核心原则：不存在一种放之四海而皆准的最佳媒体形式，每种媒介的选择都应当基于对每个幼儿具体需求的理解和尊重，从而真正实现教育的包容性和个性化。

（三）课程组织的形式要有选择性

课程组织与实施的过程中，幼儿要有机会通过各种各样的形式来回应和展示他们所知道的，也要有机会通过各种各样的形式来参与并表达自己的想法、感受和喜好，从而保持其注意力、好奇心和积极性，满足其广泛的兴趣、偏好和学习方式，从而高效参与到课程中来。面向所有儿童尤其是班上有特殊需要儿童的课程设计，必须要做到课程组织与实施的设计有选择性，能够让所有儿童找到合适自己进行表达和参与的途径与方式。比如在美术活动中，既可以设置简单的涂色活动供初学者尝试，也可以提供更复杂的创作项目供有经验的儿童挑战；教学方法可以是小组合作、个别指导、探究式学习等，以适应不同幼儿的学习风格。

（四）课程评价的方式要有多元性

通用学习设计理念倡导的课程评价体系强调多元性和持续性，旨在摒弃传统的、单一的终结性评价模式，转而采用内嵌式与动态化的评价手段。这意味着幼儿园融合教育课程要大力推行过程性评价机制,将评价融入日常学习的点滴之中。通过细致入微的观察记录、深度互动的对话交流以及培养幼儿自我反思和评价能力,教师能够实时监测每一个幼儿的成长轨迹和发展需求,并据此灵活调整教学方案及资源支持。根据通用学习设计原则,课程评价的核心在于三个方面:测验呈现方式的多样性、内容表达形式的灵活性以及评估参与的包容性。首先,在测验环节,教师需关注不同特殊需要儿童的需求,灵活设计测试工具,例如为视障儿童提供大字体版材料,或是针对听障儿童定制音频类型的测验题目,确保所有儿童都能公平地展示其知识掌握程度。其次,在内容表达方面,鼓励幼儿运用多种途径展现所学,不论是传统的口头演讲和绘画,还是现代的动画测评、人机互动等新颖形式,均应得到认可和支持。重要的是,评价体系不强求统一的标准答案或最佳表现方式,而是尊重并发掘每个幼儿的个性特点、学习风格以及兴趣偏好,使他们能够在最适合自己的方式中展现能力和成就。再次,评估参与的包容性意味着在设计和实施评价活动时要确保所有幼儿都能充分、有效地参与到评估过程中来,不论他们具有何种学习风格、能力水平或特殊需求。教师应提供不同的评估途径和工具,允许幼儿根据自身特点选择适合自己的方式进行展示。比如,对于语言表达有困难的幼儿,可考虑利用图形、符号或技术辅助工具进行沟通。针对可能影响幼儿参与评估的物理环境、心理压力或其他形式的障碍,采取措施予以消除,如为需要额外时间完成任务的幼儿提供延时服务,或者对存在焦虑情绪的幼儿提供安全舒适的评估环境。①

　　通用学习设计是创建适应所有学习者多样化需求的融合教育学习环境的有价值的框架。通过在学前融合教育中应用通用学习设计原则,教育者可以在教育活动中促进普特儿童在参与度、沟通、社交互动、执行功能等的全方面的发展。

思考与练习:

1. 幼儿园融合教育课程调整的理论基础有哪些?

2. 如何理解不同理论基础与幼儿园融合教育课程调整之间的关系?

3. 结合实例分析不同理论在幼儿园融合教育课程调整中的运用。

---

① 颜廷睿,邓猛.全纳课堂中的通用学习设计及其反思[J].中国特殊教育,2014(1):17-23.

THREE

> **学习目标**
>
> 1. 了解幼儿园课程目标概念及取向
> 2. 掌握幼儿园融合教育课程目标调整概念及内容
> 3. 掌握幼儿园融合教育课程目标调整的策略

　　幼儿园课程应以实现高质量融合教育为目标,尊重幼儿的个体差异,充分考虑所有幼儿的多元需求和潜能发展,倡导多元智能并重,关注社会情感发展,切实增强课程目标的包容性和实用性,努力创造一个让所有幼儿都能够积极参与、愉快学习、共享成长的教学环境。

第一节　幼儿园课程目标概述

一、幼儿园课程目标的概念

　　幼儿园课程目标是指导幼儿教育实践的核心理念和预期成果的明确表述,它旨在确定在特定年龄段内,幼儿通过参与幼儿园活动应该达到的认知、情感、社会性以及身体发展等各个领域的具体发展目标。这些目标不仅关注知识与技能的习得,还包括道德品质的培养、生活自理能力的提升、良好习惯的养成、创新思维的激发以及社交能力的发展等多个维度。幼儿园课程目标是衔接幼儿教育目的与幼儿园课程的桥梁,是构建高质量学前教育体系的基础,对保障幼儿享有公平而优质的早期教育具有至关重要的作用,尤其表现在导向作用和评价依据两个方面。

(一) 导向作用

幼儿园课程目标为教师提供了清晰、具体的教学预期和教育方向,帮助教师明确幼儿在不同教育阶段需要关注和发展的重要领域,如语言发展、认知能力培养、社会情感技能塑造、艺术表现力提升以及身体运动技能的发展等。基于课程目标,教师可以系统地规划和选择适宜的教学内容,确保所教授的知识和技能符合幼儿的年龄特点和发展需求,同时能激发幼儿的学习兴趣,引导他们主动参与学习活动。同样,有了明确的课程目标作指导,教师能够更有针对性地设计和实施各种有效的教学方法与策略。总之,幼儿园课程目标的导向作用为教师的教学实践指明了前进的方向,确保每个环节都紧密联系、有序开展,最终实现对幼儿全面、均衡、和谐发展的有力支持。

(二) 评价依据

幼儿园课程目标为教师提供了一个清晰、具体的评价框架,用来衡量幼儿在各个发展阶段的成长进步情况。这些目标通常涵盖了认知、情感、社会性以及身体发展等多个领域,通过观察、记录和分析幼儿在参与课程活动过程中的行为表现和学习成果,教师能够更准确地把握幼儿个体及班级群体的发展情况,灵活调整教学方法并提供针对性的教学支持,有效提升幼儿教育教学的质量和效果。

二、幼儿园课程目标的取向

不同的教育理念和对儿童发展、社会需求以及知识本质属性的理解差异,导致了多元化的课程目标取向。在幼儿园课程中,行为目标(Behavior Objectives)、生成性目标(Evolving Purposes)和表现性目标(Expressive Objectives)是较为常见的目标取向。[1]

(一) 行为目标取向

这种取向深受行为主义理论影响,着重于可观察、可测量的行为变化。它关注的是幼儿能否在学习后展示出特定的技能或知识应用,如掌握基本的生活自理能力、达到一定的认知发展水平或遵守社会规则等。这类目标强调的是可以量化和测量的结果,清晰明确,易于评估,具有客观性和可操作性,有助于教师制定直接的教学计划。例如,"幼儿能够独立完成穿衣服的动作"或"能够准确说出 1—10 的数字"。

---

[1]　朱家雄.幼儿园课程[M].3 版.上海:华东师范大学出版社,2022:175-179.

　　行为目标在课程领域中的发展历程可以追溯到 20 世纪初的行为主义心理学理论，并随着教育评价和课程设计理论的发展而逐渐兴起和完善。沃森（John B. Watson）在 20 世纪初期提出了早期的行为主义理论。他强调心理学应研究可以直接观察到的行为，并主张通过控制环境变量来预测和控制个体的行为反应，这一思想对教育领域产生了长远的影响，尤其是对于如何设计教学情境以引发期望的学习行为。斯金纳（Burrhus Frederic Skinner）在 20 世纪 30 年代后进一步发展了行为主义理论，尤其是在学习与行为改变方面。斯金纳提出了操作条件作用的概念，强调强化对行为的影响，并发明了"斯金纳箱"进行实验研究。他的工作为教育界提供了更加精细化的工具和技术，如程序教学、及时反馈和积极强化等，这些方法旨在促进学生明确、具体且可以量化评估的学习成果。沃森和斯金纳主张学习是可观察行为的改变，这一观点促进了教育界对明确、具体、可测量的学习结果的关注。1949 年，泰勒（Ralph W. Tyler）在其著作《课程与教学的基本原理》中提出了"泰勒原理"，特别强调了课程目标的重要性，认为目标应清晰、具体，并能够被评估。这意味着教师在设计课程时，首先需要明确定义学习者通过学习应达到的目标状态，这些目标不仅涉及知识内容的掌握，还涵盖了技能、态度和社会行为等方面的发展。尽管泰勒并没有明确提出"行为目标"这一术语，但他的思想为后来的行为目标理论奠定了基础。20 世纪五六十年代，布卢姆（Bloom B.S.）等人继承并发展了泰勒的行为目标理念，借用生物学中的分类学概念，在教育领域建立了教育目标分类学，这是一套关于教学目标的理论框架，旨在帮助教师明确教育活动的目的，并为评估学生学习成果提供一个结构化的指导，"教育目标分类学"的提出将行为目标发展到新的阶段。布卢姆等人将教育目标划分为三个主要领域：认知领域、情感领域和动作技能领域。认知领域的目标是关于知识和思维过程的，它进一步被细分为六个层次，由低到高分别为知识、理解、应用、分析、综合和评价。情感领域的目标关注的是学生的价值观、态度以及情感反应的发展。布卢姆并未详细划分情感领域的具体层次，但后续的研究者如克拉斯沃尔（Krathwohl D.）等人对其进行了扩展，提出了接受、反映、价值化、系统化和个性化五个阶段。哈罗（Harrow A.J.）将动作技能领域的学习分为六个部分：发射发作、基本工作、知觉能力、体能、技巧性动作、意向性交流。20 世纪六七十年代，梅杰（Robert Mager R.F.）、波法姆（Popham W.J.）等人根据行为主义心理学发展出了更为详细的行为目标理论，将行为目标取向的发展推向了顶峰。他们提出行为目标应该是具体的、可操作的、可衡量的，包括了三个关键要素：预期学习者行为（描述学习者应能做什么）、条件（说明学习者应在何种环境下或使用何种工具完成任务）和标准（定义学习者必须达到什么样的程度才能算作成功）。例如，大班幼儿"能够在没有直接提示的情况下，正确数出并比较两组数量在 10 以内的实物，并能明确指出哪一组的数量更多或更少，准确率达到 90％以上"。

　　行为目标取向因其可操作性和便于评价的特点，在教学设计和课程开发中得到广泛应用,成为教师编写教案、进行教学活动设计以及评价学生学习成效的重要工具。尽管行为目标有助于提升教学效率和标准化测试成绩,但它也受到了批评——过于关注显性技能和知识,忽视了深层次理解、批判性思维和创造性等隐性能力的发展。因此,在 20 世纪后期及 21 世纪初,随着教育理念向建构主义和人本主义转变,生成性目标和表现性目标等更加注重过程和个体差异的目标取向开始受到更多重视。

(二)生成性目标取向

生成性目标源于建构主义和进步主义教育思想,强调教育过程中的动态性和灵活性。它关注儿童个体在与环境互动的过程中自发产生的学习和发展,鼓励探索、发现和创造。这类目标并不预先设定确切的学习结果,而是鼓励儿童在探究过程中产生新的想法、技能和理解。例如,"幼儿能够在教师引导下,通过合作与探索活动发展初步解决问题的能力"。

生成性目标取向在课程设计与实践的历史演进中,与 20 世纪中期及以后的教育革新思潮紧密相连,特别是在进步主义教育思想和后来建构主义理论的兴起过程中得到显著发展。其中,进步主义教育运动的领军人物杜威,以其"教育即生活、教育即生长、学校即社会"的核心理念,为生成性目标取向的形成提供了理论基石。杜威主张以学生为主体,强调尊重学生的兴趣和内在动机,倡导通过实践活动和探索式学习来促进学生的全面发展。他反对将预设的、外在的教育目标机械地施加于学生身上,转而提倡一种动态的目标生成过程,认为真正的教育目标应当是伴随着学生在实际学习情境中的主动参与、经验积累和认知构建而自然产生的结果。这为生成性目标取向奠定了基础。20 世纪 60 年代,布鲁纳的认知结构理论强调学科的基本结构和概念的重要性,并提出发现学习法,主张学生通过自身的探索、实验和问题解决活动来主动建构知识。这种学习方式鼓励学生积极参与到认知过程中,通过探究、假设检验和反思等步骤,自行发现或重新发现重要的概念和原理。在此过程中,生成性目标的概念得到了体现:学生不是简单地复制教师传授的内容,而是通过自我构建的过程创造出新的理解,并能够将这些理解应用到新情境中去解决问题,从而实现对学科知识更深层次的掌握与创新。虽然布鲁纳并没有直接使用"生成性目标"这一术语,但他的认知结构理论和发现学习方法论实际上预示了这一理念,即课程目标应该是动态的、开放的,旨在促进学生在探索和构建的过程中形成和创造新的知识结构。皮亚杰的认知建构主义理论对后来教育实践和理论发展的影响一直延续至 80 年代乃至现今。认知建构主义强调儿童在认知发展过程中的主体性和主动性,认为知识并非客观存在的、等待被发现和接受的实体,而是通过个人与环境互动过程中不断建构而成的。维果茨基的社会文化建构主义理论在皮亚杰认知建构主义理论的基础上进一步强调了社会和文化环境对个体认知发展的重要性,倡导的学习方式更注重学生的互动合作以及自我调节学习活动。生成性目标在这种背景下应运而生,它鼓励教师设定那些能够激发学生主动参与、批判思考并进行创新探索的目标。这类目标不预先规定具体的学习结果，而是关注学生在完成任务过程中所发展的能力，比如批判性思维、创新能力和社会交往能力。生成性目标取向在人本主义课程理论中发展到了极点。例如，人本主义心理学家罗杰斯（Rogers C.R.）认为，凡是可以教的东西，相对而言都是无用的，对人的行为基本上不会产生什么影响，而真正能够影响人的行为的知识，只能是他自己发现并加以同化的知识。因此，课程要为儿童提供有助于个人自由发展的学习经验，应强调儿童个人的生长、个性的完善，而不是关注如何界定和测量课程本身。①

（三）表现性目标取向

表现性目标关注儿童的独特性及个性化表达，鼓励他们在艺术、语言和社会交往等方面展现个人的情感、观点和理解。这种目标注重培养儿童自我表达的能力和批判性思维。表现性目标承认并尊重每个儿童与众不同的成长路径和潜力，是由教育家艾斯纳提出的。艾斯纳以其在艺术教育领域的卓越贡献而闻名，他倡导多元智能理论，并主张将艺术融入学校课程的核心部分，以促进儿童的全面素质教育。他认为传统的认知目标并不能充分反映学习的复杂性和深度，尤其是在艺术、人文等学科中。

艾斯纳认为，存在两种不同的课程目标，分别是教学性目标（有时也被称为指导性目标或预设性目标）和表现性目标。教学性目标是课程中预先设计好的，规定儿童在完成学习活动后应该习得的知识、技能等，它适合用以表述文化中已有的规范和技能，通常对于大部分儿童而言是共同的。② 表现性目标强调的是个性化，指向培养儿童的创造性，更关注儿童如何运用所学知识在不同情境中进行创新思考和表现。表现性目标鼓励儿童通过艺术创作、项目研究或其他表现形式展示他们对知识的深刻理解和应用能力。相较于传统的教学性目标，表现性目标往往更具开放性和灵活性，允许儿童以多种方式达成目标。例如，一个表现性目标可能是"幼儿能够在角色扮演活动中，运用想象力创作自己的故事，并通过语言和动作进行生动的表现"。艾斯纳提出表现性目标，并不是要替代教学性目标，而在于完善教学性目标。他认为，如果教师希望儿童富有想象力地运用知识和技能，希望儿童能够建立某种完全属于自己的行式或观点，那么表现性目标极为合适，而表现性目标是以表现性技能为基础的。③ 艾斯纳说："表现不仅仅是感情的发泄，而是感情、意向与观点转化成某种材料的表达，一旦转化了，这一材料就成为表达的媒介。在此种转化中，技能是必须的，因为没有了此种技能，转化就不会发

---

① 朱家雄.幼儿园课程［M］.3版.上海：华东师范大学出版社，2022：177.
② 朱家雄.幼儿园课程［M］.3版.上海：华东师范大学出版社，2022：178.
③ 朱家雄.幼儿园课程［M］.3版.上海：华东师范大学出版社，2022：178.

生"①。因此,在艾斯纳看来,表现性目标取向要求教师设计评价体系时,应注重过程与结果并重,既要有知识技能的设计,也要鼓励儿童通过多种途径展现其独特的学习成果和个人发展。

三、不同目标取向在幼儿园课程中的互补

在幼儿园课程设计与实施中,行为目标、生成性目标和表现性目标作为三种不同的课程目标取向,各有其长,也各有其短,它们不能相互替代,也没有孰优孰劣之分,每种目标取向都有其存在的价值,在幼儿园课程中,它们往往相互补充,共同促进幼儿全面发展。

行为目标明确具体,强调可观察和可测量的行为变化,有助于教师清晰地了解幼儿应达到的具体技能水平,并据此设计直接的教学活动,便于评估学习效果。对于某些知识技能的传授、行为习惯的养成,可以运用行为目标的方式表述课程目标,以期望通过课程实施过程,全体幼儿或大部分幼儿都能够发生行为目标所规定的行为变化。②

生成性目标关注幼儿主动建构知识的过程,是在教育过程中根据幼儿的兴趣、探索和互动自然发展出来的目标。这类目标鼓励创新思维和解决问题的能力,注重培养幼儿的探究精神和自主学习能力。表现性目标聚焦于幼儿的个性化表达和创造性展示,这种目标支持幼儿情感表达、审美能力和创造力的发展,强调每个幼儿在特定情境下的独特性和多元智能的表现。生成性目标和表现性目标在表述方面都采用开放形式,即一切依据儿童、教师和具体教育情境确定,而不设统一的标准,避免把人作为物而把课程目标技术化的倾向。③

总体来说,行为目标确保了基本技能的掌握,提供了教学过程中的结构性和标准化;生成性目标则尊重了动态生成的师幼互动过程,促进了幼儿个体潜能的发挥和深度学习,满足其主观能动性的需求;表现性目标则帮助幼儿形成自我认知,增强自信心,同时培养他们在社交场合中沟通和分享的能力。综合运用这三种目标取向,幼儿园课程可以更加全面、立体地促进幼儿在认知、情感、社会及创造性等多个维度的成长。

---

① 艾略特.W.艾斯纳.儿童的知觉与视觉的发展[M].孙宏,葛凌凌,张丹,译.长沙:湖南美术出版社,1994:150.
② 朱家雄.幼儿园课程[M].3 版.上海:华东师范大学出版社,2022:178 – 179.
③ 朱家雄.幼儿园课程[M].3 版.上海:华东师范大学出版社,2022:179.

第二节 幼儿园融合教育课程目标调整概述

一、幼儿园融合教育课程目标调整的概念

幼儿园融合教育课程目标调整是指在实施融合教育的幼儿园环境中,针对不同幼儿的发展特点、学习能力和特殊教育需求,对原本统一的课程目标进行适应性修改和个性化设计的过程。这一过程旨在确保所有幼儿(包括普通幼儿和有特殊教育需求的幼儿)都能在一个包容性的教育体系中获得适宜其个体发展的教育目标与支持。其核心是确保教育公平,尊重并充分发挥每个幼儿的潜能,创造一个有利于全体幼儿共享、互动、互助、共同成长的学习环境。正如《中国教育现代化 2035》在基本理念中强调"更加注重面向人人",坚持有教无类,保障每个人平等受教育权利,努力提供公平、优质、包容的教育……让教育改革发展成果更多、更公平地惠及全体人民,让人人都有人生出彩的机会。① 因此,在融合教育背景下,幼儿园课程目标的调整需充分考虑所有幼儿的多元需求和潜能发展,具体包括如下要求:

(一)全面性与个体化结合

将融合教育的理念贯彻到课程目标调整中,课程目标既要涵盖全班幼儿应掌握的基本知识、技能及社会情感发展目标,同时也要关注每个幼儿的独特性,根据其兴趣、能力水平和特殊教育需要制定个别化教学目标,确保每一个幼儿都能在共同的课程框架下找到适合他们的学习目标,确保课程内容和活动能包容所有类型和发展程度的幼儿参与到统一的学习活动中,并从中受益。

(二)适宜性

将多元智能理论融入幼儿园课程目标调整,将语言智能、逻辑数学智能、空间智能、身体动觉智能、音乐智能、人际交往智能、自我认知智能等多方面的智能开发纳入课程目标之中,为不同智能优势的幼儿提供展示和发展自我的机会,确保每个幼儿都能在适合自己的步伐中发展各项技能。

(三)重视社会适应能力培养

将社会建构主义理论融入课程目标调整,课程目标中应包含促进幼儿间的沟通交

---

① 中共中央国务院.中国教育现代化 2035[EB/OL].(2019－02－23).https://www.uta.edu.cn/fzghc/2021/1224/c1958a108579/page.htm.

流、团队协作以及对他人观点的理解接纳等方面,通过日常生活情境模拟、角色扮演等丰富的社交情境活动,促进幼儿的社会交往能力和团队合作精神,帮助特殊需要儿童尽早融入集体生活,提高他们在真实社会情境中的适应性和独立性,提升全体幼儿的社会适应能力和同理心。

(四)重视差异化支持服务

对于特殊需要儿童,课程目标需包含针对性的支持策略,比如针对特定障碍类型的学习策略训练、沟通技巧提升以及行为管理方法,并将这些支持措施纳入课程目标实现的过程中。

幼儿园融合教育课程目标的调整具有深远意义,这一调整旨在尊重并满足所有幼儿的个性化发展需求,促进他们在认知、情感、社会性及生活技能等多元领域全面发展。课程目标的调整还强调了公平、包容和互助的学习环境构建,有利于培养全体幼儿的同理心和社会适应能力,从而为他们未来的成长奠定坚实基础。通过课程目标的调整,确保每个幼儿都有平等的学习机会和充分的发展空间,无论其能力水平、兴趣特长或是否具备特殊需求,这有助于打破传统的教育壁垒,实现真正的教育公平,推进融合教育理念在实践中的落地生根,并推动我国学前教育朝着更加人性化、更具社会效益的方向持续发展。

二、幼儿园融合教育课程目标调整的内容

幼儿园融合教育课程目标同样包括行为目标、生成性目标和表现性目标,它们同样不能相互替代,也没有孰优孰劣之分,每种目标取向都有其存在的价值,在幼儿园融合教育课程中相互补充,共同促进所有幼儿全面发展。综合前文对幼儿园课程目标内容的表述,三种取向的课程目标在进行调整时都可以从以下四个方面开展:

(一)表现学习结果的行为

这方面内容关注的是幼儿通过何种行为方式来展现他们所学的知识和技能。一般会用到"说出、指出、唱出、画出、模仿、游戏互动"等词。

"说出"这一行为是幼儿语言能力发展的重要标志,它体现了幼儿能运用所学词汇、句型结构等进行有效的口头表达,从而验证他们在语言认知领域的进步程度。

"指出"这样的动作反应则融合了身体动作与认知理解,当幼儿能够准确指向物体或概念以回应教师的问题时,意味着他们成功建立起实物与名称之间的联系,并能在实际情境中应用这种认知关联。

"画出"表现为幼儿借助绘画活动,将内心的想法、对事物的认知以及审美感知转化为视觉图像,这既检验了他们的美术技艺,又反映了认知思维的发展。

"唱出"则是在音乐教育活动中,幼儿准确再现歌曲旋律和歌词内容,这不仅体现他

们的音乐感知力和节奏感,同时也展现出语言及情感交流的能力。

在幼儿园融合教育课程目标中,除了"说出""指出""画出"和"唱出"等表达学习成果的行为方式外,还包括了身体动作、游戏互动以及模仿表演等多种形式:

身体动作:幼儿通过参与体育活动、舞蹈或体操等,展示他们在大肌肉运动技能与精细动作技能上的发展。例如,能够按照指示完成一套简单的体操动作,或者运用手指进行细致的手工制作,这些都是他们对空间感知、协调能力及执行指令的理解和掌握程度的具体体现。

游戏互动:在集体游戏中,幼儿学会合作、竞争、轮流等待以及解决冲突等社会交往技巧,同时也能表现出对规则理解、策略应用等认知能力。比如,在角色扮演游戏中,幼儿通过扮演不同角色来展现对生活常识、情感体验和解决问题策略的学习成果。

模仿表演:通过模仿故事中的人物、情境或者教师示范的动作,幼儿的记忆力和观察能力不仅得到锻炼,创造力和表现力也得到培养。例如,他们能复述一个故事并配以相应的表情和肢体动作,这反映出他们对故事情节、人物性格及其行为动机的深入理解和再现能力。

(二)学习的结果或内容

这方面内容关注的是幼儿具体的学习任务或活动内容。从宏观上来看,幼儿园融合教育课程目标中关注的学习任务同样依据《幼儿园教育指导纲要(试行)》和《3—6 岁儿童学习与发展指南》,涉及健康、语言、社会、科学、艺术五个领域。

1. 健康领域

(1)身心状况:具有健康的体态,情绪安定愉快,具有一定的适应能力;

(2)动作发展:具有一定的平衡能力,动作协调、灵敏,具有一定的力量和耐力、手的动作灵活协调;

(3)生活习惯与生活能力:具有良好的生活与卫生习惯,具有基本的生活自理能力,具备基本的安全知识和自我保护能力。

2. 语言领域

(1)倾听与表达:认真听并能听懂常用语言,愿意讲话并能清楚地表达,具有文明的语言习惯;

(2)阅读与书写准备:喜欢听故事、看图书,具有初步的阅读理解能力,具有书面表达的愿望和初步技能。

3. 社会领域

(1)人际交往:愿意与人交往,能与同伴友好相处,具有自尊、自信、自主的表现,关心尊重他人;

(2)社会适应:喜欢并适应群体生活,遵守基本的行为规范,具有初步的归属感。

4. 科学领域

（1）科学探究：亲近自然，喜欢探究，具有初步的探究能力，在探究中认识周围事物和现象；

（2）数学认知：初步感知生活中数学的有用和有趣，感知和理解数、量及数量关系，感知形状与空间关系。

5. 艺术领域

（1）感受与欣赏：喜欢自然界与生活中美的事物，喜欢欣赏多种多样的艺术形式和作品；

（2）表现与创造：喜欢进行艺术活动并大胆表现，具有初步的艺术表现与创造能力。

（三）目标行为出现的情境

这方面内容关注的是幼儿具体的学习任务或活动内容在哪些具体的生活、游戏或者教学情境中开展。在幼儿园融合教育课程目标调整过程中，关注并创设适宜的目标行为出现的情境，有利于促进所有幼儿在多元化环境中充分展现其学习成果，同时也能够有效提升特殊需要儿童的自信心与学习效果。例如，在体育活动中，要求幼儿能够在集体游戏情境下完成"双脚跳"的动作；或者在数学活动中，要求幼儿能在实际操作的情境中指出不同几何形状的特点。再如，对于轻度智力障碍儿童，教师应在适当的协助下，帮助他们在日常学习活动中逐步实现个人发展计划，比如独立完成 10 以内的加减运算。这可能涉及一对一指导或小组合作的学习环境，目的在于让他们在相对轻松自然的氛围中提高计算能力，同时增强自我效能感和社会适应性。

（四）达到的标准

这方面内容主要关注幼儿在融合教育过程中是否成功达到了为其设定的学习目标，涉及对幼儿发展具体、量化和可评估的要求，旨在确保每个幼儿无论能力起点如何，都能在个性化和适应性教学的支持下取得进步，并逐渐接近或达成预期的发展水平。具体来说，"达到的标准"可以包括几个方面：

1. 知识技能掌握程度

在幼儿园融合教育课程中，教师要关注幼儿是否能够通过指导与实践，在不同领域成功掌握并应用相关知识和技能。例如，在体育活动中，观察幼儿是否能够在教师的指导下完成特定动作技能，如连续双脚跳；或者在数学认知环节，看幼儿能否正确识别并表达出几何形状的不同特点。

2. 学习行为改善与独立性养成

融合教育课程的重要目标之一是促进所有幼儿改进学习行为，并逐步养成良好的自主学习习惯。对于特殊需要儿童,尤其重要的是关注其在教师的适当协助下能否逐渐学会独立完成基础学习任务,如在算术领域中独立完成 10 以内的加减运算;对普通幼儿而言,应在集体活动中着重考察其是否能展现出积极的合作精神与分享意识,这是衡量幼儿社交及团队协作能力提升的关键指标。

3. 社会情感与问题解决能力的发展

幼儿园融合教育同样重视幼儿的社会情感成长,旨在培养他们在人际交往中的和谐关系建立能力和基本的情绪调控技巧。具体体现在幼儿是否能在日常互动中表现出友好、互助的行为,在面对挑战或冲突时,是否能初步运用适宜的方法来解决问题。

三、幼儿园融合教育课程目标调整的策略

幼儿园融合教育课程目标的调整是一个持续且灵动的过程,它对教师的专业素养和教学艺术提出了高标准要求。教师不仅需要具备深厚的专业知识底蕴,掌握扎实的教学技能,而且要具备敏锐的洞察力与精准的判断力,能够细致入微地观察每一位幼儿的发展状况、兴趣特长以及潜在的学习需求,尤其是针对特殊需要儿童,更要能及时识别其个体差异,并深入理解他们的特殊教育需求。因此,在实施融合教育的过程中,教师需根据幼儿的不同特点灵活调整课程目标,使之更加包容并具有针对性。一般常用的幼儿园课程目标调整策略有简化、减量、分解、替代。

(一) 简化

简化策略在幼儿园融合教育课程目标调整中扮演着关键角色,其核心理念是将教育目标进行优化设计,本质在于对教育目标进行精细化、适宜化调整,使之更符合幼儿的认知发展阶段与个体特点。不同的特殊需要儿童有不同的发展水平和教育需求,在融合教育环境中,教师不仅要确保课程目标符合班级内大多数幼儿的发展水平和学习进度,还需充分考量特殊需要儿童的具体情况。例如,认知发展迟缓儿童可能在抽象思维、语言表达等方面存在一定的发展迟缓或困难。在开展颜色认知的活动时,如果要求所有幼儿都能准确说出各种颜色的名称,对认知发展迟缓儿童来说可能会形成较高的认知负荷,导致他们无法顺利参与学习过程并达成目标。这时,教师可以运用简化策略,从儿童表现学习结果的行为方面入手,将"说出颜色名称"的目标改为"指出相应颜色",即将原本需要通过语言表述的知识点转化为可以通过动作识别和执行的任务。这样他(们)只需通过视觉识别,将实物与其对应的颜色联系起来,降低了在语言理解与表达方面的压力,能够更好地参与到课程活动中,逐步建立对颜色概念的认识。这种贴近幼儿实际能力水平的目标设定不仅能够提高特殊需要儿童的学习效率,增强他们的自我效能感,同时也提升了整个课程的实际效益,体现了融合教育的核心价值——尊重差异,满足每个幼儿的发展需求。

（二）减量

在融合教育课程中,减量策略是教学目标调整的重要方法,体现在适度降低课程目标达到标准的数量或者难度,以确保每个幼儿,特别是特殊需要儿童,有足够的精力和时间来吸收、理解和应用所学内容,[①]而不是一味追求大量的学习任务或过高的技能要求,从而避免给他们带来过大的压力与挫败感。例如,在动作发展迟缓儿童的教学过程中,减量策略的应用体现在对动作技能目标的设定上。首先,可以从学习的结果或内容来入手进行目标调整,将"单脚跳"调整为"双脚跳"。原课程设计中要求幼儿能完成单脚跳的动作,但对于动作发展迟缓的幼儿而言,这可能会是一个短期内难以达成的目标。因此,教师可以根据幼儿的实际能力水平,将此目标适当调整为双脚跳,这是一个更为基础且易于实现的动作技能。其次,可以从达到的标准入手进行目标调整,如将"连续双脚跳绳 5 个"调整为"连续双脚跳绳 2 个",这样既保证了幼儿能在实际操作中体验到成功带来的成就感,又有利于逐步提升他们的运动技能和自信心。这种减量策略并不是降低教学质量,而是在尊重个体差异的基础上,更加关注每个幼儿的实际进步和发展,追求更精准、更有针对性的教学深度和广度。通过合理调整课程目标难度及达标要求,能够有效激发特殊需要儿童的学习动力,并促进他们在适合自己的节奏下逐步提升各项能力,真正实现融合教育中"因材施教"的核心理念。

（三）分解

在融合教育课程目标调整中,分解策略对于保障特殊需要儿童教育质量尤为重要。分解策略是指将大的学习目标拆解成若干小步骤进行分步教学,遵循"从易到难、由简入繁"的原则,让幼儿在逐步完成各个小目标的过程中积累信心和成就感。[②] 在幼儿园融合教育实际应用中,分解策略主要表现为将原本令幼儿感到困难或无法达成的大目标,细化成多个易于理解和操作的小步骤,这既符合幼儿认知发展阶段的特点,又能照顾到特殊需要儿童的实际能力限制。例如,对于动作发展迟缓的幼儿来说,期望他们能够独立画出较为标准的圆形是一个相对抽象且复杂的任务。通过分解策略,这个大目标可以被转化为四个逐步递进的小目标:(1) 实物画圆:让幼儿借助实物(如圆形玩具或实物模具)直接接触和感知圆形,通过模仿和触觉反馈初步了解圆形的基本特征。(2) 实线描画:提供已经画好的实体线条圆形,让幼儿沿此线条进行描画,以锻炼手眼协调能力和肌肉控制力。(3) 虚线描画:进一步提高难度,给出虚线构成的圆形轮廓,鼓励幼儿继续练习描画,逐步减少视觉上的辅助,提高其独立描绘的能力。(4) 尝试单

---

① Odom S L, Bruder M B, Boyd B A, Hall L J, Hume K, Kaiser A P, Sandall S R. Advancing research on high-quality classroom practices for young children with disabilities[J]. Exceptional children, 2015,81(2), 157-178.

② Hunt P, Goetz L, Smith I. Including children with special educational needs in mainstream classrooms: teachers' attitudes and perceptions of barriers to inclusion[J]. International Journal of Inclusive Education, 2010, 14(1), 55-70.

独画圆:在经历了前面几个阶段的练习后,幼儿具备了一定的基础,此时鼓励他们尝试自己独立画出一个完整的圆形,这是对他们前期所学技能的整合和应用。通过这样的分解过程,幼儿能够在每个小目标上取得可见的进步,每一次成功都会带来成就感,激发他们的积极性和自信心,同时也符合幼儿身心发展逐层深入、螺旋上升的规律。

(四) 替代

在幼儿园融合教育课程中,替代策略是指在设定特殊需要儿童的课程目标时,不再参照普通幼儿的标准和预期成果,而是针对每个特殊需要儿童的具体情况进行量身定制,确保"表现学习结果的行为、学习的结果或内容、目标行为出现的情境、达到的标准"都与该幼儿的能力水平和发展需求相匹配。替代策略一般应用在情况比较特殊,课程目标四个方面内容通过简化、减量、分解等策略不符合特殊需要儿童实际教育需求的情况下。具体来说,替代策略主要包括以下几个方面:(1) 表现学习结果的行为:针对特殊需要儿童的学习方式和能力特点,设计适应他们行为表达和学习成果展示的方式,如通过视觉、听觉、触觉等多元感官通道进行行为表达。(2) 学习的内容与结果:根据特殊需要儿童的兴趣、优势以及需要改善的领域,调整和选择适合他们的学习内容与结果,让儿童在轻松愉快的环境中完成学习任务。(3) 目标行为的情境设定:为了帮助特殊需要儿童更好地理解和掌握目标行为,教师需创设贴近他们生活实际、能够引发兴趣和共鸣的情境,使他们在自然、真实的情境中反复练习和体验,从而促进目标行为的发展。(4) 达成标准的设定:对特殊需要儿童所要达到的标准,应根据他们的个别差异和潜能,设定具有挑战性但又切实可行的发展目标,鼓励他们在自己的节奏下逐步提升能力,增强自信心。举例来说,"幼儿能够独立复述一个短小的故事,并回答相关的问题"这个语言领域的目标,对于一位孤独症谱系障碍且存在严重语言发展迟缓的幼儿,显然过于严苛,就需要采取替代策略进行目标调整——① 行为目标的替代:不要求幼儿独立复述整个故事,而是分解成一系列更小的步骤,比如首先设定目标为"幼儿能在成人引导下指认故事书中的人物和物品";② 学习内容的替代:利用视觉叙事板、符号或实物道具,让幼儿通过排列这些视觉元素来表达故事的基本顺序;③ 情境的替代:创造一个更加舒适、减少干扰的学习环境,允许幼儿以自己的节奏参与活动,比如一对一的教学互动而非大组讨论;④ 标准的替代:评价标准不再是能否流畅复述故事和准确回答问题,而是关注幼儿能否通过手势、眼神接触、简单的词汇或辅助沟通工具表达对故事基本要素的理解。

思考与练习:

1. 举例说明对幼儿园课程目标的三种取向的理解。

2. 幼儿园课程目标调整的内容有哪些?

3. 结合实例分析幼儿园课程目标调整的策略。

FOUR

幼儿园融合教育课程内容调整

学习目标

1. 了解幼儿园课程内容的概念及取向
2. 掌握幼儿园融合教育课程内容调整的内容和策略
3. 掌握幼儿园融合教育课程内容调整策略在教育实践中的应用

　　课程目标是课程设计的基石,它规定了课程内容的范围、深度和侧重点。课程内容是实现课程目标的具体途径和载体。随着学前融合教育理念的更新、研究成果的涌现以及幼儿个体差异的显现,幼儿园课程目标会根据实际情况作出适时调整,这就需要对课程内容进行同步审视和重构,以确保它们始终符合最新的教育理念和幼儿的发展需求。

第一节　幼儿园课程内容概述

一、幼儿园课程内容的概念

　　幼儿园课程内容是幼儿园教育活动中的核心组成部分,是根据幼儿身心发展特点、教育目标以及社会文化背景等因素,为幼儿设计和组织的一系列教育活动的主题、内容和材料的总和。它包含了幼儿在幼儿园阶段应当学习和体验的各种知识、技能、情感态度、价值观和社会行为规范等要素。课程内容的设计和实施是为了实现幼儿园教育的目标，促进幼儿在身心健康、认知发展、社会情感、审美表现和创新能力等多个维度的全面发展，在幼儿教育过程中扮演着至关重要的角色，它的作用主要体现在以下方面：

1. 促进幼儿全面发展

幼儿园课程内容根据幼儿的生理、心理发展特点和需要，涵盖了健康、语言、社会、科学、艺术等多个领域，旨在促进幼儿在知识、技能、情感、态度、价值观等方面的全面发展，为他们未来的成长奠定基础。

2. 引导幼儿学习兴趣和习惯

通过有趣、适宜的课程内容，激发幼儿的学习兴趣，培养他们的好奇心、探索欲和求知欲，同时引导他们养成良好的学习习惯和生活习惯。

3. 培养幼儿社会适应能力

课程内容中包含了许多社交活动和合作游戏，旨在帮助幼儿学会与人沟通、合作、分享，培养他们的社会交往能力和团队协作精神。

4. 传承文化与价值观

幼儿园课程内容还承载着传承文化、弘扬民族精神、培养社会主义核心价值观等功能，通过故事、歌曲、节日活动等形式，让幼儿从小受到正面价值观的熏陶。

二、幼儿园课程内容的取向

幼儿园课程内容主要解决的是"教什么"和"学什么"的问题。幼儿园课程内容的取向主要包括三种类型，分别是"课程内容即教材""课程内容即学习活动"和"课程内容即学习经验"，三种不同的内容取向，反映了不同的教育目的取向。①

（一）课程内容即教材

这一取向将幼儿园课程内容视为预先设定好的知识和技能体系，强调课程内容主要依托于预先编制好的教材，通常包括各类书面材料，如课本、教师手册、学生用书、活动指南、教学资源包等，内容按照一定的逻辑顺序排列，遵循一定的教育目标和标准。这种取向强调基础性和系统性，认为课程内容应经过精心设计，以确保幼儿在接受教育过程中能系统地学习和掌握知识与技能。在这种取向下，课程内容的选择、组织和呈现主要是由教育专家和教师根据幼儿发展阶段和教育目标来设计和编制，优点在于能够保证课程内容的科学性和系统性，有助于教师进行有序、规范的教学，但可能过于强调知识的传递，相对忽视了幼儿的个体差异、兴趣和生活经验以及自发性、创造性学习的重要性，使得课程内容成了课程编制者规定幼儿必须接受的东西，而不一定是幼儿需要的和感兴趣的东西，所

---

① 朱家雄.幼儿园课程[M].3 版.上海：华东师范大学出版社，2022：182 - 184.

以教师需要想方设法运用各种手段引起幼儿的兴趣,杜威曾批评这种做法是让儿童"在他高兴地尝着某些完全不同东西的时候,吞下和消化一口不可口的食物"。[①]

(二)课程内容即学习活动

这一取向强调课程内容是通过幼儿在实际活动中的参与和体验来构建的,主张课程内容应当源于幼儿的生活经验和活动过程,幼儿通过参与游戏、探索、手工制作、角色扮演、创造等一系列活动来学习和发展,注重幼儿的直接经验与主动参与。课程不再是静态的知识堆砌,而是动态的学习过程,幼儿在做中学、玩中学。这种取向更注重幼儿的主动性、实践性和体验性学习,认为幼儿的学习是在与环境和同伴的互动过程中发生的,提倡以幼儿的兴趣和需要为导向,鼓励幼儿通过亲身体验、主动探究来学习和建构知识,有助于培养幼儿的动手能力、创新能力和社会交往能力,但在实际操作中需要教师具有较高的课程设计和引导能力,确保活动的有效性和教育价值。学习活动往往是幼儿的外显活动,表面上可能很活跃,但很可能不是幼儿对课程内容的同化,不会从根本上引起幼儿深层次的心理结构变化。在学习过程中,每个幼儿都在自己原有的水平上获得经验,即使是同样的活动,对于不同的幼儿而言,所获得的意义可能是完全不同的。课程内容即学习活动这种取向没有从根本上反映出幼儿学习的本质。

(三)课程内容即学习经验

这一取向认为课程内容应当是幼儿在与环境互动过程中所经历和形成的全部学习经验,这种经验既包括幼儿从环境中直接获取的感觉、知觉等初级经验,也包括通过反思、对话和互动产生的高级思维和情感体验。课程设计的核心任务是创设适宜的学习环境和情境,鼓励幼儿通过亲身体验、主动探究来构建知识、发展技能和形成价值观。这种取向认为知识不是教师教会的,而是幼儿自己学会的,更侧重于幼儿的个体差异和全面发展,有助于培养幼儿的问题解决能力和批判性思维,但也需要教师具备敏锐的观察力和灵活的教学策略,以适应幼儿不同的学习风格和节奏。有研究者认为,幼儿的经验还是幼儿自己的心理体验,这是一种主观的东西,课程编制者和教师都难以把握,容易使课程内容过于泛化。

在当代学前教育领域,教育界普遍倡导将"课程内容即教材""课程内容即学习活动"以及"课程内容即学习经验"这三种取向有机整合,以形成一种兼顾系统性、实践性和主体性的综合性课程设计理念。这三种取向分别反映了以教材为基础、以活动为中介、以经验为核心的教育目的,各有其独特价值和侧重。"课程内容即教材"取向强调了教育内容的科学性和系统性,借助专业编制的教材为幼儿提供有序、规范的学习材料,以实现知识的传递和技能的培养。"课程内容即学习活动"取向则突出了幼儿在活动中的主体地位,鼓励幼儿通过亲身体验、游戏、探索等多样化活动形式,实现从做中学、玩

---

① 约翰·杜威.学校与社会·每日之学校[M].赵祥麟,任钟印,吴志宏,译.北京:人民教育出版社,1994:130-133.

中学,促进其实践能力和创新能力的发展。"课程内容即学习经验"取向关注幼儿与环境互动过程中所获得的丰富而多元的学习经验,旨在创设适宜的学习情境,引导幼儿主动探究,构建知识、发展技能和形成价值观。在实际的幼儿园课程设计与实施中,应秉持整合观,兼顾教材的系统性、活动的实践性和经验的主体性,从而实现幼儿教育的全面性、均衡性和可持续性,确保所有幼儿在尊重个体差异的前提下,都能够享受到高质量、具有包容性的学前教育,促进其身心和谐、全面而有个性的发展。

三、幼儿园课程内容的组成

幼儿园课程内容是全面促进幼儿身心和谐发展的关键环节,其组成不仅包括了基于五大领域的显性课程内容,也涵盖了日常生活中潜移默化的隐性课程元素。下面将从狭义和广义两个维度详细展开。

(一)狭义的幼儿园课程内容:五大领域

狭义的幼儿园课程内容主要指的就是按照我国幼儿教育的指导思想和规定,针对3至6岁年龄段的幼儿设置的核心教育内容,它通常就是我们所指的健康、语言、科学、艺术和社会五大领域的内容。[①]

健康教育领域的内容主要包括:身体素质和运动能力(包括基本动作、运动能力等)、个人卫生习惯(包括生活自理能力、有规律的生活习惯、清洁卫生习惯、教育卫生习惯)、环境卫生教育(保护环境卫生的社会责任感)、生活方式教育(饮食与营养卫生教育、休息与娱乐卫生教育、消费卫生教育、运动卫生教育)、心理卫生教育(自身心理强度教育)、性教育。

语言教育领域的内容主要包括:理解并运用词汇(名词、动词、形容词、数词等)、口语表达、复述与朗诵儿童文学作品。

科学教育领域的内容主要包括:数学(数和数的运算、量、量的比较和自然测量、形和数形结合、时间和空间)、自然资源(动植物等)、日常生活中常见的自然现象、日常生活中接触到的科技产品。

艺术教育领域的内容主要包括:美术(绘画、手工、美术欣赏)、音乐(唱歌、韵律活动、打击乐演奏、音乐欣赏)。

社会教育领域的内容主要包括:人际交往、社会规则、情绪调控、社会适应性等方面。

(二)广义的幼儿园课程内容——幼儿园一日生活皆课程

广义的幼儿园课程内容秉承"幼儿园一日生活皆课程"的理念,认为幼儿园的所有活动和环节都是教育的过程,涵盖但不限于五大领域课程的具体内容。这一理念强调

---

① 朱家雄.幼儿园课程[M].3版.上海:华东师范大学出版社,2022:144-161.

在幼儿每日生活的所有时段和所有情境中,都应该潜移默化地进行教育,让幼儿在生活、游戏中学习和成长。"幼儿园一日生活皆课程"的教育理念在现代幼儿教育实践中已得到了广大幼教工作者的高度认同与积极实践,一般把幼儿园一日生活分为三个模块:教学模块、游戏模块和生活模块。

1. 教学模块

此模块涵盖了传统的教育教学活动,如上文中提到的健康、语言、科学、艺术和社会领域的课程。教师通过精心设计的教学计划和活动,引导幼儿在有目的、有计划、有组织的学习环境中掌握知识技能,培养初步的社会行为规范和良好的习惯。

2. 游戏模块

游戏是幼儿最主要的学习方式,包含了室内室外的游戏活动,具体有角色游戏、结构游戏、表演游戏、体育游戏、智力游戏等。游戏能够激发幼儿的兴趣,锻炼他们的动手能力、思维能力和创新能力,并在合作游戏中促进社会交往技巧的发展。通过游戏,幼儿能从实际操作和体验中获得对世界更深刻的理解和感知。游戏活动经常和教学活动紧密结合,共同构成幼儿教育的有效组成部分。

3. 生活模块

这一模块包括了幼儿在园内的所有日常生活活动,如穿衣、吃饭、盥洗、散步、午睡、如厕、入园、离园等。此外,还涵盖在集体生活中的互动与交流,如餐前餐后的交谈、排队等待、分享食物等活动,这些都是幼儿学会尊重他人、建立秩序感和责任感的重要场合。生活模块充分体现了"生活即教育"的理念,使幼儿能够在日常生活的点滴中逐步积累生活经验,形成良好的生活习惯和性格品质,是渗透价值观教育、礼仪教育等隐性课程的重要场所。

在"幼儿园一日生活皆课程"的教育理念下,教学模块、游戏模块和生活模块之间形成了紧密且相互融合的关系,而非孤立割裂的存在。教学模块不仅仅局限于传统的讲解和指导,更多地融入了游戏化教学和生活化教学的方式。例如,教师可以通过设计有趣的游戏活动教授数学概念、科学原理或语言交际技巧,让幼儿在积极参与、亲身体验的过程中习得知识,这样既满足了教学目标,又极大地提高了幼儿的学习兴趣和主动性。在游戏模块中,幼儿不仅能通过角色扮演、建构游戏等发展各项技能,还能在游戏中自然而然地接受知识教育和生活技能训练。例如,角色扮演游戏可以让幼儿在模拟社会生活情景中学到社会规则和人际关系处理策略;而通过沙水游戏、积木搭建等活动,幼儿则能在实践中探索科学现象,发展逻辑思维和创造力,同时幼儿也在游戏中学会了生活技能,如整理玩具、合作分享等。生活模块是幼儿接触最频繁、最直接的学习场所,每个生活环节都可以转化为有效的教育契机。例如,在用餐环节,除了教授幼儿正确的餐桌礼仪和饮食习惯外,还可以进行数学认知的启蒙,如认识数量、大小、形状等;在日常交往中,幼儿通过共享玩具、轮流玩耍等经历,锻炼协商合作、公平竞争等社会交往能力。总之,在现代幼儿教育中,教学、游戏和生活不再严格区分,而是相辅相成、互相渗透的。这种一体化的教育模式旨在创造一个更加自然、生动、贴近生活的学习环境,让幼儿在愉快、自由的氛围中全面、均衡地发展各项能力。

第二节　幼儿园融合教育课程内容调整概述

一、幼儿园融合教育课程内容调整的概念

幼儿园融合教育课程内容调整是指在实施融合教育的过程中,针对幼儿园阶段不同能力和发展需求的儿童,对既定的教育教学内容进行适应性改变或个性化设计的过程。这一过程的本质是面向全体幼儿,考虑到具有特殊教育需求和普通发展路径的各类儿童,依据其不同的能力和兴趣倾向,对统一的课程内容进行细致入微的剖析与重塑,将课程内容设计得更加多元化、层次化与个性化。幼儿园课程内容调整在融合教育中扮演着至关重要的角色,旨在促进所有幼儿在其各自的能力范围内最大限度地发挥潜能,实现全面和谐发展。具体包括如下要求:

(一)差异化内容设计

在融合教育中,幼儿园课程虽然以面向全体儿童为出发点,但客观事实是班级中教育对象存在两类差异,即普通儿童与特殊需要儿童之间的群体差异和特殊需要儿童之间的个体差异,我们要承认并尊重这种差异,做到《中国教育现代化2035》的基本理念中的"更加注重因材施教",面向学习者个性化、多样化的学习和发展需求,努力使不同性格禀赋、不同兴趣特长、不同素质潜力的学生都接受符合自己成长需要的教育。[①] 在融合教育过程中,就课程内容而言,教师需要将幼儿园五大领域与幼儿的年龄特点、认知特点和学习水平结合起来,以《3—6岁儿童学习与发展指南》为指导,依据对幼儿"应该知道什么、能做什么,大致可以达到什么发展水平"的科学分析,灵活调整课程内容的难度和深度,设计"必须掌握的""应该掌握的""可以掌握的"的课程内容,确保既有能满足大多数幼儿一般发展水平的内容,也有能挑战能力强的幼儿的内容,同时也为特殊需要儿童提供适度的支持和简化的学习任务。

(二)多元化内容提供

在融合教育背景下,对幼儿园课程内容进行调整时,应充分考虑霍华德·加德纳提

---

① 国务院.中国教育现代化2035[EB/OL].(2019-02-23).https://www.uta.edu.cn/fzghc/2021/1224/c1958a108579/page.htm.

出的多元智能理论,根据人类智能的多元性提供适合于每个个体不同智能发展优势的学习内容,让他们在普通教育环境中接受适合其个体差异的教育。例如,针对有语言沟通障碍的特殊需要儿童,课程内容可以设计更多元的语言训练活动,如故事讲述、诗歌朗诵、角色扮演等,通过丰富的语境刺激他们语言能力的发展;也可以利用图片、符号、手势等多种非语言交流方式辅助教学。对于在数学逻辑方面有特殊需求的儿童,可以通过游戏化、生活化的教学方法,将数字概念、形状认知、空间关系等数学知识融入日常活动中,比如分类游戏、拼图、计数等。体育活动和舞蹈课程能够满足儿童在身体运动智能上的发展需求,特别是一些动作模仿、平衡协调、精细动作训练等,有助于特殊需要儿童的身体机能改善和发展。音乐感知、节奏感培养、乐器演奏等课程内容,可以帮助特殊需要儿童提高音乐智能,同时也有助于情绪调节和社会交往能力的提升。

幼儿园课程内容的调整对于满足幼儿个体成长需求、提升教育质量、实现教育公平、适应教育发展趋势等方面都具有不可忽视的意义和价值,不仅有助于每一个孩子的全面发展,更能营造出一种包容接纳、平等尊重的教育氛围,真正践行融合教育的理念——让每一位幼儿在充满爱与关怀的环境中,快乐学习,自由成长。

二、幼儿园融合教育课程内容调整的内容

幼儿园融合教育课程内容是幼儿园课程目标的具体化,确定了幼儿需要学习什么样的知识技能以达到课程目标。幼儿园课程内容是教材、活动、经验三种取向的整合,综合前文对幼儿园课程内容表述,课程内容调整是指对依托的学习资源的数量和难度、呈现的清晰度、内容的逻辑性和层次性、版面配置和印刷的适切性等方面进行调整。[①]具体可以从以下几个方面着手:

(一)调整课程内容的数量

融合教育的核心价值在于接纳、包容和尊重所有学习者之间的差异性,特别是对特殊需要儿童的关注与支持。在实际教学过程中,教师需要针对儿童的不同能力和需求,灵活调整课程内容的数量。对于接受能力较弱或存在特殊需求的幼儿,由于他们的学习速度、理解深度、信息处理能力等方面与其他普通幼儿有所不同,一次性传授过多的新知识点会使他们感到压力过大,无法有效吸收和内化新知识。因此,教师需要有针对性地减少一次性教授的新知识点数量,采取分段教学、循序渐进的方式,确保特殊需要儿童能够逐步理解、消化和掌握所学内容。

(二)调整课程内容的难度

在设计幼儿园融合教育课程时,需要考虑到所有幼儿的能力差异,对课程内容的难

---

① 魏寿洪.融合教育课程调整研究进展[J].现代特殊教育(高等教育研究),2017(6),26-32.

度进行适宜的调整。根据调整程度依次可表现为：修正的课程内容、精简的课程内容、替换的课程内容、补充的课程内容。

1. 修正的课程内容

不涉及提升或降低课程内容的难度等级，而是聚焦于重构内容的组织架构、视觉表达及教学流程的设计，使之适应不同学习者的认知能力和个体差异，特别是针对智力正常但有视力障碍、听力障碍或其他类型学习挑战的儿童。修正的课程内容能够精确对接儿童实际的认知发展阶段，科学重组后的知识结构能够保证学习进程遵循逐步深化的原则，从基础知识到复杂概念，形成一个连贯且易于消化吸收的链条。[①]

2. 精简的课程内容

根据特殊需要儿童发展情况和教育需求，细致分析原有课程内容，筛选出对特殊需要儿童来说难以理解和消化的部分，对其进行针对性剪裁与简化处理，保留课程内容的核心要素，难度适当降低，以贴合特殊需要儿童尤其是那些在幼儿园阶段由于各种特殊需求而智力轻度受损的孩子，减轻特殊需要儿童的认知负荷，确保他们能在无压力的情况下取得实质性的学习进展。

3. 替换的课程内容

现有的课程内容无法充分适应和满足特殊需要儿童特别是智力受损程度较重或面临较大学习困扰的儿童的教学诉求时，教育工作者要选择引入全新的、更具针对性的、更加契合其个体特性的课程内容，与现有课程内容难度相比要降低很多。例如，对于肢体协调能力较弱的儿童，可以替代原本较为复杂的舞蹈动作，选择一些简单的律动操或游戏，让他们在参与中建立自信，同时锻炼身体。

4. 补充的课程内容

在维持原有课程内容不变的前提下，特别针对特殊需要儿童的特点和面临的挑战，额外增添的一系列辅助性和支持性的教学资源。这些补充资源可以包括各种感官材料、实物模型、特殊教材与指导手册、专门的教学软件、一对一的教学计划等，旨在弥补他们在某些方面的学习困难，提供更个性化的支持服务，助力他们取得更大的学习进步。补充学习资源的核心价值在于识别并填补特殊需要儿童在特定领域面临的认知、技能或情感障碍，通过丰富的多元化资源供给，使他们能够克服学习中的难点，进而缩小与同龄人之间的差距，并促进其全面发展。

（三）调整课程内容的呈现形式

邓恩夫妇关注到个体在学习过程中表现出来多种偏好和习惯，这些偏好与感觉通

---

① Smith A，Jones B. Curriculum design for early childhood education：Adapting learning materials to meet developmental needs[J]. Educational Psychology in Practice，2018，34(3)，259-272.

道的利用密切相关,从而提出了五种类型的学习风格:听觉型、视觉型、触觉型、动觉型以及触觉/动觉型。听觉型学习者倾向于通过听讲、讨论和录音等方式吸收信息,对于声音和语言有较强的敏感度和记忆力。视觉型学习者更善于通过观察图表、视频、阅读文字材料等形式理解概念和知识,图像记忆和空间布局认知能力较强。触觉型学习者通过亲自动手操作、触摸实物或者体验实践活动来达到最佳学习效果,他们需要直接感触和互动,以加深理解。动觉型学习者在运动、动手操作、表演或身体动作中学习效率最高,身体活动有助于他们理解和记忆知识。触觉/动觉型学习者结合了触觉和动觉学习特点,他们在动手实践、模拟操作、角色扮演等活动中有出色的学习表现。在幼儿园融合教育中,五种不同学习风格在很大程度上可以与不同特殊需要儿童的学习需求对应起来,如听障儿童更多倾向于视觉型学习风格,视障儿童更多倾向于听觉型学习风格和触觉型学习风格,孤独症儿童更多倾向于视觉型学习风格和动觉型学习风格等。因此,在幼儿园融合教育环境中,为了确保所有儿童都能有效参与学习,理解和满足不同特殊需要儿童的学习风格并相应调整课程内容的呈现形式至关重要。教师需要针对不同特殊需要儿童的具体学习风格,提供多样化的教材,如音频、视频、绘本、实物道具、手语、视觉图表等,这样,课程不仅能够适应不同学习风格的儿童,还特别有助于支持具有特殊教育需求的儿童融入普通教育环境,促进他们的全面发展,提高其学习成效。

三、幼儿园融合教育课程内容调整的策略

幼儿园融合教育课程内容的选择和设计实质上是对幼儿园课程目标的具体落实和实践细化。当幼儿园的课程目标根据儿童发展特点和教育需求进行适时调整时,相应的课程内容也会遵循一定的策略进行优化更新。幼儿园课程内容调整的常用策略包括增补、简化、减量、替代。

(一) 增补

在幼儿园融合教育中,"增补"作为课程内容调整的重要策略,意味着在原有的课程基础上,针对特殊需要儿童的特点和面临的挑战额外增添的一系列辅助性和支持性的课程内容,这些补充内容可以包括各种感官材料、实物模型、特殊教材与指导手册、专门的教学软件、一对一的教学计划等,旨在弥补他们在某些方面的学习困难,支持他们的学习进程和能力发展,目的是确保这些儿童能够顺利参与并充分受益于普遍设定的课程内容。增补课程内容的核心价值在于识别并填补特殊需要儿童在特定领域面临的认知、技能或情感障碍,通过丰富的多元化资源供给,使他们能够克服学习中的难点,进而缩小与同龄人之间的差距,并促进其全面发展。同样以"画圆"为例,如果对普通儿童的课程内容是"描虚线画圆",那么对动作发展迟缓儿童来说,"描虚线画圆"前可能需要额外增设辅助性的学习环节这一内容,以便他们更好地掌握基本技能,为后续更复杂的任务做好准备。增补可以从以下几个方面考虑:(1) 使用实物工具来感知和模仿圆形。

例如,教师可以提供圆形物品(如瓶盖、饼干模具),让儿童通过触摸、观察并沿着实物边缘描绘,以此初步建立对圆形形态的认知并锻炼手眼协调能力。(2)增加动作练习。在描虚线画圆之前,增加一些基础动作训练,比如手腕转动、手臂摆动的练习,以增强儿童的手部肌肉控制能力和动作流畅性。(3)视觉提示与演示:使用多媒体资源展示画圆的动态过程,或者教师亲自示范画圆的步骤,辅以清晰的语言指导,帮助儿童理解和模仿。总之,增补是在融合教育中体现差异化教学和个别化支持的具体手段,它强调的是为特殊需要儿童提供更为适切的学习内容和学习机会,使得他们能在普通班级的环境中得到充分的教育支持,缩小与同龄儿童之间的学习差距,实现最大潜能的发展。

(二) 简化

在幼儿园课程内容层面,简化意味着将复杂、抽象或者难度较大的学习内容进行针对性剪裁与简化处理,以贴合特殊需要儿童,尤其是那些在幼儿园阶段由于各种原因而智力轻度受损的儿童。简化策略在幼儿园课程内容调整中扮演着关键角色,简化的课程内容保留学习内容的核心要素,力求保持课程内容的简洁性和针对性,减轻特殊需要儿童的认知负荷,确保这些儿童能在无压力的情况下取得实质性的学习进展。以孤独症谱系障碍(ASD)儿童为例,他们在认知、社交、语言及行为模式上存在显著的个体差异,这要求教育者对课程内容做出细致入微的调整。在数学活动的设计中,如果现有课程内容是引导儿童掌握较复杂的 abcabc 有规律排列,对于 ASD 儿童来说,这个任务可能会因其抽象思维和逻辑推理能力的发展滞后而显得过于困难。此时,运用简化策略,通过调整课程内容的难度,将 abcabc 调整为 abab 这种更为基础和规律明显的序列排列,有助于儿童更好地理解和掌握序列的概念。具体来说,这一过程要求教师细致分析原有的课程内容,筛选出对特殊需要儿童来说难以理解和消化的部分,并适度删减或替换为更易于掌握的内容。

(三) 减量

在融合教育环境中,减量策略是一种旨在适应幼儿个体差异和能力差异的教学手段,其基本思想是遵循教育的适度原则,在原有课程内容基础上根据特殊需要儿童的认知负荷能力,对课程内容进行合理剪裁和精简,适当减少课程内容的数量和密度,确保幼儿能够在相对轻松愉快的氛围中学习和进步。在具体的课程实践中,减量策略的应用表现为减少内容广度,强化内容理解,放缓内容节奏等。以语言发展迟缓儿童为例,在语言领域的学习中,教师要依据其当前的语言理解和表达能力,有选择性地调整课程内容的数量。例如,如果按照常规教学计划,幼儿需要学习两个新的生词,对语言发展迟缓儿童来说则只设定一个生词的学习目标,重点放在这一个生词的学习内容上,确保幼儿能够集中注意力在这个词上,而不是被过多的新信息分散注意力。在减少课程内容后,教师则要围绕这个内容对语言发展迟缓儿童进行深度教学,通过反复呈现、示范和练习,确保幼儿能充分理解该词汇的意义、发音和用法,通过大量情境模拟和实际应用的机会,帮助幼儿内化所学内容,进而达到牢固掌握的目的。在学习过程中要允许特殊需要儿童在必要时放缓学习步伐,给予他们充分的时间消化和巩固知识,避免因为赶进度而带来的学习焦虑和挫败感。幼儿园课程内容减量策略的运用要做到特殊需要儿童能够在适合自己的速度和强度下取得实质性进步,在减量不减质的前提下,在融合班级中获得积极的学习体验和良好的心理感受,进一步促进其全面和谐发展。

(四)替代

幼儿园融合教育中,替代策略指的是当现有的课程内容无法充分适应和满足特殊需要儿童特别是智力受损程度较重或面临较大学习困扰的儿童的学习诉求时,教育工作者要选择引入全新的、更具针对性的、更加契合其个体特性的课程内容。具体而言,替代的课程内容应当能够根据不同儿童的能力差异和多元智能分布情况确定,具备高度的适应性和包容性。特殊需要儿童在接触和使用这些经过精心挑选和设计的课程内容时,能够获得更加贴合自身实际情况的学习体验,从而显著提升学习效率和成果,真正实现融合教育所追求的每一个儿童在适合自身的教育环境中得以最大程度地发展潜能的目标。例如,在集体阅读活动中,对于视力障碍的儿童,常规的图文绘本可能无法有效传递信息。这时,教育工作者可以从调整课程内容呈现形式入手,替代性地引入触觉书或者有声故事,使这些儿童通过触摸和听觉来感受故事,促进其语言和认知发展。再如,对于社交沟通能力较弱的孤独症谱系障碍儿童,普通的集体游戏不足以锻炼他们的社交技能。教师可以替代性地设计一套以角色扮演和情境模拟为主的活动,辅以特殊的社交故事或视觉支持工具,帮助他们理解和实践适当的社交互动行为。总之,幼儿园课程内容调整"替代"策略的核心是在尽量保持课程目标的同时,创造性地替换成更适合特殊需要儿童特点的教学内容,确保每个儿童都能够在其能力范围内参与到有意义的学习活动中,进而最大限度地挖掘和发展他们的个人潜能。

增补、简化、减量、替代四种策略在幼儿园融合教育课程内容调整的过程中并非孤立使用,而是相互结合、灵活运用,旨在确保幼儿园课程内容既能满足幼儿身心发展的客观规律,又能充分尊重每个幼儿的个体差异,营造适宜的早期教育环境,有效促进全体幼儿全面发展。

思考与练习:

1. 谈一谈你对幼儿园课程内容的三种取向及相互联系的认识与理解。

2. 幼儿园课程内容调整的内容有哪些?

3. 结合实例分析幼儿园课程内容调整的策略。

FIVE

幼儿园融合教育课程组织与实施调整

学习目标

1. 了解幼儿园课程组织与实施概念及取向
2. 掌握幼儿园融合教育课程组织与实施调整概念
3. 掌握幼儿园融合教育课程组织与实施调整的内容与策略

幼儿园课程的组织与实施是实现教育目标、顺应儿童发展需求的关键环节。随着学前融合教育理念的不断进步和融合教育实践的不断丰富，适时调整课程的组织与实施方式成为提升融合教育质量的必然要求。

第一节 幼儿园课程组织与实施概述

一、幼儿园课程组织与实施的概念

幼儿园课程的组织与实施是确保课程内容有效传递、教学目标顺利达成的动态过程，它紧密围绕幼儿的年龄特征、学习需求及社会文化脉络精心设计，核心在于如何将既定教学目标和教学内容转化为具体、可操作的教育实践。通过幼儿园课程的组织与实施,可以优化幼儿学习体验、强化学习实践与探索、促进师幼互动与同伴学习,实现个性化支持与发展。

(一) 优化幼儿学习体验

通过科学合理的课程组织,优化幼儿学习体验,不仅意味着让学习变得有趣,更在于通过精心设计的教学策略,如主题整合、灵活分组与个性化学习等,确保教育活动既有连贯性又具挑战性,能够充分激发幼儿的学习动机,使他们在参与中享受学习的乐趣,加深理解和记忆,最大化他们的学习成效。

(二) 强化幼儿学习实践与探索

活动是幼儿园课程组织与实施的主要形式,实施过程中强调"做中学""玩中学",教师在活动过程中作为引导者和合作者,适时提供支持,鼓励幼儿通过直接感知、实际操作和亲身体验来获取知识,培养幼儿的观察力、思考力和解决问题的能力。

(三) 促进师幼互动与同伴学习

构建积极的互动交流环境是提升教育质量、促进幼儿全面发展的重要环节。在幼儿园课程的组织与实施中,教师通过观察、提问、讨论等方式与幼儿互动,促进幼儿深层次学习,不仅能够增强师幼间的情感联结,还能激发幼儿的学习潜能,促进其社会性和认知能力的双重增长。同时,小组合作和同伴互助被广泛采用,如在阅读活动中,让幼儿两两配对,轮流朗读并相互纠正发音,不仅能提升幼儿语言能力,还能增进幼儿之间的友谊,使他们学会尊重与理解。同伴间的正面反馈和建设性建议,对于幼儿自信心的建立和社交技能的提升至关重要。

(四) 支持幼儿个性化发展

幼儿园课程组织与实施中的个性化支持与发展决定了幼儿能否在符合自身独特需求和潜能的环境中成长,是实现教育公平、促进每位幼儿全面和谐发展,并为他们的未来学习与生活奠定坚实个性化基础的关键因素。在课程实施中,重视对幼儿个体差异的关注,通过差异化教学策略(如分层教学、个别指导)、包容性的环境等,确保每位幼儿在符合自身发展水平和兴趣的活动中获得最适合的成长支持,促进其潜能的最大化发展。

二、幼儿园课程组织与实施的取向

幼儿园课程组织与实施是将静态的教学理念和目标转化为实际教育活动的关键过程,这一转化涉及多个层面的思考与行动,如整合课程资源、选择教学方法、创设教学环境、组织教学活动,每个环节都需要教师在理解教育目标的基础上精心组织,以确保教育目标能够有效落地。根据相关研究,课程实施的取向有"忠实取向""相互适应取向"和"创生取向"。课程实施取向集中表现在对课程计划与课程实施过程之间关系的不同认识上。①

（一）忠实取向

课程实施的忠实取向将课程实施的过程看作是忠实执行课程计划的过程。这种取向的基本假设是：课程实施要忠实反映课程设计者的意图，从而达成预定的课程目标。

忠实取向认定，课程是一套程序，尽管可以稍作变动，但是在大体上要遵循，并以此作为评价依据。课程内容是由课程专家为教师实施课程而选择、组织和提供的，是教育行政部门认可的，教师对课程知识的创造和选择是没有发言权的。忠实取向认定课程变革是教师实施课程专家制定的课程变革计划的过程，课程变革是否成功主要取决于教师是否不折不扣地实施了由课程专家设计的课程变革计划。忠实取向也认定教师的角色是课程专家所制定课程计划的忠实执行者，教师是课程的"消费者"，教师应按照课程专家为课程编制的"使用说明"，循规蹈矩地实施教学。由于课程专家编制的课程计划不一定能被教师把握和实施，因此在课程实施前需要对教师进行适当的培训，并在课程实施中对教师的教学进行支持和监督。在研究方法上，忠实取向强调课程决策者、课程计划制定者与课程实施者之间的单向线性关系，如强调课程决策者和计划制定者应对课程实施者实现有效的控制，而课程实施者应服从课程决策者和计划制定者的权威性，因此忠实取向在本质上是受"技术理性"支配的。

总体而言，忠实取向在确保课程计划的标准化实施方面具有一定的价值，然而，忠实取向也受到了一些批评。一方面，它忽视了教师的专业判断与创造性，将教师视为被动的执行者而非主动的知识建构者。另一方面，它过度依赖于"技术理性"，即认为通过精确的计划与控制，就能保证教育效果，而忽视了教育过程中的复杂性和不确定性以及学习者个体差异对学习成效的影响。

为了克服忠实取向的局限，教育实践者开始探索更为灵活和更具响应性的课程实施模式，比如相互适应取向和课程创生取向。

（二）相互适应取向

课程实施的相互适应取向，将课程实施的过程看作是课程计划者与实施者之间通过协商而相互适应的过程，这种取向的基本假设是课程实施不可能预先规定精确的实施程序，课程实施的过程应由实施者自己把握和决定，由实施者根据自己的实际情况做出最为适当的选择。相互适应取向认定课程不仅是一套程序，也包括教育实际情境中的各种因素，这些因素会影响甚至改变课程实施。换言之，课程实施不是教师按照课程专家的计划不折不扣地去做，而是要考虑课程实施者的兴趣和需要，还要考虑教育现场中的各种条件和状况，对专家的课程计划做出调整。课程知识不仅是由课程专家创造

① 朱家雄.幼儿园课程[M].3版.上海:华东师范大学出版社,2022:198-200.

的,而且也是由课程实施者创造的,这些知识都需要通过调整以求相互适应。相互适应取向认定课程变革是一个复杂的、不可预知的、非线性的过程,课程变革的实施过程是一个"实施驱动"的过程。具体来说,课程变革中所发生的一切,不管是否与预期的目标相一致,都会成为课程中有意义的组成部分。相互适应取向也认定,教师是课程专家所制定课程计划的积极"消费者",教师对课程专家编制的课程计划的积极改造是课程实施能获取成功的基本保证。在研究方法上,相互适应取向采用"质的研究",强调课程决策者、计划制定者与课程实施者之间的相互理解和对事件所赋予的意义的解释,强调课程变革的复杂性和过程性,因此相互适应取向在本质上是受"实践理性"支配的。

相互适应取向下的课程实施是一种更加注重实践情境、尊重教师专业自主性与学生主体地位的教育理念。它鼓励课程实施者主动参与到课程的动态发展之中,通过不断调整与优化,实现课程目标与教育情境的最佳匹配,从而提升教育质量和学生的学习体验。课程实施的相互适应取向在促进教师专业发展和提升学习者学习体验方面展现出显著优势,但同时也伴随着实施复杂性、资源需求增加和课程一致性维护等挑战。

(三)创生取向

课程实施的创生取向,将课程实施的过程看作课程实施者自身创造的过程,这种取向的基本假设是课程实施是在具体教育情境中创生新的教育经验的过程,已有的课程计划只是为这个经验创新的过程提供平台而已。创生取向认定课程是教师与儿童共同创造的经验,这些经验都是教师和儿童在实际中体验到的,是情境化的和人格化的课程,知识不是客观的事物,而是一个不断发展的过程,是经由教师和儿童的审议活动而获得的。这也就是说尽管教师可以运用由课程专家设计的课程和建议,但是真正的创新课程并赋予课程以意义的还是教师和儿童,因此教师和儿童不是知识的接受者,而是课程知识的创造者。创生取向认定课程变革是教师和儿童个性成长与发展的过程,课程变革是一系列的变革,包括课程内容,人的思维、情感和价值观等。因此成功的课程实施需要接受、理解和认同变革参与者的主体性。创生取向也认定教师的角色是课程开发者,课程创生的过程是教师与儿童共同成长的过程,教师是创新课程共同体中的具有活力的成员。在研究方法上,创生取向也重视"质的研究",特别是对个案性质的"深度访谈法"倍加推崇。创生取向强调教师与儿童在课程实施中的主体性和创造性,尊重参与者的价值观,强调个性自由和解放,将课程创造和开发的过程视为个性成长与完善的过程,因此创生取向在本质上是受"解放理性"支配的。

课程实施的创生取向鼓励教育者拥抱变化,勇于创新,将教育视为一个动态的、创造性的过程。然而,要实现这一愿景,教育系统需要进行深层次的改革,包括教师培训、课程设计、评价体系、资源配置等多个层面的调整与优化,尤其对教育者提出了全新的挑战,这些挑战不仅涉及教育理念的转变,还包括专业能力的提升、教育资源的整合与利用以及教育环境的优化等方面。面对这些挑战,教育者需要具备开放的心态、持续的学习动力和高度的职业责任感，不断提升自己的教育能力，为学生提供更加丰富、个性化和有意义的学习体验。

第二节 幼儿园融合教育课程组织与实施调整概述

一、幼儿园融合教育课程组织与实施调整的概念

幼儿园融合教育课程组织与实施调整，是指在幼儿园教育中，为了满足所有儿童的多元化学习需求，对教学方法、教学形式、教学生态因素等进行有目的、有计划的调整，以确保每个儿童都能在最适合自己的学习环境中获得最大限度的发展。具体包括如下要求：

（一）以儿童为中心，尊重个体差异

在幼儿园融合教育课程组织与实施调整中，"以儿童为中心，尊重个体差异"是一项核心原则，它贯穿于整个教育过程，旨在确保每个儿童都能在最适合自己的环境中获得全面发展。这一要求的实施需要教育者通过观察、评估和与家长沟通深入了解儿童的个体差异，包括他们的兴趣、能力、学习方式和特殊需求，并采取相应的策略来满足这些差异，对于有特殊需要的儿童，教育者需要提供额外的支持和辅助，包括使用特殊教育工具和技术，如沟通板、听力辅助设备或定制的教具等，确保每个儿童都能在适合自己的速度和方式下学习。

（二）促进社会融合与同伴互动

促进社会融合与同伴互动是融合教育中非常重要的一环。幼儿园课程组织与实施调整旨在创造一个包容、支持的环境，让所有儿童都能在共同的学习和游戏中建立深厚的联系，增进相互理解和接纳，共同成长。它有助于特殊需要儿童更好地融入集体，同时也为所有儿童提供了学习和成长的机会。因此，教师要鼓励所有儿童之间的交往和合作，通过集体活动、小组工作、角色扮演、故事讲述、同伴支持计划等方式，促进特殊需要儿童与普通儿童之间的相互理解和接纳，培养彼此的同情心和责任感。

二、幼儿园融合教育课程组织与实施调整的内容

在幼儿园融合教育课程组织与实施中融入融合教育的原则，需要细致考虑教学方法、儿童学习风格及教学生态因素的调整。

（一）调整教学方法

教学方法包含了教师教的方法和学生学的方法，是教师与学生为了实现教学目的

和完成教学任务要求,在教学活动中所采取的行为方式的总称。教学方法的选择应根据具体教学内容的性质以及学习者的水平和特点来确定。常见的教学方法包括讲授法、问答法、讨论法、演示法、实验法、游戏法、操作法、合作学习、探究学习等。每种方法都有其特点和适用场景,教师应根据具体情况灵活选用。在学前融合教育背景下,调整教学方法是确保所有儿童都能在常规教育环境中获得高质量教育的关键。这需要幼儿园教师深入理解每种教学方法的特点及其在学前融合教育中的应用,从而为所有儿童创造一个包容、支持和促进发展的学习环境。具体来说,讲授法需要采用更生动、更直观的方式,结合图片、视频或实物模型,使内容对所有儿童都易于理解。对于特殊需要儿童,尤其要结合他们的生活经验和兴趣点,使用故事讲述和情境模拟,吸引儿童的注意力。问答法需要设计开放性问题,鼓励所有儿童参与,特别是对那些在表达上有困难的儿童,如语言发育障碍儿童,通过使用视觉提示、手势或表情等非言语方式参与课堂互动。讨论法常以同伴讨论和小组讨论进行,小组讨论时每组包括不同能力水平的儿童,可以为有特殊需要的儿童提供助学小伙伴或提示卡,帮助他们在讨论中表达自己的想法。演示法可以使用多感官教学材料,如触觉教具、听觉教具、味觉教具、视觉教具等,使演示更具有吸引力和包容性。实验法需要设计所有儿童包括有身体限制的儿童都能动手操作的安全、简单的实验。游戏法要设计合作游戏,鼓励儿童之间相互支持和配合。操作法要提供多种类型多种层次的操作材料,包括大块积木、拼图或黏土,以适应不同儿童的精细动作发展能力,也要准备一些适应性设备,如加粗的手柄或带吸盘的工具,以便于有特殊需要的儿童进行操作。

(二) 关注儿童学习风格

在幼儿园课程组织与实施中,关注儿童的学习风格有助于确保所有儿童都能有效地学习和发展。儿童学习风格迥异,包括视觉型、听觉型、触觉型、动觉型以及触觉/动觉型,教师需要通过适当的课程组织与实施调整来满足不同儿童的学习需求。以下将详细陈述如何针对不同学习风格的儿童进行课程实施调整。

1. 视觉型学习者

视觉型学习者倾向于通过看和观察来学习,他们对图表、图片、视频等有更强的理解力。特殊需要儿童中,听力障碍、孤独症谱系障碍儿童具备一定的视觉型学习者的学习风格。为了满足视觉型学习者的需要,可以采用以下策略:

(1) 使用直观教具:提供实物、图表、图像以及视频和动画,帮助儿童通过视觉刺激来学习。

(2) 视觉提示:在教室中使用视觉提示和标记,如时间表、规则板和活动指南,以帮助儿童增强理解和记忆。

(3) 图书和故事:利用图画书和故事讲述,结合丰富的视觉元素,激发儿童的想象力和语言能力。

2. 听觉型学习者

听觉型学习者往往通过听和讨论来最佳地接收信息。他们对口头指令和讲解有较强的注意力。特殊需要儿童中,视力障碍儿童具备一定的听觉型学习者的学习风格,听觉通常成为他们获取知识的主要渠道之一。为了满足听觉型学习者的需要,可以采用以下策略:

(1)讲故事和朗读:经常讲故事和朗读书籍,利用声音的变化和语调来强调重点,促进儿童的语言理解和情感连接。

(2)使用音乐和有节奏的音频资料:利用歌曲、童谣和有节奏的语言游戏,帮助儿童学习数数、字母和其他概念等。

(3)讨论和对话:鼓励儿童参与小组讨论和对话,通过听和说来练习语言技能。

3. 触觉型学习者

触觉型学习者倾向于通过触摸和实物操作来理解和记忆信息,他们对实际操作和手工艺活动感兴趣。特殊需要儿童中,视力障碍儿童具备一定的触觉型学习者的学习风格,触觉通常成为他们获取知识的主要渠道之一。为了满足触觉型学习者的需要,可以采用以下策略:

(1)提供触觉材料:提供纹理丰富、形状各异的物体让儿童触摸和探索,比如不同材质的布料、几何形状的模型等。使用立体书或者 3D 打印书让儿童能够通过触摸理解故事中的场景和角色。

(2)动手操作:设计需要动手参与的活动,如拼图、黏土塑形、模型制作、烹饪、园艺或木工等活动等,以增强他们的动手能力、空间感知能力和创造力。

4. 动觉型学习者

动觉型学习者也称为运动学习者,他们在通过身体动作和移动的体验进行学习时最为有效。他们对实践活动和体育锻炼有较高的参与度。特殊需要儿童中,注意力缺陷多动(ADHD)儿童具备一定的动觉型学习者的学习风格,动觉学习方式通常成为他们获取知识的主要渠道之一。为了满足动觉型学习者的需要,可以采用以下策略:

(1)增加身体活动:可以在教学过程中穿插短暂的身体活动,如站立、伸展或简单的体操,帮助儿童保持警醒和集中注意力。

(2)设计涉及身体运动的游戏和活动:例如,可以开展动物模仿游戏——幼儿模仿不同的动物走路、跳跃或爬行,比如兔子跳、熊爬、鸟儿飞等,不仅有趣,还能锻炼他们的肌肉和平衡能力。可以进行形状和颜色匹配游戏——设置各种颜色和形状的障碍物,让幼儿通过爬过、绕过或跳过障碍来达到目标,以此来学习形状和颜色。还可以通过音乐和舞蹈开展活动——幼儿随着音乐跳舞,可以是自由式的,也可以是模仿老师或同伴的动作,有助于幼儿对音乐节奏的理解,并提高身体协调性。

（3）鼓励儿童通过动作来表达概念:例如,讲故事时,让幼儿通过肢体动作来表现故事中的角色和情节,做手势表示大和小,或者用声音模仿不同的动物叫声。

（4）安排户外活动和体育课,增加运动机会:组织简单的自然观察活动,比如寻找不同类型的叶子或石头,或者在草地上追逐蝴蝶,激发幼儿的好奇心和探索欲。引入简单的团队游戏,如接力赛跑、踢球或捉迷藏,帮助幼儿学习合作和轮流等待等。

5. 触觉/动觉型学习者

触觉/动觉型学习者结合了触觉型和动觉型学习风格的特点,即同时依赖触觉和动觉(身体运动)来理解和记忆信息,往往在亲自动手操作和参与实际活动中学习效果最佳。为了满足这类学习者的需要,可以采用以下策略:

（1）动手操作的活动:提供大量的实验、模型制作、拼图等,让儿童在操作过程中学习和发现。

（2）身体参与的学习:设计需要全身参与的活动,如舞蹈、体育、戏剧表演等,以促进儿童身体协调性和表达能力。

（3）游戏化学习:利用体育游戏、角色扮演游戏等,将学习内容融入游戏中,提高儿童参与度和兴趣。

（4）实地考察和体验:安排儿童实地考察,如到超市、工厂、博物馆等地方,让儿童通过直接的体验来学习。也可以进行户外教育,如远足、自然观察,让儿童在自然环境中通过探索和互动来学习。

尽管儿童可能有一个主要的学习风格,但他们通常会受益于多种教学方法的结合。教师要努力创造一个包容性环境,在教学中综合使用视觉、听觉和触觉等材料,提供多样化的学习机会,以适应不同学习风格的儿童。

（三）调整教学生态因素

调整教学生态因素是确保幼儿园融合教育顺利推进的重要因素。教学生态因素是指影响教学活动和学习过程的各种外部条件和内在因素,除上文提到的教师的教学方法和儿童的学习风格外,"教学时间""教学地点"和"教学人员"是三个关键教学生态要素,它们对教学过程和学习效果有着直接的影响。

1. 教学时间

幼儿园一日生活皆课程,集体教学、游戏活动和日常活动都是课程的有机组成部分,如何有效利用集体教学时间、游戏活动时间和日常活动时间对于儿童的学习体验和学习效果至关重要。

集体教学时间是儿童集中接受教师指导和学习新知识新技能的时间。集体教学通常包括讲授、讨论、演示、操作等活动。教学时间的安排需要考虑课程内容的深度和广度以及儿童的实际学习水平和学习能力,确保儿童能够在有限的时间内吸收和理解信息。在幼儿园教学中,集体教学往往围绕儿童感兴趣的主题进行设计,使用故事、歌曲、角色扮演、游戏等多样化的教学方法来吸引儿童的注意力,满足儿童的多元化学习风格,提高儿童的参与度和学习效果。

游戏时间是儿童通过玩耍和互动来进行学习的时间。游戏可以是教育性的,也可以是娱乐性的,但都应与教学目标和课程内容相结合,以确保儿童在游戏中也能获得知识和技能。在幼儿园游戏中,有自由自主游戏,也有教师设计的教学性游戏,游戏时间的安排需要考虑儿童的年龄、发展阶段和实际需求以及游戏的类型和目的。

日常活动时间包括儿童在幼儿园进行的非正式学习活动,如进餐、喝水、散步、穿衣、洗手等。这些活动对于儿童的身心健康和社会技能的发展非常重要,可以帮助儿童放松和恢复精力,提高学习效率。

教学时间的分配应与课程目标和教学计划相一致,尽可能考虑到儿童不同的学习风格和需要,尽量满足大多数儿童的需求。在可能的情况下,教学时间的安排应具有一定的灵活性,以适应不同情况和突发事件。可以设计一个灵活的时间表,考虑不同儿童的学习节奏和注意力持续时间,例如,特殊需要儿童可能需要更多的休息时间,或者更短但更频繁的学习单元。同时安排清晰的过渡环节,使用视觉日程表或音乐信号帮助儿童从一项活动顺利过渡到下一项活动,也可以为有特殊需要的儿童提供额外的支持时间,如一对一辅导或资源教室活动时间。

2. 教学地点

灵活调整教学地点,为儿童提供多样化的学习环境,满足不同儿童的学习需求,是促进儿童全面发展、推进学前融合教育高质量发展的重要举措。根据不同的划分标准,幼儿园教学地点包括园内、园外,室内、室外,集体教学地点、小组学习地点、个人学习地点等。

首先,根据地理位置划分,幼儿园教学地点可以分为园内地点和园外地点。幼儿园内地点包括教室、多功能室、专用活动室、户外活动区域等,提供特定的教育资源和设施。园外地点包括社区资源(公园、博物馆、图书馆等)、自然环境(森林、河流、农田等)、文化场所(剧院、艺术展览馆等),为儿童提供真实世界的学习体验。

其次,根据空间开放性划分,幼儿园教学地点可以分为室内教学场所和室外教学场所。室内教学场所指所有在建筑物内部的教学地点,如教室、多功能室、博物馆、剧院等,为儿童提供受控的、相对安全的环境,丰富的学习资源。室外教学场所指所有在建筑物外部的教学地点,如操场、户外游戏区、自然探索区等,为儿童提供亲近自然、开放探索的机会和平台。

最后,根据教学功能划分,幼儿园教学地点可以分为集体教学地点、小组学习地点、个人学习地点。集体教学区域允许儿童在群体中互动,学习倾听、表达和轮流发言,学会遵守规则,理解集体行动的重要性;小组活动区域鼓励儿童之间进行合作,通过讨论和问题解决促进深层次的学习和思考;个人学习区域有助于儿童专注于某项任务,不受他人干扰,进行深度学习,按照自己的节奏探索知识。

除了根据以上划分标准区分的教学地点外,幼儿园教学地点还可以分为普通教学地点、特殊需求教学地点,固定教学地点、移动教学地点,学科特定地点、综合性学习地点等。不管根据哪种划分标准区分的教学地点,都共同服务于幼儿园教学目标。在推进融合教育的过程中,灵活调整教学地点是满足所有儿童学习需求的重要一环。首先,可以根据儿童兴趣和需求调整教学地点。例如,对于喜欢户外活动的儿童,可以安排更多的户外教学活动;对于对感官输入有高度敏感的孤独症儿童,可以为他提供一个相对安静、光线柔和的个人学习角落,减少过度的感官刺激,帮助他保持专注和冷静。其次,可以根据教学目标和内容调整教学地点。例如,科学实验课可以在科学探究室进行,户外探索课可以在自然环境中进行;如果视力受限的儿童要在户外理解自然的多样性,则需要在有无障碍路径和标识的公园或自然环境中进行,确保场地的无障碍设施完善,如盲道、语音导览系统等。最后,可以根据幼儿园内外资源调整教学地点,为儿童提供更丰富的学习机会。例如,可以与社区资源合作,安排儿童参观博物馆或图书馆;可以将科学课堂转移到幼儿园附近的公园或自然保护区进行;对于听力障碍的儿童,可以将教学活动安排在安静的房间内,并尽量选择没有外界噪声干扰的时间;对于注意力缺陷多动儿童,可以将部分教学活动安排在户外,如实地考察、户外游戏等,利用自然环境促进感官刺激和体力消耗。

3. 教学人员

教学人员的构成和角色调整是确保所有儿童能够获得适宜教育的关键。在幼儿园融合教育过程中,教师、资源教师、巡回指导教师、特教专家、职业治疗师等都可能会成为教学活动的主要组织者和实施者,需要根据班级儿童的特点、需求、教学内容及教学地点等因素灵活确定。

（1）成立融合教育教学团队

融合教育教学团队由不同专业背景的成员组成,一般包括主班教师、资源教师、特教专家、巡回指导教师、专业康复师或治疗师等,共同致力于满足所有儿童的教育和发展需求,是确保幼儿园能够有效实施融合教育的关键步骤。一般来说,主班教师负责班级的整体管理和日常教学,是班级的核心人物,需要具备较强的组织能力和对融合教育的基本了解。资源教师专门负责特殊需要儿童的教育计划,与主班教师紧密合作,设计和实施个别化教育计划(IEP),提供专业指导。特教专家提供专业的评估和咨询,帮助团队理解儿童的特殊需要,并提出有效的教学策略。巡回指导教师在多所学校间巡回,为融合教育提供技术支持和培训,确保教学方法和策略的一致性和有效性。专业康复师或治疗师针对某类型特殊需要儿童,提供专业康复或治疗服务。

（2）根据教学内容、地点、班级儿童情况调整教学人员

教学内容、教学地点不同，班级儿童情况不同，对教学人员的需求也不同。当教学内容需要特殊技能或专业知识时，如种植、园艺或烹饪等，需要邀请具有领域专长的外部专家来加入教学团队协助教学。在社区或园外场所的教学，如参观博物馆或公园，可能需要社区工作人员的参与，以提供背景知识并确保活动的教育价值。当班级中有语言学习障碍或沟通困难的儿童，言语康复师或特教专家应参与教学，提供专门的支持。当班级中有行为问题或情感障碍的儿童，心理咨询师或行为分析师的参与非常重要，可以为儿童提供适当的行为干预和情感辅导。

（3）提高团队协作质量

尽管不同的教学内容、教学地点、教学对象涉及的教学人员不同，但一个稳定的高质量的教学团队是教学活动的保障。在幼儿园融合教育实践中，要定期为所有教学人员提供特殊教育和融合教育的专业培训，更新教师的知识和技能，以应对不断变化的教育需求和实践。所有教学人员应定期召开会议，讨论儿童的进步、遇到的挑战和未来的教学计划，确保团队成员之间的信息同步，共同制定和实施教育计划，提高团队协作质量。

幼儿园融合教育课程的组织与实施是一个动态且细致的过程，教育者需密切关注儿童的发展状态，考虑到每位儿童的个体差异和学习偏好，通过调整教学方法、关注儿童的学习风格、优化教学生态，为所有儿童创建一个既富有挑战性又充满乐趣的学习环境。

思考与练习：

1. 认识与理解幼儿园课程组织与实施的三种取向。

2. 结合实例分析幼儿园课程组织与实施调整的内容与策略。

SIX

幼儿园融合教育课程评价调整

学习目标

1. 了解幼儿园课程评价的概念及取向
2. 掌握幼儿园融合教育课程评价调整的概念
3. 掌握幼儿园融合教育课程评价调整的内容
   与策略

　　幼儿园课程评价是一个系统的过程，它聚焦于确保课程的各方面——从设定的目标到具体的实施细节——都能够全面且适切地服务于所有儿童的成长。幼儿园课程评价通过细致入微的观察和科学的分析，帮助教育者了解课程的有效性，并及时做出必要的调整，使之成为促进儿童全面发展的有力工具。随着学前融合教育实践的不断推进，幼儿园课程评价在推动融合教育实践高质量发展中发挥着关键作用。

第一节　幼儿园课程评价概述

一、幼儿园课程评价的概念

　　幼儿园课程评价是确保学前教育质量、促进儿童全面发展的关键环节。它通过正式的检查和非正式的观察、访谈、作品分析等方法评估课程的目标、内容、实施过程以及儿童的发展情况,反映儿童在幼儿园教育环境中的学习成果、发展水平和行为表现,旨在确保课程能够满足所有儿童的学习需求,促进他们的身体动作、认知、情感、社会性全面发展。幼儿园课程评价在保障教育教学质量、增强包容性教育、促进教师专业发展等方面发挥着重要作用。

(一)保障教育教学质量

检验现有课程、完善现有课程、发展新的课程是幼儿园课程评价最重要的作用之一。通过定期对现有课程进行评估,检验课程目标是否明确适切,有操作性指向性;检验教学内容是否全面,是否涵盖了认知、情感、社会性、身体发展等多个方面;检验教学方法是否有效,是否有效评估了不同教学方法对儿童学习效果的影响;检验课程目标是否达成,儿童在各项发展领域是否取得了预期的进步。根据课程评价结果,专业人员可以调整课程目标、优化课程内容,整合教学方法,完善现有课程或者发展出新的课程,提高课程的有效性,促进儿童更好发展。

(二)增强包容性教育

通过幼儿园课程评价,教师可以定期评估儿童在健康、语言、科学、社交、艺术等不同领域的发展情况,深入了解每个儿童的独特优势、总体进步和需要改进的地方,及时发现儿童在某些领域潜在的问题或困难,早期识别儿童可能存在的特殊教育需求,如言语障碍、社交障碍、注意力缺陷等。评价结果有助于教师及时调整课程目标、内容和教学方法,为特殊需要儿童提供必要的支持如辅助技术设备、视觉提示或额外的时间支持和个性化教学,引导他们尽量克服困难或进一步发展自己的强项,确保有特殊教育需求的儿童能够参与到常规学习活动中,与同伴一起学习和游戏。有效的课程评价可以确保每个儿童都能在适合自己的环境中学习成长,为所有儿童的成功奠定坚实的基础。

(三)促进教师专业发展

课程评价是幼儿园教师专业发展的催化剂。首先,它为教师提供教学效果的反馈,帮助教师了解课程目标是否适宜、课程内容是否全面、教学方法是否有效并识别哪些方法有效,哪些方法需要改进,在了解这些课程要素有效性的基础上促使教师自我反思,发现自己在教学实践中的强项和弱点,有针对性地参加相关培训和研讨,提升自我专业素养。其次,课程评价也鼓励教师进行教学创新,根据评价结果,教师会被激励去尝试新的教学工具和技术,探索、实践新的教学方法和策略,有针对性地根据班级儿童情况调整课程组织与教学,甚至设计组织 IEP 课程,这不仅能够提高教学质量,也能够促进教师自身的创新能力提升和专业成长,使他们能够更好地适应教育领域的新挑战,更有效地支持所有儿童的学习和发展。最后,课程评价促使教师形成自我反思的习惯,通过观察、访谈、作品分析、考查等方式展开的评价过程以及评价结果会促使教师深入思考自己的教学实践,如目标的设定、内容的选择、方法的运用以及儿童参与度等方面是否需要调整,如何调整等,有助于教师形成持续反思和改进的心态,不断提高教学质量。

二、幼儿园课程评价的取向

幼儿园课程评价的取向是对幼儿园课程评价本质的概括,是评价过程中所遵循的基本原则和指导思想,决定了评价的目的、重点和方法,反映了课程评价者不同的教育理念和价值观。根据不同的角度和分类方法,课程评价的取向有不同的类型。

(一)科学主义取向和人本主义取向

科学主义取向倡导的是直接的或客观的实验,强调评价的可测量性和标准化。它倾向于采用定量的方法如标准化测试来收集数据,并运用统计学的方法来比较分析以评估课程的效果。这种评价取向关注课程是否实现了预定的目标,实施依赖标准化工具和量化的评价指标,强调客观性和可测量性。

人本主义取向认为科学主义取向者倡导的实验具有误导性,强调课程评价的人文关怀、个体差异和情感体验。它倾向于采用定性的研究方法如观察、访谈和案例研究等在教学现场中评估课程对儿童发展的影响。这种取向关注儿童的情感体验和社会性发展,重视儿童在学习过程中的参与度和自我评价。

克龙巴奇(Cronbach L.)指出,课程评价的科学主义取向与人本主义取向分别位于一个连续体的两个极端,形成了课程评价取向连续体。各种评价模式和实际操作都可以在这个评价连续体上找到其位置,从而反映出该评价模式和实际操作所依据的价值观以及所运用的方法。

(二)目标取向、过程取向和主体取向

课程评价的目标取向着眼于评估课程是否实现了预定的目标,课程目标是课程评价的标准,采用的是量的研究方法,强调的是评价的科学性和客观性。课程评价的目标取向在本质上是受"工具理性"支配的,评价者是主体,被评价者是客体,追求的是评价者对被评价者的有效控制,这种评价取向简单易行,便于操作,容易推广和实行,但是这种评价取向忽略了人的主体性和创造性,将课程运行的过程看成了一个简单机械的过程。

课程评价的过程取向强调的是课程计划和实施的全过程,包括在课程运行中教师与儿童在具体的教育情景中所发生的全部情况,既采用"量的研究方法",也采用"质的研究方法",不仅关注最终结果,也关注儿童在学习过程中的经历和体验。过程取向在本质上是受"实践理性"支配的,它在意的是评价者与被评价者的交互作用,在意的是评价者对具体情景的理解。这种评价取向将人在课程计划和实施过程中的表现作为评价的主要内容,但是对人的主体性的尊重还不够彻底,评价过程的可操作性不够强。

课程评价的主体取向将课程评价看作是评价者与被评价者共同建构意义的过程,

认为在具体的教育情景中,评价者和被评价者都是平等的主体,采用"质的研究方法",强调教学过程中师幼的主体性。课程评价的主体取向在本质上是受"解放理性"支配的,追求的是对情景的理解,是每个主体对自身行为的反思,而不是对被评价者的控制。这种评价取向尊重差异,尊重价值多元,将个性解放置于重要的位置,但是这种评价取向也因其多元性、不确定性和随意性使课程评价在操作上有相当难度。

不同的课程评价取向反映了不同的价值观和教育理念,也会产生不同的课程评价类型。科学主义取向强调可测量性和标准化,常采用量化的方法来评估课程的有效性,其对应的评价类型往往是总结性评价,即在课程结束后对获得的教学效果进行评价,用于评估课程是否有效以及儿童是否达到了课程目标。人本主义取向关注个体差异和情感体验,倾向于采用质性研究方法来了解儿童在学习过程中的体验和成长,其对应的评价类型往往是形成性评价(形成性评价是一种过程评价,发生在教学的过程中而不是结束后,通过提供即时反馈和调整教学策略更好地支持学生个性化学习)。目标取向强调课程评价应该围绕课程目标进行,对应的评价类型往往是目标本位评价,目标本位评价着眼于课程目标的实现程度,通过标准化测试、成绩评定等方式来评估儿童是否达到了预期的课程目标。过程取向强调教学过程中的参与和体验,其对应的评价类型往往是形成性评价和目标游离评价(目标游离评价以课程计划和实施的全部实际结果作为评价对象,而不仅仅是预定的课程目标)。主体取向重视师幼的主动性和主体地位,关注师幼的主动参与和自我评价,对应的评价类型往往是形成性评价和目标游离评价。

不同的课程评价取向和不同的课程评价类型反映了不同的教育理念和价值观,它们各有优缺点,在实践中往往是相互补充的,根据教学实际情况综合运用可以确保课程评价更加全面有效。

第二节　幼儿园融合教育课程评价调整概述

一、幼儿园融合教育课程评价调整的概念

幼儿园融合教育课程评价调整是一个旨在确保课程实施效果和儿童发展评估全面、公平与有效的系统性过程。这一过程强调采取多元化的评价方法,包括观察、作品集评价、同伴评价、自我评价、家长反馈以及结果评估等,以覆盖儿童发展的各个维度。评价不仅要关注儿童的最终学习成果,而且要同等重视儿童在学习过程中的努力、进步和参与度,确保评价过程与结果并重。具体来说,幼儿园融合教育课程评价调整包含了以下几个核心要素:

（一）儿童中心视角

每个儿童都拥有自己独特的学习方式、兴趣和能力，课程评价的核心在于尊重并包容这些个体差异，确保评价体系不仅能够准确反映每个儿童的当前能力和进步，更重要的是，它应该成为促进儿童全面发展的有力工具。在这一框架下，课程评价就超越了传统的结果导向，转变为一个建设性的反馈过程，旨在帮助儿童识别自己的优势所在，同时也清晰地知道哪些领域需要进一步的努力。对于有特殊需要的儿童，课程评价的敏感性和适宜性尤为重要。评价机制需要全面考量是否已为这些儿童提供了必要的支持和资源，例如辅助技术、个别化教育计划等，以确保他们能够克服潜在障碍，与同龄儿童一样享受学习的乐趣并取得实质性的成长。

（二）多元评价方法

在幼儿园融合教育课程评价调整中，采用多元化的评价方法是确保教育公平与效能的关键。观察评价即教师通过日常观察，捕捉儿童在幼儿园一日生活中的行为表现、参与度和互动情况，为课程的有效性提供直观反馈。作品集评价则汇集儿童在一定时期内的作品与活动记录，展现其成长轨迹与技能发展。同伴评价鼓励儿童相互评估，促进社交技能与自我反思能力的提升。自我评价培养儿童的自我意识与自我管理能力，使他们学会识别自身优势与待改进之处，是儿童自我成长的重要推动力。家长反馈则搭建起家园沟通的桥梁，确保教育的一致性与连贯性，同时提供来自家庭视角的课程改进建议。结果评价采用标准化测试等量化手段，评估儿童在特定领域的技能掌握程度，为教学策略的调整提供数据支持。每种方法各有侧重，共同编织出一幅儿童发展全貌的细致画卷。通过结合直接与间接、自评与他评、园内与家庭、过程与结果等多维度的评价方法，幼儿园课程评价能够全方位、立体化地反映儿童的真实发展状况，确保每个儿童，无论其学习特点如何，都能在适合自己的评价体系中得到认可与支持，促进其在认知、情感、技能、社会性等多方面的全面发展。

（三）过程与结果并重

过程与结果并重要求幼教工作者不仅要看到儿童的最终成就，更要珍视他们为达到目标所付出的努力和展现出的积极态度。幼儿园融合教育课程评价调整尤为强调过程与结果并重的原则，这不仅是对传统单一结果导向评价模式的革新，也是对每个儿童独特性和多样性的尊重与响应。过程评价聚焦于儿童学习旅程的每一环节，它关注的是儿童如何与环境互动、如何参与活动、如何与同伴互动以及面对挑战时的态度和策略。这种评价方法通过观察儿童在日常游戏、探索和合作、日常生活中的行为来评估他们的问题解决能力、社交技巧和情感发展等非认知方面的能力。这些非正式的评估手段能够揭示出传统测试难以捕捉的成长维度。结果评价则侧重于儿童在特定学习后所达成的学习目标和技能掌握水平，通过作品、测试成绩或是展示活动等形式，衡量儿童在知识、技能上的进步。结果评价为教育者提供了量化的指标,可以帮助他们评估课程设计的有效性。将过程评价与结果评价相结合,有助于形成更加全面的儿童发展评估体系,对有特殊教育需求的儿童来说尤为重要。这种评价模式尊重个体差异,避免单一标准可能带来的不公,确保每位儿童的努力和进步都得到认可。幼儿园融合教育课程评价调整,实质上是一种对儿童综合发展状况的全面考量。它不仅体现了对学习成果的重视,更彰显了对学习过程价值的认可,确保每个儿童,无论其起点或路径如何,都能在被看见、被理解和被支持的环境中茁壮成长。

二、幼儿园融合教育课程评价调整的内容与策略

幼儿园融合教育课程评价调整是确保教育质量和满足儿童个体发展需求的重要环节,其调整的内容涉及多个方面,包括调整评价内容、调整评价标准以及实施形成性评价和纵向评价。

(一)调整评价内容

幼儿园融合教育课程评价要全面覆盖儿童发展的各个方面,不仅关注可见的外显成果,如动作技能和知识掌握,还应包括内隐的发展如情感、社会性和审美等方面,确保评价是对儿童整体发展状况的评估。在确定评价内容时,应根据儿童的发展水平和特殊需求进行个性化调整,以识别和强化他们的优势领域。对于儿童的弱势领域,评价应提供支持和鼓励,帮助他们在这些领域取得进步,而不是仅仅强调不足。例如,当教师去评价孤独症儿童在角色游戏中的表现时,可以从社交、语言、情感等方面去展开——评价内容1:在角色游戏中,观察儿童是否能够成功扮演一个角色,如收银员或顾客,这反映了他们的想象力和参与游戏活动的能力。评价内容2:观察儿童是否能够表达简单的情感和需求,如通过语言或肢体动作表达高兴、难过或饥饿等,这涉及该儿童的情感认知和语言表达能力。评价内容3:观察儿童在成人提示下是否能与至少一名同伴进行简单的轮流游戏,如收银员与顾客间的一问一答,这反映了他们的社交互动和轮流等待的能力。

(二)调整评价标准

课程评价标准不仅影响着教育实践的方向,还直接影响着儿童的学习体验和发展。通过调整课程评价标准来尊重教学中的差异化和个性化,可以更好地支持每个儿童的成长和发展。因此,在现有课程评价标准的基础上,教师还需要考虑每个儿童的特点和需要,如果班级中有特殊需要儿童,教师更要在当下评价标准的基础上特别关注他们的现有发展水平和独特需求,制定差异化评价标准。仍以孤独症儿童在角色游戏中的表现为例。角色游戏是一个能够发展儿童语言、社交、情感、动作等能力的活动,对班级中大多数儿童而言,教师通过观察一个完整的角色游戏可以评价儿童在社交情境下的自

然互动能力,如自发发起游戏邀请或与同伴协商解决问题的能力、维持游戏进行下去的能力等。但是面对班级中的孤独症儿童,教师的评价标准可能就需要做如下调整:(1)参与游戏方面,如果该儿童是从开始时几乎不参与角色游戏活动,到能够持续参与5分钟以上,就可以视为在游戏参与上的进步。对于孤独症儿童来说,能够持续参与游戏是一项重要的社交技能发展的表现,这表明儿童在参与游戏方面有了显著的提高。(2)游戏技能方面,如果该儿童从不主动发起或回应社交邀请,到能够在成人指导下向同伴发起一次游戏邀请,就可以视为社交主动性提升的标志。对孤独症儿童来说,能够主动发起游戏邀请是社交技能方面相当重要的进步。(3)游戏语言方面,如果该儿童从不在游戏中说话,到能够说重复的一句"你好"或用手势表示你好,就可以视为社交语言方面的进步。这表明儿童在语言沟通方面有所改善,即使是简单的语言表达或非言语沟通,对于孤独症儿童来说都是重要的进展。通过调整课程评价标准来尊重每个儿童的差异化和个性化,可以更好地支持儿童的成长和发展。

(三)实施形成性评价

课程评价的人本主义取向和过程取向为幼儿园课程评价调整为以形成性评价为主提供了坚实的基础和依据。人本主义取向和过程取向强调尊重个体差异,重视情感体验和社会性发展,重视学习过程中的参与、努力和进步,倾向于采用观察、访谈和案例研究等定性方法来评估儿童的发展,这些方法能够更好地捕捉到特殊需要儿童的细微进步,及时反馈并帮助儿童认识自己的强项和需要改进的地方。对上文中提到的孤独症儿童角色游戏中的各种表现进行评价时,教师需要采用的评价方法主要就是日常观察、及时反馈和个性化支持。首先,教师要持续观察儿童在一日活动中的行为表现,记录他在角色游戏中的参与度、与同伴的互动情况以及语言表达的变化,及时发现儿童在这些方面的进步,即使是微小的进步也要即时反馈给儿童,帮助他意识到自己的进步,激发他持续进步的动力,比如坚持在游戏中使用简单词汇表达自己的意愿。同时教师要根据观察的结果,为该儿童提供个性化的支持,如设计社交故事法,帮助儿童理解采用什么样的方式发起和同伴的互动。通过实施形成性评价,关注所有儿童在学习过程中的个体差异和付出与努力,幼儿园应能够为每位儿童提供一个更加关注他们个性化需求和学习过程的教育环境。

(四)实施纵向评价

纵向评价是指对儿童在一个较长时间段内的发展变化进行系统追踪和记录的评价方式。它通过为每个儿童建立成长档案,收集儿童不同发展阶段的作品集、照片、视频等多种形式的证据,帮助教师和家长了解儿童的成长轨迹,发现其发展过程中的关键转折点。对于特殊需要儿童,成长档案中还包括接受的专业性服务和支持记录,如个别化教育计划(IEP)目标的进展、特殊教育服务的使用情况等,纵向评价能够揭示他们在不同发展阶段的进步、变化和特殊需求，为特殊需要儿童持续的专业支持提供依据。

总体来说，在幼儿园融合教育课程评价调整中，通过调整评价内容和评价标准、实行形成性评价和纵向评价，可以尽量使每个儿童都获得适合其发展的教育，有效促进融合教育质量提升。评价内容的调整要求我们全面覆盖儿童发展的各个方面，包括认知、情感、社会性、动作技能和审美等。要特别关注特殊需要儿童，应根据儿童的发展水平和特殊需求进行评价的个性化调整，以识别和强化他们的优势领域。评价标准的调整强调差异化和个性化，尊重每个儿童的独特性。对于班级中的特殊需要儿童，应当采用更为个性化的评价标准，允许他们在自己的起点上取得进步，更加灵活且包容。形成性评价的实施，让我们在观察访谈的过程中能够持续了解儿童的学习过程，提供及时反馈和支持，鼓励儿童在教学活动中的参与和努力。纵向评价的实行，记录儿童的成长轨迹和关键发展里程碑，不仅为教育决策提供了依据，也帮助教师更好地理解儿童的发展需求。

思考与练习：

1. 认识与理解幼儿园课程评价的不同取向。
2. 结合实例分析幼儿园课程评价调整的内容与策略。

SEVEN

第七章
幼儿园融合教育课程调整策略

学习目标

1. 理解幼儿园融合教育课程调整的八大策略
2. 掌握每一种课程调整策略的具体内容与做法
3. 学会根据具体情况灵活运用幼儿园融合教育课程调整策略

随着融合教育课程调整实践研究的深入,研究者逐渐归纳出了幼儿园融合教育课程调整的八大策略:环境支持、素材调整、活动简化、儿童喜好的运用、特殊器材的运用、成人支持、同伴支持和隐形支持。这八大策略相辅相成,共同构成了幼儿园融合教育课程调整的核心框架,旨在实现教育公平、个性化教学和全纳教育的目标。

第一节　　　　环境支持

环境是幼儿学习的重要载体,通过提供安全、友好、无障碍的物理空间以及灵活多样的学习区域,能够帮助所有幼儿积极参与课堂活动。环境支持是指改变物理环境、社会环境与当时所处的环境,使环境能提升、支持儿童的活动参与和学习。具体的策略有改变物理环境、改变社会环境,改变当下环境。

一、改变物理环境

物理环境主要指教室内外的布局、设施及装饰等硬件条件。改变物理环境主要指物理布局的调整，如确保教室空间足够宽敞，便于行动不便的儿童移动；确保学习材料易于获取，便于所有儿童都能轻松接触到所需的资源。为了保障融合教育顺利开展，物理环境应具备以下几个特点：

（一）无障碍性与便利性

在物理环境中，首先需要考虑的是无障碍设计，包括通道宽度、桌椅高度、储物设施的位置等，以便于行动不便或有特殊需求的儿童能够自由、安全地行动和使用。例如，设置无障碍通道，提供可调节高度的课桌椅，以适应不同身高和身体条件的儿童。此外，各类学习资源如图书、玩具等应当摆放在易于儿童取用的位置，让每个儿童都能够独立、便捷地获取所需的学习资料。

（二）安全性与舒适性

良好的物理环境应该注重安全性与舒适度，保证环境的安全无害，减少潜在危险因素；同时注重色彩搭配、光照适宜、噪声控制等因素，营造温馨舒适的氛围，有利于儿童专注学习和放松休息。

（三）多元性与个性化

融合教育中，儿童差异性较大，物理环境应具有一定的灵活性和多样性，才能满足不同学习风格和需求的儿童。例如，可以设立安静的学习区、小组讨论区，甚至配备一些辅助教学工具（如触控屏、音频设备等），以满足不同类型的教学活动需求。同时，根据儿童兴趣和课程内容，进行适当的主题装饰，营造积极、富有启发性的学习氛围。

（四）包容性与功能性

物理环境要体现包容性原则，鼓励所有儿童积极参与课堂活动，促进彼此之间的交流与合作。可以通过设计灵活的空间，设立多样化的学习区域如阅读角、建构区、艺术创作区、感官探索区等，满足不同兴趣和不同能力幼儿的发展需求。

（五）感官刺激与适应性

融合教育中，特殊需要儿童可能在视觉、听觉、触觉、味觉、嗅觉等感官处理方面存在不同的敏感性或挑战，因此物理环境的设计应该充分考虑并满足他们的个别化需求，提供适当的感官刺激和管理过度刺激至关重要。如采用柔和的灯光、配备隔音设施、提供触觉反馈材料等。

优化物理环境是为了创造一个既能刺激儿童有效学习又能保护他们免受不良刺激影响的包容性空间，从而促进特殊需要儿童的全面身心发展和社会适应能力。

二、改变社会环境

幼儿园社会环境涵盖了人际关系、班级文化、家庭与社区的互动等方面,在融合教育课程调整中,改变幼儿园社会环境是一个至关重要的课程调整策略,通过调整社会环境,打造一个包容、接纳、互助的良好育人氛围,具体措施可以包括:

(一) 文化氛围塑造

幼儿园应构建以"尊重差异、悦纳多元"为核心价值的园所文化,这种文化氛围需要通过一系列具体的活动如日常主题活动、特殊节日活动、亲子活动等来深化和渗透。首先,日常主题活动是融合文化氛围塑造的重要途径。幼儿园可以根据融合教育理念,设计丰富的主题教学活动,如"我们都是好朋友""每个人都不一样"等,通过故事讲述、角色扮演、手工制作等形式,让儿童在实际操作和互动中感受、理解并接受个体差异,明白每个人都有自己的独特之处,无论是性别、性格、特长还是特殊需求,都应被尊重和欣赏。其次,特殊节日也是塑造包容性文化氛围的有效载体。例如,在国际残疾人日、全国助残日、世界孤独症日等节点,幼儿园可以组织相关活动,通过观看视频、聆听讲座、参与互动体验等,让儿童深入了解特殊需要群体的生活状态和面临的挑战,培养他们关爱、帮助特殊需要儿童的情感态度和行为习惯。最后,亲子活动是连接家庭和幼儿园的重要纽带,父母与儿童共同参与,可以在更大范围内推广融合教育理念。例如,组织亲子运动会时,可以安排特殊需要儿童家庭参与并担任主角,让所有参与者在亲身体验中增进对特殊需要儿童的理解和支持,从而在家庭和社区层面扩大融合教育的影响。通过多种形式的活动,幼儿园可以系统、深入地塑造以"尊重差异、悦纳多元"为核心的园所文化,使接纳和尊重每一位儿童的独特性成为全体师生和家长的共识,并转化为实际行动,为特殊需要儿童提供更加包容、友善的成长环境,进而推动融合教育的深入发展和实践。

(二) 师幼关系建设

教师不仅是知识和技能的传授者,更是幼儿社会化过程中的重要引导者,因此,师幼关系建设在幼儿园融合教育课程调整中扮演着极其关键的角色。面对融合教育要求,教师的专业素养培训与师幼关系的构建应重点关注:

1. 专业素养提升

教师需要具备深厚的融合教育理论知识和实践经验,了解特殊需要儿童的发展特点和需求,掌握多元化的教学策略和方法,如差异化教学、个别化教育计划等,才能有效满足各类儿童的学习和发展需求。幼儿园应定期组织融合教育培训研讨会、工作坊,邀请专家指导,分享案例,促进教师专业技能和素质的持续提升。

2. 平等互尊关系建立

教师应始终坚持平等对待每一位幼儿,不论其是否存在特殊需要。通过积极倾听、真诚对话、适时鼓励和表扬,建立起基于尊重和信任的友好关系。教师要有耐心和爱心,用实际行动告诉幼儿,每个人都有其独特的价值,每种差异都值得被接纳和欣赏。

3. 榜样示范作用

教师在面对幼儿时的行为举止、言语表达、情感反应都会深深影响幼儿的价值观和行为模式。因此,教师需通过自身的言行传递尊重差异、接纳多元的价值导向,通过日常教学活动中的公平公正、关怀包容,让幼儿在观察和模仿中逐渐学会接纳他人、尊重差异。

(三)同伴关系建设

同伴接纳与互动在幼儿园融合教育社会环境建设中扮演着重要角色。学前期是个体社会性发展的重要阶段,普特儿童一起接受教育,不仅能够帮助特殊需要儿童更好地融入集体生活,提升社交技能,也能使他们在日常活动和游戏中体验到平等、尊重和包容。教师要引导幼儿认识并理解特殊需要儿童,可采用多种直观且易于幼儿接受的方式。

1. 阅读绘本

教师可以选择含有特殊需要儿童角色的故事绘本,通过生动有趣的故事来展现特殊需要儿童的生活状况、心理感受以及他们在面对挑战时的勇气和智慧,如《我的弟弟》《不一样的朋友》等,这样的故事能帮助普通幼儿从情感层面理解和接纳特殊需要同伴,并认识到每个人都有不同的特质和价值。

2. 观看相关视频

视频是一种直观的媒体形式,可以帮助幼儿更直观地了解各种不同类型的特殊需要儿童,如听力障碍、视力障碍、智力障碍或孤独症儿童等。通过动画形式或真实案例的视频,让幼儿看到特殊需要儿童是如何克服困难、积极参与生活的,这样可以增强幼儿的同理心和关爱之心。

3. 亲身实践与体验活动

首先,教师可以组织模拟活动或角色扮演,让幼儿尝试使用辅助设备(如助听器、轮椅等)来体验特殊需要儿童的日常活动,或者通过简单游戏让幼儿感受视觉、听觉受限时的沟通难度。这种直接的身体体验能够让幼儿深切体会到特殊需要儿童面临的困难,促使他们在实际生活中给予特殊需要儿童更多耐心和支持。其次,教师可以引导幼儿开展同伴互动,鼓励普通幼儿与特殊需要儿童共同参与各类活动,如绘画、手工、建构游戏等,让两者有充分的机会接触和交流,让他们在合作完成任务的过程中增进了解,学会欣赏和接纳个体差异。这种互动过程有助于普通幼儿理解并接纳特殊需要儿童的行为特点和表达方式,形成更加开放和包容的社会态度。最后,教师可设计丰富的、适合所有儿童参与的游戏和活动,让每个儿童都有机会展示自己的长处,发挥各自优势,实现共同成长。例如,特殊需要儿童可能在某些领域展现出独特的能力或才能,幼儿亲身感受到特殊需要同伴的优点和特长,可以加深对其个性和能力的理解,从而建立真诚友谊。通过以上途径,教师可以有效引导幼儿树立正确的观念,从小培养他们接纳、尊重和帮助特殊需要儿童的良好品质。

幼儿园融合教育中的同伴接纳和互动,不仅是构建和谐、包容教育环境的关键环节,也是推动幼儿全面、健康发展的有效途径,对于打破对特殊需要儿童的刻板印象和歧视,促进社会公平和多元文化的传播具有重要意义。

(四) 家园协同关系建设

在推进幼儿园融合教育的过程中,确保家园协同是至关重要的环节。这意味着幼儿园的教育理念和方法应当与家长的教育观念相互协调,特别是在对待特殊需要儿童的问题上,家园之间需要形成统一的认识与行动方案。

首先,得到普通幼儿家长的理解和支持是一项至关重要的任务。融合教育主张在包容和多元的环境中,让所有幼儿一起学习、游戏,共同发展。然而,要实现这一目标,必须首先确保家长群体对此教育模式有深入的理解和积极的态度。因为家长的理解是融合教育得以有效实施的前提。许多家长可能对特殊需要儿童的认知存在一定误区,担心自家孩子受特殊需要儿童的影响,或担心资源分配不均等问题。因此,幼儿园要通过举办家长讲座、研讨会等形式,详细解读融合教育的核心理念、操作方法及其对幼儿身心发展的长远益处,帮助家长认识到融合教育旨在让每个幼儿在相互学习和接纳中成长,从而提升整体教育质量和幼儿的社会适应能力。同时,家长的支持是融合教育可持续发展的关键动力。家长的支持不仅体现在对融合教育理念的赞同,还包括在家庭教育中贯彻融合教育的原则,如教导孩子理解和接纳他人差异,以及在幼儿园相关活动中积极配合,参与融合教育项目,愿意与幼儿园共享资源、共同解决教育问题等。只有普通幼儿家长深刻理解并积极支持融合教育,才能真正实现家园共育,为特殊需要儿童和普通幼儿创造出一个既能满足个体发展需求,又能培养同理心和多元文化接纳能力的理想教育环境,从而有力推动学前融合教育的稳健发展。

其次,引导特殊需要儿童家长直面孩子的问题,积极参与幼儿园的相关诊察和干预活动同样占据着不可忽视的地位。第一,家长作为孩子的第一任教师,对孩子的认知和发展有着深远的影响。特殊需要儿童家长需要被鼓励并引导去正视孩子存在的特殊需求,这是解决问题的第一步。这意味着家长需要摒弃逃避、否认或过度保护的心态,转而积极面对现实,了解孩子的确切情况,包括其优点、兴趣点以及面临的具体挑战。家长的理解和接纳程度直接影响着孩子对自身特殊性的认知和自尊自信的建立。第二,家长的积极配合能够确保幼儿园开展的特殊教育服务更具针对性和有效性。幼儿园通常会依据专业的医疗评估诊断制定个性化的教育和干预计划。在这个过程中,家长提供的翔实信息、参与评估过程以及后续干预活动,能够帮助教育团队更准确地把握孩子的需求,共同制定最适合孩子的教育路径。第三,家长参与幼儿园的干预活动,可以促进家庭与幼儿园之间的紧密合作,形成连续、一致的教育环境。家庭和幼儿园如果能在教育理念和方法上达成共识,那么无论是日常生活中的自理能力训练,还是针对特殊需求儿童的专门干预,都能够得到更好的执行和落实,从而最大化地促进特殊需要儿童的发展进步。因此,幼儿园应当主动搭建平台,加强与家长的双向沟通,使家长们明白特殊需求并非障碍,而是个体差异的一种表现,每个孩子都具有独特的发展潜力。例如,定期开展一对一或集体家长会,讨论特殊需要儿童的个别化教育计划(IEP),明确特殊需要儿童的发展目标和具体的干预策略,使家长全面了解幼儿园融合教育的实施过程和目标。还可以邀请家长参与幼儿园的教学活动、亲子活动或志愿者服务,让他们亲身体验融合教育的过程,见证孩子的成长变化。这不仅有利于增进家长与幼儿园之间的信任感,也有利于家长深入了解自己孩子在园所生活的真实情况,进而提供更加精准的家庭支持。

改变幼儿园社会环境是融合教育课程调整的重要策略,目的是通过多维度、立体化的环境创设,实现所有幼儿在共享教育机会的同时,也能够在充满关爱与支持的环境中快乐成长,全面发展。

三、改变当下环境

在幼儿园融合教育课程调整中,改变当下环境以适应特殊需要儿童的实际需求,是体现环境支持灵活性和有效性的重要手段。这种环境调整不仅包括物理环境的改变,更涵盖了教学方法、资源配备以及师生互动等多个层面的改变。

(一)动态调整教学材料

融合教育强调的是因材施教,教师需要敏锐洞察每一位幼儿,尤其是特殊需要儿童在活动中的反应和需求。根据幼儿的学习能力、兴趣点以及特殊需求,灵活选择和变换教具和活动材料,尊重并满足他们的独特学习需求。例如,对于有感官处理障碍的儿童,教师可以通过提供多感官刺激的教学材料,如触觉书、立体模型、香味蜡笔等,以弥补他们在某一感知领域的不足,帮助他们通过其他感官通道获取信息,提升学习效果。也可以引入视觉或听觉补偿技术,如大字体印刷教材、高对比度颜色搭配、语音合成设备等,让这些儿童能够在熟悉的、舒适的感官环境中积极参与学习。而对于有运动障碍的儿童,教师在选择教学工具和活动器械时,需要充分考虑其动作控制能力、力量水平等因素。例如,选用轻便易握的画笔,设计适合轮椅使用者参与的桌面游戏,或者提供易于抓握和操作的拼图玩具等,都是为了让这些儿童在有限的运动能力范围内,尽可能多地参与到各项活动中,从而锻炼其动手能力和思维能力,培养独立性和自信心。这种改变当下环境、动态调整教学材料的策略,使每一个幼儿能够按照自己的节奏和方式学习,充分调动和激发其内在学习积极性和创造性,不仅能提升特殊需要儿童的学习效率,更能让他们感受到被尊重和接纳,进而建立起对自我价值的认知和对未来生活的积极期待。

(二) 适时介入与支持

教师是幼儿活动的引导者和陪伴者,应时刻关注幼儿在活动中的状态,在幼儿遇到困难、疑惑或者情绪波动时,适时提供帮助与支持。在实际操作层面,当特殊需要儿童面临学习难题或难以完成某项活动时,教师应当迅速识别出问题所在,并采取适宜的支持措施。如果幼儿在操作一项精细动作任务时遭遇困难,教师可以分解动作步骤,采用直观演示和逐步练习的方法,辅以适当的实物或视觉辅助工具,帮助他们克服操作障碍。若是在认知理解方面出现问题,教师则可通过简化语言、使用图形或故事化教学来阐释复杂概念,确保信息传达的有效性。在心理关怀和支持方面,教师需要敏锐捕捉到特殊需要儿童的情绪变化,对他们可能出现的挫败感、困惑甚至恐惧情绪给予及时安抚和疏导。通过肯定幼儿的努力、赞扬其取得的进步,帮助他们逐渐树立起自信,使他们相信自己有能力去解决问题和应对挑战。此外,教师还可以通过组织合作性游戏、小组活动等方式,鼓励特殊需要儿童与其他同伴互动交流,培养其团队协作和沟通能力,减少他们由于差异带来的孤独感和排斥感。针对特殊需要儿童可能出现的心理压力和情绪困扰,教师应运用专业的心理咨询技巧,如正向强化、情绪调控训练等,教导他们如何正确表达和管理自己的情绪,提高其自我效能感。在融合教育的框架下,教师适时介入与支持的核心目标在于,创造一个有利于所有儿童全面发展的环境,确保每一位儿童——包括特殊需要儿童,在获得必要技能的同时,也能在情感上得到滋养,心理上得以健康成长,从而最大化他们的潜能,实现真正意义上的融合。

(三) 临时性结构调整

临时性结构调整强调了教育的灵活性和适应性,旨在创建一个能够积极响应幼儿多样性和差异化需求的学习环境。在实际教学过程中,教师需要根据幼儿在课程中的具体表现或一些预料之外的情况灵活调整活动的组织形式和空间安排。例如,针对有孤独症倾向或其他可能存在感官超载问题的儿童,教师可以临时设立安静角落或低刺激区域,配置柔和的光线、舒缓的音乐,提供安抚物品和可供独立专注的活动材料。这样做的目的是在喧嚣的教室环境中为这类儿童创造出一个相对平静的空间,帮助他们调节情绪,集中注意力,减轻过重的感官负担,从而更好地参与到学习活动中。当遇到突发状况时,如儿童突然的情绪变化、身体不适,或者是活动场地、设施出现意外等,教师应具备迅速调整活动结构的能力,重新布置活动空间,调整座位布局以便于特殊需要儿童的参与。临时性结构调整要求教师具备高水平的观察力、判断力和执行力,能够根据不同幼儿的即时需求和实际情况,创造性地调整教学策略,从而在最大程度上保证每个幼儿在融合教育环境中的参与度和幸福感。

总的来说,幼儿园融合教育课程中的环境支持,是围绕着幼儿的个体差异和特殊需求进行持续不断的优化和调整,它体现了教育的包容性、个性化和人性化原则,期望促进每一位幼儿在其能力范围内最大程度地参与、学习和成长。

第二节　素材调整

素材调整是针对不同幼儿的个体差异和特殊需求,进行有针对性的教学资源的调整或改变,以确保每个幼儿都能在合适的教育环境中最大程度地独立参与各项教育活动,实现最佳学习效果。

一、素材调整的原则

素材调整的目的是确保各类教学资源能够适应不同幼儿的个体差异和特殊需求,以下是素材调整过程中要遵循的一些原则:

(一)个性化原则

个性化原则强调了教育资源的个性化定制和精细化服务。每个幼儿都有自己独特的认知发展水平、兴趣爱好、学习习惯以及可能存在的特殊需求,因此,教师在设计和选择教学素材时,必须充分考虑这些因素,立足于幼儿的个体差异,确保素材的适用性和有效性,使每个幼儿都能在适合自己的教育资源中获得成长。第一,从认知发展的角度看,不同年龄段的幼儿认知能力有所不同,素材的选择和设计需要与幼儿的认知发展阶段相匹配,既要激发他们的学习兴趣,又要避免超出其理解范围导致挫败感。第二,教师在调整素材时应尽量考虑幼儿的兴趣点,将教学内容与幼儿喜欢的事物相结合,使幼儿在愉悦的氛围中进行高效学习。第三,尊重并顺应幼儿的学习习惯也很重要。有的幼儿倾向于通过实践操作学习,有的幼儿则更善于通过观察和模仿来获取知识。因此,教师在准备教学素材时应做到动静结合,提供多样化的学习方式,如制作可操作的教具、播放互动性强的动画视频、设计寓教于乐的实地探索活动等。第四,对于特殊需要儿童,素材调整更应体现个性化原则,充分考虑他们的特殊需求,如为视力障碍的幼儿提供触觉和听觉主导的教学材料,为运动障碍的幼儿提供易于操作的辅助工具等。这样的个性化调整不仅能让特殊需要儿童更好地融入集体,还能切实提升他们的学习效果和自信心。

（二）无障碍原则

无障碍原则的核心在于包容性与公平性，要求教育体系尽可能消除一切物理、技术和文化上的障碍，通过精心设计和改造教育素材，确保所有儿童，无论是否具有特殊需求，都能够平等地获取教育信息、参与课堂活动并充分发挥其潜力。针对特殊需要儿童，如视力、听力、肢体障碍儿童等，素材应易于获得和使用。例如，面对视力障碍儿童，教师可以提供盲文或大型印刷图片以及字体较大的读物，也可以提供触觉图表、模型和实物教具，视障儿童可通过触摸感知形状、质地和结构，在无法依靠视觉的情况下理解概念和学习知识；使用高对比度的颜色和光线，以及清晰的音频指示，增强环境的可感知性。面对听力障碍儿童，教师可以准备生动形象的视听材料，确保他们在观看视频或听取故事时可以同步理解对话内容。面对肢体障碍儿童，教师可以选用易于操作的教具和设备，保证他们能够独立完成或在他人适度协助下完成学习任务。素材调整中的无障碍原则旨在系统性地移除可能阻碍每一位儿童（特别是有特殊需要儿童）充分参与和受益于教育过程的各种障碍，确保每一个儿童都有机会获得高质量、无阻碍的教育体验。

（三）多感官原则

面对不同学习类型与特殊需要的儿童时，多感官原则具有深远意义。邓恩夫妇提出的五种学习风格（听觉型学习者、视觉型学习者、触觉型学习者、动觉型学习者、触觉/动觉型学习者）进一步突出了个体学习风格的多样性，并且在一定程度上与特殊需要儿童学习特点相符合。这就提醒我们在设计教育活动时充分考虑幼儿的多感官发展，利用多种感官刺激来设计和调整素材，以适应不同幼儿的学习方式和认知特点，确保所有幼儿能够有效地吸收知识和技能。例如，对于听觉型学习者（包括视障儿童），音频资料、口头叙述、歌曲、有声故事以及声音效果是非常有效的教学手段，可以利用音频书籍、语音合成软件或朗读助手等工具，使他们通过听觉感知和理解世界。对于视觉型学习者（包括听障儿童、孤独症谱系障碍儿童），他们主要依赖视觉获取信息，因此在教学过程中应充分利用图表、视频、演示、颜色编码、视觉艺术等形式，制作清晰易懂的图片卡片，使用手语或文字板辅助传达信息，确保他们即使在听觉受限的情况下也能理解课程内容。对于触觉型学习者（包括视障儿童），他们倾向于通过触摸和动手操作来学习新事物。为此，可以设计可触摸的模型、拼图、盲文教材和其他触感材料，使他们能够通过触碰和感知物体的形状、质地、温度等方式获得知识。对于动觉型学习者（包括注意力缺陷多动症儿童），他们在实际操作和活动中学习最为高效。他们可以从角色扮演、实验、模拟游戏、体育活动、舞蹈等动态实践中汲取经验。对于触觉/动觉型学习者，他们在亲身参与和动手操作中能取得最佳学习效果，可以通过建构、雕刻、捏泥、做手工、实验等方式，整合触觉和动觉体验，促进他们的认知发展。多感官原则不仅关注普通幼儿的全方位感官发展,更是在特殊教育领域中发挥着重要作用,从而确保不同学习类型和有特殊需要的幼儿都能在一个包容、适应性高的环境中获得个性化、全面而富有成效的学习体验。

(四)包容性原则

包容性原则强调教育内容与形式应具有广泛的接纳性和包容性,以满足所有幼儿的发展需求,培养他们的多元价值观和包容精神。首先,从素材内容层面来看,应选取包含多元文化、多种能力展示、不同性别角色、特殊需求群体等元素的教学材料,避免单一化或刻板化的描述,比如不仅描绘健康活泼的儿童的形象,也要涵盖有特殊需要的儿童的形象,让普通儿童和特殊需要儿童都能在故事、游戏或者活动中找到自己的影子,感受到被看见、被尊重和被接纳。其次,素材的呈现方式要兼顾各类幼儿的认知特点和发展水平,通过丰富的视觉、听觉、触觉等多种感官体验,使每个幼儿都能在适合自己的方式下获取信息、参与互动。在幼儿园融合教育课程的素材调整中,坚持包容性原则,就是要构建一个充满爱与尊重、鼓励多元发展的教学环境,让每一个幼儿在其中都得到全面、个性化的成长,为他们形成健康完善的人格和社会适应能力打下坚实的基础。

二、素材调整的策略

合理的素材配置和调整有助于满足不同幼儿的个性化需求,吸引幼儿的注意力,激发他们的学习兴趣和主动性,优化教学效果。在幼儿园融合教育课程调整中,常用的素材调整策略包括:位置优化、尺寸调整、反应方式匹配、重点与细节突出。

(一)位置优化

这一策略要求教师精心设计和布局教室空间,充分考虑到所有幼儿的实际需求,尤其是那些具有特殊身体条件和行动能力的儿童,确保每一位幼儿都能在最舒适的环境下,轻松接触、使用和探索各种教学素材,进而积极参与到日常的教学活动中,实现个人潜能的最大化发展。首先,教师需要从幼儿的视角出发,关注他们的视线高度和自然习惯。例如,摆放图画书和各类教具时,应当根据幼儿平均身高设置适宜的高度,确保坐在座位上的幼儿无需过度抬头或弯腰就能清晰地看到书本内容,轻松拿到所需的教具,从而有效避免因姿势不适带来的视觉疲劳和操作困难。其次,对于有特殊需要的儿童,如肢体不便、坐轮椅或身高较矮的幼儿,更要特别注意教学素材与设施的可获得性。这意味着教师需要调整挂图、白板等教学展示物的悬挂高度,使之既不高悬于幼儿头顶之上,也能让特殊需要儿童在不依赖他人的情况下无障碍观看。同时,桌椅、书架和其他家具的布局应当留有足够的通行空间,便于轮椅使用者自由进出,并确保教室内所有资源对他们来说都是可达且易操作的。

(二)尺寸调整

这一策略是基于幼儿年龄特征、发展阶段独特需求以及特殊需要儿童具体需求,确保教学素材更为贴近幼儿的实际操作能力和认知水平。因为幼儿手部肌肉发育程度不完善、视力系统发育相对未成熟,合理调整素材尺寸就显得尤为重要。为促进幼儿动手操作技能和手眼协调能力的发展,可以选用大尺寸的拼图和模型,这些玩具部件较大,易于幼儿小手抓取和摆弄,不仅降低了操作难度,还能够激发他们在游戏过程中建立起对形状、颜色和空间关系的认知。此外,考虑到幼儿视力仍在发育阶段,特别是在阅读和识字初期,使用适中字号的文字资料有助于他们更好地辨认和理解。对于视力有障碍或手部精细动作尚不成熟的儿童,更应强调尺寸调整的重要性,可以配置字体较大的读物和卡片,使文字轮廓鲜明,降低阅读负担;同时提供大号图案的书籍,增强视觉吸引力,便于幼儿聚焦和识别;也可以考虑提供更大块状的积木、拼插玩具或其他触觉类学习材料。通过对教学素材和玩具尺寸的科学调整,不仅能为幼儿创造一个舒适而富有挑战性的学习环境,更能帮助每个幼儿在各自的发展阶段获得最适合自己的学习体验,进而有效地推动其全面发展。

(三)反应方式匹配

反应方式匹配关注的是根据儿童的具体能力和反应模式来调整教育资源的互动形式,以支持他们克服可能遇到的挑战,积极参与到学习活动中。首先,教师要根据幼儿不同的认知特点和学习需求,设计和提供多样化的反馈机制。对于认知障碍儿童,可以引入具有触觉和声音反馈的教具,如带有震动功能的按钮或发出声音指示的玩具,以辅助他们理解和记忆。对于听力障碍儿童,可以提供配备振动提醒或闪光灯提示功能的教育器材,确保他们在无声环境中同样能够接收和理解信息。对于言语沟通有困难的儿童,则可以借助表情卡、手势符号等可视化工具,帮助他们建立有效的非语言沟通渠道,促进社交互动和情感表达。其次,针对儿童在操作素材时可能面临的特定难题,教师可以采取灵活且具有针对性的方法进行改进。例如,对于书本翻页困难的幼儿,可以巧妙地在每一页书角粘贴一块泡棉胶,增加触感辨识度,使页面翻动更为顺畅,减轻幼儿在翻阅过程中的挫败感,同时也能提高他们独立阅读的兴趣和信心。反应方式匹配策略的核心理念是在实践中不断调整教育资源和互动方式,使其与学前儿童的个体差异相适应,最大限度促进他们主动参与活动,提升学习效能,进而助力他们在多维度上全面发展。

(四)重点与细节突出

这一策略关注所有儿童能有效吸收和关注关键信息与概念,建议教师采用一系列策略来突出教学资源的重点与细节,从而适应不同儿童的感官需求和注意力特点,帮助所有儿童特别是特殊需要儿童更好地理解和把握核心内容。常用的实施方式有:(1)色彩对比加强:通过视觉设计上的强化手段来凸显重要知识点,如运用强烈的色彩对比,将关键部分以醒目的颜色标识,有助于儿童快速识别和记住。对于那些视觉敏感度较低或注意力维持较为困难的儿童,教师可以进一步加大材料的视觉效果冲击力,比如放大教材中的关键图像、提高色彩对比度,甚至加入闪亮或发光的视觉元素,以此激发他们的兴趣并引导其集中注意力。(2)质感与光影变化:对于实体或平面的视觉素材,可以采用不同的材质或添加闪亮、发光元素,如使用反光、半透明或荧光材料制作教具或艺术作品,从而吸引儿童的注意力,尤其对那些注意力不易集中的儿童有效。(3)多媒体互动:在电子教学环境中,利用动画、视频、投影等多媒体形式动态展示教学内容,将静态的知识点转化为生动活泼的画面,可以使抽象的概念更加生动形象,同时也可通过音效、动作配合,同步放大和突出关键知识点。(4)特殊印刷工艺:针对纸质教材,可以采用盲文、触感线条、浮雕等印刷技术,让视力障碍的儿童通过触觉感知重要信息。

综上所述,素材调整策略的核心在于从实际出发,细致入微地关注特殊需要儿童的需求,并据此改造和优化教学环境与材料,以求最大限度地激发他们的潜能,鼓励他们积极参与到各类活动中,实现个体最优化发展。

第三节 活动简化

幼儿园融合教育课程调整策略中的活动简化,旨在为所有幼儿创建一个包容且支持性的学习环境。这一策略关注将复杂的活动结构化、分层化,将原本复杂、多层次、难度较高的活动或任务进行合理分解、精简和重组,使之适应各类幼儿的认知水平、技能发展和个体差异,确保每个幼儿都能充分参与、理解并从中受益。这一过程强调的是以幼儿为本,尊重其个体差异,通过科学合理的简化方法,既保持活动的教育价值与目标,又能激发幼儿的学习兴趣与动力。

一、活动简化的原则

活动简化策略旨在确保所有幼儿能够理解和参与活动,实现学习目标,而不是降低教育质量。以下是活动简化的主要原则:

(一)可理解性原则

本原则要求确保活动的语言表述、规则设定及步骤安排能够被所有幼儿轻松理解,从而使幼儿有效参与活动并达成学习目标。具体实施时,该原则主要体现在以下几个方面:(1)语言与规则的简化。活动的说明、指令和规则应以幼儿易于理解的语言表述,教师应尽量使用简洁明了、贴近幼儿生活经验的话语,确保幼儿能够迅速抓住活动要点,明白自己需要做什么。(2)步骤的清晰划分。将复杂的活动过程拆分成若干个清晰、具体的小步骤,每个步骤都应具有明确的操作指向,便于幼儿理解并执行。

（3）视觉辅助工具的应用。充分运用实物模型、图片、图表、手势、动作示范等直观的视觉辅助工具，将抽象的活动要求转化为具象、生动的形象展示，帮助幼儿更直观地理解活动的目标、流程及操作方法。（4）针对特殊需要儿童的个性化支持。对于有特殊需要的幼儿，需要采取更为专门化的沟通手段，如使用符号、图片交换沟通系统或其他辅助沟通工具，以适应其特殊的认知模式和沟通需求，确保他们能够准确理解活动要求，并顺利融入集体活动之中。

活动简化中的可理解性原则强调以幼儿的视角出发，确保活动内容、目标与过程对所有幼儿而言都是清晰、易懂、可操作的，从而促进他们在融合教育环境中高效学习、快乐成长。

（二）分层递进原则

分层递进原则旨在确保活动内容和难度适应幼儿的认知发展规律，帮助他们在循序渐进的过程中逐步提升技能，建立自信心，并体验到学习的成就感。在实践中该原则的实施包含：（1）难度与复杂度渐进设置：活动简化不是将复杂任务简单粗暴地删减，而是将其拆解为一系列由易到难、由简到繁的小任务或子活动。每一层级的活动都应与幼儿当前的认知水平、技能基础相匹配，确保他们在面对新任务时不会感到过于困难或压力过大。随着幼儿能力的提升，逐渐引入更具挑战性的内容，保持活动的适度难度，激发幼儿的学习兴趣和探索欲望。（2）基础技能与概念优先教授：在开始复杂活动之前，教师应先教授与之相关的基础技能和概念，为后续的学习打下坚实的基础。这包括基本的手眼协调能力、精细动作技能、基础认知概念（如颜色、形状、数量等）、初步的社会交往技巧等。（3）分步教学与引导：在实施分层递进的活动时，教师要采用分步教学的方式，将每个复杂任务细分为一系列清晰、可操作的小步骤。每一步骤都应具有明确的操作目标和指导语，教师需耐心引导幼儿按照步骤顺序逐一完成，并及时给予肯定与鼓励，让幼儿感受到成功的喜悦，从而增强自信心和继续学习的动力。

（三）保留核心价值原则

"保留核心价值"原则强调在活动简化过程中，坚守活动的根本教育目标，避免因过度简化而削弱其教育意义。在实践中，可以从以下几方面着手：（1）坚守教育目标：简化活动首先要明确并坚守活动的核心教育目标，这是简化工作的基石。无论活动如何简化，都不能偏离其培养幼儿某种能力、知识或价值观的初衷。例如，科学实验活动的核心目标是培养幼儿的观察、思考、动手能力以及科学探究精神，那么简化过程中，这些目标必须始终贯穿于活动的各个环节，不能因简化而有所忽视或弱化。（2）避免单纯删减：简化活动并非简单地删减内容或降低标准，而是一种结构性的优化和重组。这意味着在剔除冗余、复杂、超出幼儿理解范围的部分时，要确保保留并强化那些对实现核心教育目标至关重要的元素。例如，在简化科学实验活动时，不应只是简化实验步骤，使之变得易于操作,而应确保实验设计依然能引发幼儿的观察、思考,提供动手实践的机会,保持科学探究的精神内核。(3)优化活动形式与流程:在保证核心教育目标的前提下,简化活动应着力优化活动的形式和流程,通过简化语言与表述、提供支架、融入游戏元素等使之更加符合幼儿的认知特点和学习需求。

二、活动简化的策略

幼儿园融合教育课程调整中,活动简化旨在将复杂的教育活动调整成适合幼儿理解与执行的形式,以确保所有幼儿都能充分参与并从中获益。常用的策略有分解任务、优化工作步骤及适应性调整、确保成功结束活动[①]。

(一)分解任务

分解任务,或将"任务分解为小部分",旨在适应特殊需要儿童的学习特点和能力水平,帮助他们更有效地参与到各类教育活动中。这一策略的核心是将大的教育目标、复杂的活动流程以及长周期项目,分别拆分为一系列具体可操作的小目标、简单清晰的步骤以及阶段性任务,从而降低其认知负担,增强其理解与执行能力,激发其学习动力。

1.细化活动目标

(1)目标聚焦与具体化。将大的教育目标拆分成一系列具体、可操作的小目标,确保每个小目标都聚焦于一个或几个关键技能或知识点。例如,如果大目标是培养幼儿5以内的数学思维能力,可以细分为如下小目标:

小目标1:识别并比较数字1至5的大小;

小目标2:通过实物操作理解5以内的加减概念(如合并两堆物品或从中拿走一件);

小目标3:通过游戏尝试使用5以内的数字解决问题。

这种拆分使得每个小目标清晰、独立,便于幼儿理解和把握,也利于教师设计针对性强的教学活动。

(2)目标关联与阶梯式递进。确保小目标之间存在逻辑关联,形成阶梯式递进关系,使得幼儿在完成一个目标后自然过渡到下一个,逐步积累知识与技能。比如,在上述数学思维能力培养的例子中,幼儿首先通过识别数字和比较大小奠定基础,然后通过实物操作理解加减概念,最后通过游戏的形式进一步拓展数字应用能力。

2.拆分活动步骤

(1)简化流程与清晰指引。将复杂的活动流程分解为一系列简单、清晰的步骤,每

---

① Susan R Sandall, Llene S Schwartz.学前融合教育课程建构模式[M].卢明,魏淑华,翁巧玲,译.新北:心理出版社,2010:40-70.

个步骤对应一个小目标。例如，在组织"制作动物面具"艺术活动中，可以将活动步骤拆分为：选择喜欢的动物图片，观察其特征（对应小目标：观察与描述能力）→ 在纸板上画出动物轮廓（对应小目标：基本绘图技能）→ 剪下轮廓并涂色（对应小目标：精细动作与色彩认知）→用绳子或橡皮筋固定面具（对应小目标：简单手工制作）。这样拆分避免了幼儿一次性面对过多信息带来的困扰，使他们能够按照顺序逐个完成目标，逐步构建完整的作品。

（2）实物示范与互动教学。对于每个步骤，教师应提供实物示范、口头讲解或视频演示，确保幼儿理解如何操作。同时，鼓励幼儿动手实践，教师在一旁适时指导，解答疑问，确保他们顺利完成每个步骤。

（3）设置阶段性任务。明确阶段与时间规划，在长周期或大型项目活动中，设立若干个阶段性任务，每个阶段都有明确的完成标准和时间节点。教师定期检查幼儿的阶段性任务完成情况，给予即时反馈，肯定进步，指出改进之处。每个阶段结束后，组织幼儿回顾、反思，巩固所学知识，增强自我评价能力。完成每个小任务后，通过展示、表扬等方式让幼儿感受到进步与成就，激发他们持续参与的兴趣和动力。

（二）优化工作步骤及适应性调整

优化工作步骤及适应性调整是指在设计和实施教育活动时，通过对活动程序的细致分析和合理改进，使其更加符合参与者的能力水平和发展需求，尤其是针对特殊需要儿童在学前教育中的适应性问题，可通过优化或减少活动步骤来进行。在具体实行时，建议可以从以下几方面展开：

1. 去除冗余环节

教师深入审视教育活动全流程，识别出那些超越了特殊需要儿童当前理解和操作能力的环节，予以剔除或替换，从而使活动变得更加简洁高效。举例来说，在组织大班语言领域教学活动时，原计划包含听故事、复述故事、创编故事三个环节。经过教师深入审视和分析后，发现班级中的语言发展障碍儿童在复述故事这一环节存在较大困难，儿童虽能理解故事内容，但因语言表达障碍，无法流畅地复述故事，这不仅阻碍了他对该环节的参与，也可能影响其后续创编故事的信心和能力。因此，教师可以考虑以下做法：暂时剔除直接的复述故事环节，转而设计更为简洁高效的替代活动，如通过问答、填空、看图说话等方式，引导他们提炼和表达故事的关键信息，逐步锻炼他们的语言组织和表达能力。或者将复述故事改为跟读故事、模仿对话、使用故事角色卡片进行简单情境对话等。这些活动同样有助于提高他们的语言理解能力和口语表达水平，同时降低了参与门槛。这样的调整更加符合特殊需要儿童的实际需求，既能保证他们积极参与，也能在合适的挑战中逐步提升他们的语言能力。

2. 提供模板与范例

在艺术创作、手工制作等活动中，可以为特殊需要儿童提供具体的模板、范例或半成品,帮助他们更快地理解任务要求,节省他们从头开始构思和实施所需的时间和精力。例如,在做手工活动时,可以提供已裁剪好的图形部件,让他们专注于组装和装饰,而不是花费大量时间在切割材料上。在角色游戏(如娃娃家)中,为鼓励孤独症儿童更充分地参与并理解层次丰富的活动内容,教育者可以运用视觉辅助手段对活动进行步骤分解,将一个完整的活动情境拆解成三到四个直观易懂的步骤,并以图片指示牌的形式展现出来。例如,在模拟厨房情境中,可以设计一套清晰的视觉提示,依次展示"将锅放置在炉灶上""手持勺子进行搅拌动作"以及"将煮好的食物盛放到盘子中"这三个关键环节。通过这种方法,孤独症儿童能够依据视觉化的步骤提示,逐一对活动流程进行操作和体验,不仅有利于他们理解和记忆复杂的活动结构,还有助于他们在游戏中保持更长久的注意力和参与度。

3. 调整活动步骤

针对特殊需要儿童个体差异,灵活调整活动的具体步骤,采取相应措施降低活动难度,使之更加契合他们的实际能力,增加他们的成功体验。以泥塑活动为例,针对动作发展稍显迟缓的儿童,教师可以采取一种梯度式的辅助教学策略。在泥塑活动开始前,教师要根据对儿童的了解判断哪些步骤可能对动作发展迟缓的儿童构成较大挑战。为了消除这些潜在障碍,教师要事先准备好辅助起点,比如亲自示范并帮助儿童完成捏制泥块、初步塑形等较难的前期准备工作,确保儿童在老师的引导下逐步熟悉和掌握关键动作技巧。在此基础上,教师引导儿童独立完成一些相对简单的步骤,如给已初步塑形的泥塑添加细节、上色等。在这个过程中,教师持续关注儿童的进步,鼓励他们独立操作,不断积累成功经验和成就感,从而逐步建立完成泥塑活动所需的自信心和技能。

通过以上优化工作步骤及适应性调整,特殊需要儿童可以在适合自己的节奏和难度下,循序渐进地参与活动,最终实现更好的学习成效和个体发展。

(三)确保成功结束活动

确保成功结束活动,旨在让特殊需要儿童能够在参与活动的过程中更加容易获得成功,从而充分体验到成就感和乐趣,进而显著提升他们的自信心。通过将复杂的活动内容拆分成一系列易于理解与执行的小步骤,教师优先引导儿童完成较为简单的部分,以便他们在每次成功中累积自信和动力,然后逐步提升活动难度,最终目的是培养他们独立完成整项活动的能力。首先,提供充足支持,根据幼儿的能力差异和特殊需要,提供必要的个体化支持,如额外的指导、适应性材料、辅助工具等,确保他们能够在遇到困难时得到及时帮助,顺利完成活动。同时根据每个特殊需要儿童的具体情况进行定制,使得他们能够在适合自己的速度和方式下参与活动,逐步适应和掌握所需技能,而不是被统一的高标准所束缚,从而最大程度地减少了因能力差距产生的挫败感。其次,课程设置要体现弹性和包容性,根据不同幼儿的发展水平设定多元层次的完成标准,使幼可以根据自身实际状况选取适宜的目标去努力,避免因过高的期望值带来挫败感。例如,当特殊需要儿童在骑三轮车方面遇到的困难时,教师可以这样做:(1)帮助儿童将双脚准确地放在踩踏板的位置;(2)辅助他们无需费力就能顺利完成踩踏的第一步动作,让儿童在这个过程中感知到蹬踏的动作要领;(3)鼓励并指导他们自行完成将踏板踩到底的步骤。通过这样由浅入深、步步递进的方式,最终助力特殊需要儿童能够自主且顺利地完成整个骑车活动,达到独立骑行的目标。特殊需要儿童在不断的实践和反复练习中逐步提升自己的能力,逐渐过渡到更高难度的任务,这种由简至繁、循序渐进的过程能够帮助他们逐步建立起自我效能感。最后,突出过程性评价,注重观察和肯定幼儿在活动过程中的努力付出、点滴进步以及创新表现。教师通过正面反馈和鼓励,帮助幼儿认识并珍视自身的成长,即便在未完全达成预设目标时,也能从中体验到成功的喜悦和成就感,进一步激发他们的自信心和持续学习的动力。

　　总的来说,活动简化是一种旨在提升幼儿教育效果的教学策略,它通过任务拆解、步骤细化、难度适配等方式,使复杂的活动变得易于理解、操作,同时保留活动的核心教育价值,激发幼儿的学习兴趣与动力,促进其全面发展。

第四节　儿童喜好的运用

　　作为幼儿园融合教育课程调整的策略之一,儿童喜好的运用旨在充分尊重与积极顺应每个儿童,特别是学前特殊需要儿童的独特兴趣与偏好,以此为基础构建出更具吸引力、参与性和成效性的教育环境,在日常教学中持续融入其爱好元素,从而激活幼儿的学习动力,提升其参与度与学习效果,助力他们在快乐中成长,在成长中收获。

一、儿童喜好运用的原则

幼儿园融合教育课程调整策略中,针对儿童喜好的运用通常遵循以下原则:

(一)尊重个体差异

　　在儿童喜好的运用中,尊重个体差异是一项核心原则,这一原则强调每个儿童都是独一无二的存在,具有各自独特的兴趣倾向、天赋潜能和学习方式。在设计和实施融合教育课程时,务必摒弃"一刀切"的做法,充分考虑并尊重每一个儿童的个性化需求与偏好。对于特殊需要儿童参与集体活动时表现出的独特习惯,如某些儿童需要手持喜爱的毛绒玩具以获得安全感,或者只能在保育员身边才能感到安心,这些现象应当被视为他们个体差异的一部分,而非障碍或问题。因此,面对不同儿童的独特需求或表现,我们在具体的教学中应该做到:

1. 接纳与理解

教育者要接纳并理解这些特殊习惯是儿童应对环境、表达情感及自我调节的独特方式。它们可能源于儿童的个性特质、情感需求或特殊需要，是其个体差异的自然表现。教育者要摒弃刻板印象，以开放的心态接纳这些行为，将其视为儿童独特个性的组成部分。

2. 灵活适应

课程设计与活动安排应具备足够的灵活性，允许并鼓励特殊需要儿童在参与集体活动时携带他们喜欢的物品（如毛绒玩具），将其纳入活动场景中，而不是强制儿童割舍这些能带来安慰和支持的物品。这有助于降低儿童的焦虑感，使他们能在更为熟悉和舒适的环境中积极参与学习。

3. 环境包容

营造包容、接纳的班级文化，教育其他幼儿理解和接纳特殊需要儿童的特殊习惯，视之为同伴个性的一部分，而非异常行为。通过故事分享、角色扮演或直接对话等方式，增进幼儿对多样性的认识，培养他们的同理心和互助精神，使特殊需要儿童能在友善、无压力的环境中自由表达自我。

（二）兴趣导向

"兴趣导向"原则强调在设计和实施课程时，应充分考虑并尊重每个儿童的兴趣爱好，以激发他们的学习积极性、提升学习效果，促进全面发展。在融合教育的背景下，兴趣导向原则的重要性更为凸显。它强调对特殊需要儿童开展集体教学时，要充分考虑其独特喜好，尤其是那些与他们特殊需求紧密相关的喜好，将其作为激发和维持特殊需要儿童学习动机的关键驱动力，助力他们在融合环境中积极参与、主动学习。例如，当出现特殊需要儿童对常规活动缺乏参与意愿的情况时，教师可以灵活地将这些特殊需要儿童所钟爱的物品或元素融入各类活动中，通过这些熟悉且喜爱的事物作为桥梁，引导他们自然而然地参与到原本可能有所抵触的活动中来。如果一个特殊需要儿童对火车模型特别着迷，那么在组织集体搭建活动时，可以特意为其设定与火车相关的搭建任务，如搭建火车站、铁路线路等，让他在完成自己喜欢的任务中逐渐融入集体，减少对新环境、新活动的抵触感，从而逐步建立起参与的信心与意愿。

（三）动态调整

针对特殊需要儿童兴趣的可变性，"动态调整"原则强调课程设计与实施应具有高度的灵活性与适应性，要能够随幼儿个体兴趣的发展变化而适时调整。特殊需要儿童和所有幼儿一样，其兴趣并非固定不变，而是随着年龄的增长、认知能力的发展、社会交往经验的积累以及特殊需求的变化而呈现出动态发展特性。例如，一个原本对交通工具感兴趣的幼儿可能会随着对自然环境的认知增加,转而对动植物产生浓厚兴趣。因此,课程结构设计要具有一定的开放性和模块化,在课程设计之初,就应考虑到未来可能的调整需求。课程框架应包含核心主题(与幼儿基本发展需求相关)、灵活主题(根据幼儿兴趣变化填充)以及通用技能训练(如社交技巧、自理能力等)。这样,在兴趣变化时,只需替换或增补特定模块,而不必全盘重构课程体系。

二、儿童喜好运用的策略

心理学研究表明,个体对于自己感兴趣的事物具有更高的内在动机。对于特殊需要儿童而言,将其喜好的对象融入活动设计中,能够引发他们对活动内容的关注与好奇,进而转化为积极参与的动力。在幼儿园融合教育课程调整中,充分运用儿童的喜好作为支持教学活动开展的策略,可以显著提高课程的吸引力和教学效果。在具体实践中,常用的策略有:允许携带并使用心仪玩具、安排喜欢的活动、运用喜欢的人。

(一)允许携带并使用心仪玩具

在融合教育过程中,特殊需要儿童可能因感官敏感、社交焦虑或其他挑战而对新活动产生恐惧或不安,导致他们不愿意参加活动。他们熟悉的、喜欢的物品(如安抚玩具、特殊兴趣主题的道具等)可以作为情绪调节的工具,允许他们携带或使用这些物品可以帮助他们在面对压力情境时保持心理平衡,增强自我控制力。同时,这些物品如同"安全毯",可以为他们在新的活动中提供一种心理上的依恋与安全感,降低其对新体验的抗拒感。因此,教师可以允许特殊需要儿童在安全、适宜的情况下,将安抚性玩具带入并融入课堂活动。对于某些需要安静专注或可能引发焦虑的活动(如集体阅读、新环境适应),允许儿童手持熟悉的玩具,可起到情绪安抚作用,帮助他们更好地集中注意力、降低不安感。例如,儿童到哪里都必须拿着玩偶小熊,教师就可以让小熊成为故事讲述中的角色,或者在美术活动中作为创作灵感来源。这样既能满足儿童对玩具的情感依赖,又能使其自然地参与到学习过程中。当然,允许儿童携带并使用心仪玩具进入课堂,教师需要注意做到以下两点:(1)确保玩具的安全性与适用性,提醒家长定期清洗消毒,避免尖锐、易碎、体积过大或含有小零件的玩具,以免造成安全隐患。(2)需要教导儿童在适当的时候使用玩具,避免干扰他人学习或课堂秩序。

(二)安排喜欢的活动

根据动机理论,个体在面对任务或活动时,内在的兴趣与愉快体验能激发更高的参与意愿与持久度。当特殊需要儿童尚未做好心理准备进入集体活动时,可以安排与其喜好相符的独立活动作为过渡环节,这样能够降低其对陌生环境或任务的抗拒感,减轻焦虑情绪。如吹泡泡、唱喜欢的儿歌等轻松愉悦的活动,不仅契合儿童的内在动机,还能通过感官刺激与社交互动吸引其注意力,逐渐将其引入集体活动的氛围中。对于在阅读图书、绘画或桌面活动上难以集中注意力的特殊需要儿童,可以将他们所钟爱的事物(如洋娃娃)融入活动设计,显著增强活动的吸引力,从而提高儿童专注力。如使用洋娃娃图片制作成数字牌游戏,既满足了儿童的游戏天性,又巧妙地嵌入了数学认知训练。对于在新活动或学习区域适应困难,或过度执着于某一特定活动的特殊需要儿童,可以结合其喜爱的玩具(如火车)创新活动设置,这样有助于打破僵化的行为模式,激发探索新环境与技能的兴趣。如在表演区设立火车站场景,或在角色扮演游戏中以玩具火车作为奖励,既能调动儿童的积极性,又能在模拟真实情境中锻炼其社交沟通、想象力与问题解决能力。

(三)运用喜欢的人

根据社会学习理论,观察、模仿和情感联系在个体行为习得中发挥着重要作用。儿童倾向于模仿和亲近他们喜欢的人,他们的行为、态度和对活动的热情会感染儿童,进而影响儿童对相关活动的态度和行为选择。特殊需要儿童在面对特定环境或活动时,可能会表现出抵触、不愿参与等行为问题。在这些情况下,巧妙运用儿童所喜欢的人作为引导和支持的角色,可以有效提升儿童的接受度与参与度。当特殊需要儿童对教室某个区角缺乏兴趣时,可以安排他喜欢的人(如教师、同伴、家庭成员等)进入该区角,将儿童对该人物的喜爱之情转化为对区角活动的关注与参与意愿。在户外活动结束后,由特殊需要儿童喜欢的人来引导其返回教室,可以缓解儿童因活动转换产生的不安与抵抗。在集体活动中,如果特殊需要儿童难以融入或保持专注,可以邀请他喜欢的人作为活动领导者或引导者,能有效提升儿童的参与度和专注力。这是因为喜欢的人能够提供社会支持,减轻儿童在集体情境下的压力感,增强其安全感。同时,喜欢的人对活动的介绍和示范能够降低活动的认知复杂性,减轻儿童的认知负担,使其更容易理解和投入活动。此外,喜欢的人与儿童之间的良好关系也有助于激发儿童的合作学习倾向,通过共享目标、互助互惠,可以增强儿童在集体活动中的归属感和动力。总的来说,运用特殊需要儿童喜欢的人作为干预手段,构建积极的人际关系环境,能够促进儿童在面对特定环境或活动挑战时的心理适应、情绪管理与行为参与。这一策略充分考虑了人际关系对特殊需要儿童成长的重要影响,为教育实践提供了以人为本、以关系为纽带的干预思路。

综上所述,幼儿园融合教育课程调整中,通过允许携带并使用心仪玩具、安排喜欢的活动、与喜欢的人互动等策略的使用,能够有效调动特殊需要儿童的学习积极性,增强课程的吸引力和教育效果,同时有助于培养他们的兴趣特长、社交技能和自主学习能力。在实际操作中,教师应灵活运用这些策略,兼顾个体差异与整体教育目标,营造一个既尊重儿童喜好又有利于儿童全面发展的教学环境。

第五节　特殊器材的运用

特殊器材,也可称为辅助技术及辅具,是指为了满足有特殊需要个体的功能补偿、环境适应或技能提升而设计的工具、设备、材料或系统。在幼儿园融合教育情境中,特殊器材包括感官刺激玩具、沟通辅助设备、动作技能训练器具、特殊座位和站立辅助设备、视觉和听觉辅助工具等。这些器材通常依据儿童的具体需求定制,旨在促进他们的认知发展、社交互动、运动能力及情感表达。特殊器材的运用在幼儿园融合教育中扮演着至关重要的角色,它不仅能够促进特殊需要儿童积极参与集体活动,还能帮助他们克服学习和发展的障碍,实现个性化学习目标。

一、特殊器材运用的原则

在幼儿园融合教育课程中运用特殊器材,应当遵循以下原则,以确保这些器材的有效性和教育过程的包容性。

(一)安全性原则

安全性原则是选用特殊器材的首要原则,选用的特殊器材必须符合安全标准,器材的边缘应平滑无锐利边角,避免在使用过程中造成割伤或撞击伤害。站立式或悬挂式的器材须具备良好的稳定性,防止儿童攀爬或使用时器材倒塌。在考虑安全性的同时,也要考虑到操作的简便性和维护的便利性。特殊器材的设计应简洁直观,让儿童能够容易理解其功能和使用方法,促进自主探索和学习。同时也要选择结构简单、易更换零件的器材,以便于快速修复,保证器材的持续可用性。

(二)个性化原则

特殊器材的选择和应用应基于对每个儿童的个别评估,考虑其特定需求、能力水平和发展目标,精心挑选或定制适合其特点的特殊器材。例如,对于有视觉障碍的儿童,可以提供带有触觉提示或语音输出的学习材料;对于有交流障碍的儿童,可以配备图片交换沟通系统或语音生成设备,确保器材不仅能够弥补其功能上的不足,还能激发学习兴趣,增强参与度。

(三)互动融入性原则

运用特殊器材的目的是帮助特殊需要儿童更好地融入集体,加强与老师和同伴的沟通交流,提升社会参与度和情感连结。因此,互动融入性原则是选用特殊器材时要遵循的一个方面。首先,要选用能够鼓励特殊需要儿童与普通儿童共同参与的器材,如多功能互动桌、团队拼图等,确保所有儿童都能无障碍地玩耍和学习,从而促进理解、尊重和友谊的建立。其次,要选用能够增强儿童与老师互动的特殊器材,如可以将智能交互板、语音识别软件等技术作为媒介,使特殊需要儿童能以更加多样化的形式表达自己,同时也便于教师根据儿童的即时反应调整教学策略,实现更加个性化的指导和支持。最后,要选用有利于促进社交能力的特殊器材,如模拟日常社交场景的软件、角色扮演游戏套装、情绪识别卡片等器材,帮助特殊需要儿童学习和练习社交技能,如轮流、分享、表达情感和理解他人情绪。这些器材的运用可以提高特殊需要儿童的社交意识,减少社交障碍,帮助他们更好融入集体活动。

(四) 无障碍原则

创造性地运用特殊器材和技术手段,消除特殊需要儿童学习路径上的物理、感官或其他障碍,让他们能够平等地参与到学习过程中来是幼儿园融合教育课程调整的一项重要原则。(1) 就物理环境支持来说,可以使用可调节高度的桌椅,确保轮椅使用者也能舒适地参与课堂活动。桌椅设计考虑稳定性,避免倾斜或滑动,保障儿童安全。可以在教室内外铺设不同材质的地面带或使用色彩鲜明的地标,帮助视障儿童导航,同时也增强空间感知能力。(2) 就视听支持来说,可以为视力受限的儿童提供放大镜或大字体书籍,确保他们能清晰阅读学习材料;可以使用助听设备、无线音频系统,保证听力障碍儿童能够接收课堂讲解和互动内容。(3) 就沟通与表达支持来说,可以使用图片交换沟通系统、语音合成器、视觉图卡等,帮助言语障碍儿童表达需求和想法。(4) 就认知和情感支持来说,可以设置"冷静角"配备感官玩具、压力球等,帮助孤独症或其他情绪调节困难的儿童在感到紧张或不安时自我安抚。这些特殊器材不仅帮助特殊需要儿童克服障碍,也提高了所有儿童对多样性的理解和尊重,共同营造一个和谐共融的教育氛围。

(五) 维护儿童尊严原则

在幼儿园融合教育中,维护儿童尊严是特殊器材运用的过程中必须考虑的方面。特殊器材的设计和使用应尽量融入日常教学环境中,避免让儿童感觉到自己因为使用某种器材而被区别对待或标签化。在教学中,可以将某些辅助工具设计得更加通用化、趣味化,让所有儿童都有机会接触和使用,减少特殊需要儿童的孤立感。例如,"多功能感官桌"的设计既可以作为特殊教育中的感官刺激工具,也能融入普通幼儿的探索学习活动中,实现通用化和趣味化的结合。桌子表面可以配备不同材质的面板(如木质、软垫、透明亚克力等),边缘嵌入发光、发声元件。这样的设计既能吸引儿童的视觉和听觉注意,又能提供触觉体验,适合不同感官需求的儿童。同时,桌子的高度和倾斜角度可以调节,方便所有儿童舒适地使用。特殊器材不再仅仅服务于少数特定儿童,而是成为整个班级共享的教育资源,有效减少了特殊需要儿童的孤立感,促进了融合教育环境的建设。如果不能兼顾通用化和趣味化,在使用特殊器材的过程中,教师和家长应采用积极正向的语言和态度,强调器材如何帮助儿童克服挑战、发展能力,而不是过分强调其"不同"之处。通过表扬儿童的努力和进步,可以增强他们的自信心和自我效能感。

二、特殊器材运用的策略

在幼儿园融合教育中,特殊器材运用旨在为特殊需要儿童提供额外的支持,帮助他们更好地参与各类学习和游戏活动,确保教育的包容性和有效性。在教学中常用的策略有:优化物理环境以增强便捷性,应用个性化辅具以提升活动参与度。

(一)优化物理环境以增强便捷性

优化物理环境以增强便捷性的策略根植于环境适应理论和普遍设计原则,旨在为所有儿童,特别是有特殊需要的儿童,创造一个无障碍、包容的学习空间。环境适应理论强调环境因素对个体发展和行为的显著影响。在幼儿园环境中,通过调整布局、提供适应性设施,可以有效支持特殊需要儿童的参与度和学习效率。普遍设计原则是指从最初的设计阶段就考虑到尽可能广泛人群的需求,包括有特殊需要的人群,而不需要后期的特别改编或特殊设计。这意味着幼儿园的设施和活动设计应当默认包含多样性,使得所有儿童,无论能力如何,都能方便、舒适地使用和参与。基于环境适应理论和普遍设计原则,设计无障碍通道,确保幼儿园从教室到户外游戏场的路径平整、宽敞,设置坡道而非台阶,这不仅是对行动不便儿童的考虑,也是对所有儿童友好性的体现;灵活设计幼儿园教室空间布局,教室内部设计应易于调整,如使用可移动桌椅、可调节高度的桌面,这不仅便于根据特殊需要儿童的需要即时调整,也体现了普遍设计中的灵活性和适应性原则,确保所有儿童都能在最适宜的环境中学习。

(二)应用个性化辅具以提升活动参与度

应用个性化辅具以提升活动参与度的策略深受个体差异理论、补偿理论的影响,致力于通过精准匹配的辅具,增强特殊需要儿童在各类活动中的互动、学习和体验,进而促进其整体发展。个体差异理论强调,个性化辅具的设计和应用需基于对特殊需要儿童具体需求的深入了解,确保辅具能够有效弥补其在参与活动时遇到的障碍,促进其潜能的发挥。补偿理论认为通过外部辅助工具可以补偿个体的功能缺失,提高其生活和学习能力。基于个体差异理论和补充理论,在融合教育实践中,针对手部精细动作发展迟缓的儿童,可以使用母子剪刀或辅具剪刀,简化操作难度,补偿儿童手部力量或协调性不足的问题,让他们在手工活动中体验成功的喜悦,增强自我效能感。针对坐姿不平衡没办法全神贯注参与活动的特殊需要儿童,可以提供带扶手的椅子和定制脚垫,帮助儿童维持良好的坐姿,减少体力消耗,使他们能更集中精力于活动内容。针对坐轮椅行动不便的儿童,在地板活动时,可以使用低矮立方椅调整特殊需要儿童的坐姿高度,消除参与障碍,让他们能够与同龄人平视交流,共同享受游戏时光,加深社交互动与情感联结。针对行走不便但是不需要轮椅的儿童,可以采用助行器协助儿童自如行动;针对听障儿童,可以采用手语实时转换语音装置,消除语言交流障碍。

第六节 成人支持

成人支持指的是教师、家长、专业治疗师以及其他成人在教育环境中,通过积极介入、引导和协助,确保特殊需要儿童能够有效参与各项学习活动,促进其全面发展。成人支持的核心在于成人作为引导者、协助者,为特殊需要儿童提供必要且适时的帮助,同时鼓励其独立性和自主性的发展。在幼儿园融合教育课程调整中,成人支持主要指的是教师支持,即教师通过情感支持、技能指导、环境调整、个性化辅助等促进特殊需要儿童更好地参与集体教学活动,提高教育教学质量。

一、成人支持的原则

(一)尊重与接纳

尊重与接纳原则强调融合教育环境中教师对儿童个体差异的全面认识和正面响应。这一原则首先要求教师承认并尊重每个儿童的独特性,包括他们的能力、需求、文化和背景,并将其视为教育资源而非障碍。这意味着,教师需要深入理解每个儿童的个体特征,从而能够提供更加个性化和适宜的支持。其次,成人要避免对儿童进行简单化的分类或贴标签,如"智力落后儿童""学习困难儿童"等,这些标签可能会无意中限制儿童的潜能,影响他们的自我认同,甚至导致同伴间的排斥和隔离。教师应使用积极、中性的语言描述儿童的特点和需求,以非歧视的态度接纳所有儿童,营造一个无偏见的学习环境。

(二)引导与支持

在融合教育中,教师的主要任务是提供必要的支持和资源,帮助儿童克服学习过程中遇到的难题或者是由于自身不足导致的学习困难,而不是代替儿童完成任务。教师应作为引导者和伙伴,鼓励并促进儿童的主动参与,支持儿童在探索和尝试中学习,确保他们在学习活动中有实际操作的机会,而不是被动接受帮助。例如,当儿童在完成一项手工作业遇到困难时,教师应逐渐减少直接援助,采用提示、示范和鼓励的方式,最终让儿童自己动手完成,帮助儿童建立自信,实现自我效能。

(三)反馈与鼓励

有效的反馈和正面鼓励是融合教育成人支持中不可或缺的一部分。根据班杜拉的社会认知理论,自我效能感在个体发展具有重要作用。有效的反馈和鼓励能够增强儿童的自我效能感,激发他们更加积极地参与学习活动,形成良性循环。因此,在教育中,教师应及时给予儿童具体的、建设性的反馈,指出他们做得好的地方,以及如何进一步改进。同时,通过正面的鼓励,如表扬、奖励小星星等,增强儿童的自信心和学习动力,让他们在积极的情感体验中持续进步。教师既要表扬学习活动的结果,更要表扬学习过程中的努力、坚持和创新,及时肯定儿童的进步和尝试,即使是微小的进步和成就也值得表扬。

二、成人支持的策略

在幼儿园融合教育课程调整中,成人支持常用的一些具体策略包括:示范引导、参与儿童游戏、运用赞美和鼓励等。

(一)示范引导

维果茨基的"最近发展区"理论强调成人或更有经验的个体在儿童认知发展中的重要作用,通过成人示范,儿童能够在成人引导下达到更高的认知水平。在融合教育课程中,教师可以通过微调活动形式、工具示范等方式引导特殊需要儿童改变某一行为,获得更好的发展。例如,针对高功能孤独症儿童小明的刻板行为——玩沙时总是将沙子从一个桶倒入另一个桶,反复进行,几乎不尝试其他玩法,也不太注意到其他小朋友的互动或游戏变化。老师轻轻坐在小明旁边,也开始玩沙子,但她加入了一个小变化:用一个小铲子将沙子堆成一个小山,然后用手指在山顶挖一条小河,让沙子缓缓流下。老师边做边说:"看,小河出现了!"老师保持轻松愉快的语调以吸引儿童的注意。当小明开始对老师的沙子小河表现出兴趣时,老师温柔地邀请他:"小明,想不想试试看,让我们的小河连接起来?"同时递给他一把小铲子。通过这种方式,老师不仅展示了新的游戏方式,还创造了与小明互动的机会,鼓励他尝试新的玩耍方法。

(二)参与儿童游戏

成人作为游戏者参与儿童的游戏,可以为儿童提供指导、示范和帮助,协助儿童掌握新技能,同时促进儿童语言和社会行为的发展。兴趣共鸣、行为示范、提供社交支架等是成人参与儿童游戏时常用的策略。兴趣共鸣是指成人在与儿童,特别是特殊需要儿童互动时,能够识别、理解并积极呼应儿童的兴趣点和偏好,让儿童感受到被理解、被尊重和被接纳,从而建立起一种情感上的连接,促进双方的互动与沟通。行为示范指的是成人直接加入儿童的游戏活动,展示恰当的游戏行为、社交技能、问题解决策略等,作为儿童学习和模仿的榜样。提供社交支架是指成人通过临时性的支持和引导,帮助儿童,特别是特殊需要儿童,发展和提升他们的社交技能、沟通能力和游戏互动能力。例如,小刚是一个有孤独症倾向的 4 岁儿童,在幼儿园的自由游戏时间,他经常独自站在一旁,观察其他儿童玩积木,很少主动加入。老师注意到小刚对汽车模型感兴趣,便拿起一辆玩具车,走到积木区,开始构建一条模拟道路,并模仿汽车行驶的声音。老师的目的是吸引小刚的注意,并通过共享兴趣点建立连接。当小刚开始靠近观察时,老师主动说:"小刚,看看我的小车,它要去哪里呢? 我们一起建个停车场吧!"通过直接邀请,老师为小刚提供了一个低压力的社交入口,示范如何在游戏情境中发起互动。在游戏过程中,老师适时引导小刚与其他儿童互动,如:"小刚,你可以问问小杰,他的车想要停在哪里?"通过这样的引导,老师为小刚的社交交流提供了脚手架,帮助他在实践中学习交流技巧。

(三) 运用赞美和鼓励

面对特殊需要儿童,教师巧妙地运用赞美和鼓励尤为重要,不仅能够增强这些儿童的自信心和学习动力,还能够促进他们社交技能的发展以及与同伴间的融合。在教育实践中,教师运用赞美和鼓励要注意:

1. 个性化赞美

教师应识别每位特殊需要儿童的独特能力和进步,哪怕是很小的进步也要及时给予肯定,如"你今天自己穿上了外套,真是太棒了!"这样的具体赞美能让儿童感受到被关注和理解。

2. 更加强调努力过程

对于特殊需要儿童,努力的过程往往比最终的结果更加重要。教师应该赞美他们的尝试和努力,比如"我看到你一直在尝试拼这个拼图,你的坚持让我很感动。"

3. 非言语鼓励

除了言语上的赞美,肢体语言如微笑、点头、竖起大拇指或者给予拥抱也是强有力的鼓励方式,尤其对于那些可能在语言理解上有困难的儿童。

4. 引导同伴鼓励

鼓励其他儿童也参与到赞美的过程中,通过"看,小明今天帮大家摆放椅子,我们一起谢谢他"这样的方式,能够增强特殊需要儿童的归属感和社交互动。

5. 正面反馈循环

建立一个正面反馈的机制,如贴纸或是口头表扬,让特殊需要儿童能够直观地看到自己的进步和受到的肯定。

6. 保持敏感性和尊重

在赞美时注意保持对特殊需要儿童的敏感性和尊重,避免过度强调他们的不同,要将重点放在他们的努力和成就上。

通过以上这些方法,教师不仅可以在行为上给予特殊需要儿童引导,更重要的是可以在情感上给予儿童支持和肯定,帮助特殊需要儿童在鼓励中逐步建立良好的行为习惯,增强社交参与感,同时享受到学习和游戏的乐趣。

同伴支持是融合教育中不可或缺的一部分,指的是在融合教育过程中,通过有意识地安排特殊需要儿童与普通儿童进行互动,使特殊需要儿童能够在日常学习和游戏中得到帮助、鼓励和情感支持。这里的支持是双向的支持,特殊需要儿童在获得帮助的同时,也为同伴提供了学习多样性和增进理解的机会。同伴发挥支持作用的前提是自愿参与,同时需要教师有意识地对普通儿童进行适当的引导,教授他们如何提供有效的支持,包括沟通技巧、耐心和同理心的培养等。

一、同伴支持的原则

（一）平等性原则

平等性原则强调在融合教育环境中,每个儿童,无论其是否有特殊需求,都应该被视为班级不可或缺的一部分,享有同等的尊严、尊重和参与权利。首先,在日常学习、游戏和社交活动中,特殊需要儿童不应被边缘化或被视为旁观者。其次,同伴支持强调的不是单向的帮助,而是双方都能从中获益的关系。特殊需要儿童在获得帮助的同时,也能以他们独特的方式贡献于同伴,可能是通过分享独特的视角、创意或是情感交流,促进普通儿童的同理心、包容性和多元价值观的形成。这种互惠性有助于打破"帮助者—受助者"的传统框架,建立基于相互尊重和学习的伙伴关系。

（二）个性化原则

个性化原则是基于对每个儿童独特性、潜能和需求的深刻认识,要求教育者通过观察、测试、与家长沟通等多种方式,全面了解每个儿童的特点,尤其是特殊需要儿童的具体需求,如孤独症谱系障碍、语言障碍或身体残疾等,基于对儿童的深入了解,精心挑选或安排同伴,确保同伴之间能够互补互助。匹配时考虑的因素包括性格匹配、兴趣相似、学习进度相近等,目的是促进双方的正向互动和相互理解。对于特殊需要儿童,应该寻找有较强同理心、耐心和一定领导力的同伴,以促进有效支持和友好关系的建立。

（三）积极赋权原则

积极赋权原则是指赋予儿童更多的自主性和决策权,促进他们的主动参与,增强他们的自信心和自我效能感。这一原则的应用不仅关注特殊需要儿童,也重视普通儿童的发展,鼓励他们承担更多责任,培养领导力和同理心。在安全和支持性的环境中,教师应鼓励特殊需要儿童根据自己的能力范围做出选择,比如选择学习活动、玩具或游戏伙伴。这种自主选择能增强他们的自我决定感和参与感。通过同伴支持项目,让普通儿童担任"小老师"或"帮助者"的角色,指导特殊需要儿童完成任务,这不仅增强了普通儿童的责任感,还锻炼了他们的沟通、组织和领导能力。在小组活动中,鼓励儿童分担任务,共同完成目标,通过团队合作,特殊需要儿童和普通儿童都能学习到如何相互依赖、协作解决问题,同时培养责任感。

(四)自然性原则

自然性原则强调创造一个贴近儿童天性、贴近日常生活的真实情境,使得同伴支持过程自然、流畅,避免刻意和生硬的介入。这一原则的目的是让特殊需要儿童与普通儿童在无压力、自然的互动中发展社交技能、增进理解和友谊。教师应将同伴支持的理念融入每日的教学活动、游戏活动、日常生活等所有环节中,确保支持行为成为班级日常的一部分,而不是单独设立的特殊环节。利用生活化的情境作为学习资源,如角色扮演游戏、生活技能训练等,让儿童在模拟真实生活的互动中自然学习社交规则、沟通技巧和情绪管理。教师应采取隐性引导的方式,通过非正式对话、自然的身体语言、情景模拟等方式,鼓励儿童之间的互助和交流,而不是直接指示某位儿童去帮助另一位。

(五)反馈与强化原则

反馈与强化原则强调通过正面、及时的反馈和强化机制,增强儿童的积极行为,促进他们的个人成长和社会性发展。这一原则的应用不仅关注对特殊需要儿童的鼓励,也重视对提供支持的普通儿童的肯定,确保双方都能从互动中获得正面的情感体验和成就感。反馈应具体明确,指出儿童做了什么值得表扬的行为,如"你刚才耐心地帮助××完成了拼图,你的耐心和帮助真的很重要",这样能让儿童清楚地知道自己的哪些行为是被赞赏的。强化方式应多样化,既包括言语上的表扬、微笑、点头等非言语肯定,也可以是小贴纸等物质奖励,甚至是更多的自由玩耍时间、特殊任务的分配等非物质奖励,以满足不同儿童的激励需求。确保所有儿童,无论是在支持中提供帮助的一方还是接受帮助的一方,都能获得正面反馈,避免只关注特殊需要儿童的进步而忽略了普通儿童的贡献。

二、同伴支持的策略

同伴支持旨在通过自然、有效的方式促进普通儿童与特殊需要儿童之间的互动与合作,从而实现双方的发展。在教学中,同伴支持的前提是对普通儿童进行必要的引导和培训,常见的策略有示范引导、互助协作、积极鼓励与赞美。

（一）同伴支持前期培训

对普通儿童进行同伴支持培训是至关重要的一步，它不仅能够帮助特殊需要儿童更好地融入集体，还能促进普通儿童的社交技能、情感发展和对多样性的理解与尊重。培训的目标是使普通儿童理解特殊需要同伴的特点和需求，学习如何以积极、有效的方式提供帮助，同时培养他们的同理心、责任感和领导力。培训的具体内容包括基础沟通技巧、情绪理解与支持、耐心与等待、合作与共享等。引导普通儿童掌握简单有效的沟通方法，如清晰简洁的语言、肢体语言的使用、耐心倾听和询问开放式问题，以便更好地与特殊需要儿童交流。引导普通儿童理解特殊需要同伴可能面临的挑战和情绪反应，学习如何在对方感到沮丧或不安时给予安慰和鼓励。引导普通儿童学会耐心等待，理解特殊需要同伴可能需要更多的时间来完成任务，鼓励他们在此过程中提供耐心的支持和鼓励。培养合作精神，通过团队游戏和活动，让普通儿童学会如何在活动中与特殊需要儿童共享任务，共同完成目标。培训的途径有角色扮演、小组讨论、模拟练习等。通过角色扮演，引导普通儿童亲身体验特殊需要同伴的角色和感受，掌握如何在不同情境下提供适当的帮助和支持。通过小组讨论，鼓励普通儿童分享自己在与特殊需要同伴互动时的感受和经验，促进相互理解和学习。通过设计模拟日常活动的练习，如共同完成手工制作、阅读故事书等，让儿童在实践中学习如何给予特殊需要同伴有效支持。

（二）示范引导

同伴示范引导是一种以儿童为中心，促进同伴间相互学习和支持的策略。该策略侧重于利用同伴之间的自然互动来提升特殊需要儿童的社交技能、学习能力和情感发展，同时也增进普通儿童对多样性的理解和接纳。一般来说，在做好同伴支持前期培训工作后，教师接着要做的是挑选出社交技能良好、有同理心、能够积极影响他人的儿童作为示范者。教师需要这些"小导师"通过自己的行为展示如何与特殊需要同伴有效交流和合作，成为其他儿童模仿的榜样。"小导师"可以通过技术示范、社交示范、游戏参与示范等途径发挥引导作用，促进特殊需要儿童各方面发展。第一，技术示范：通过向同伴演示玩具玩法、绘画画法等，帮助特殊需要儿童直观学习新技能。这种"做中学"的方式能够使特殊需要儿童在轻松愉快的氛围中掌握技能。第二，社交示范：在日常活动或游戏时间，安排擅长社交的同伴与特殊需要儿童在一起，通过同伴自然的言行举止，潜移默化地影响特殊需要儿童，促进其社交技能的发展。第三，游戏参与示范：鼓励已有游戏小组的儿童主动邀请特殊需要儿童加入，通过现场展示游戏规则和玩法，让特殊需要儿童在参与中感受到被接纳，逐步融入集体活动。例如，在"捉迷藏"游戏中，老师可以有意安排一位性格开朗、善于交流的幼儿小明与有社交障碍的幼儿小华一组进行。在游戏开始前，小明可以用简单明了的语言说："小华，我们一起玩捉迷藏吧！我会保护你不被找到的！"这种直接而友好的邀请方式，为小华提供了一个融入集体的轻松入口。

游戏中,小明会通过眼神交流、微笑和肢体语言(如拍手、击掌)来表达自己的喜悦和鼓励,还会在寻找躲藏的小朋友时,不时回头确认小华是否跟上,这样的行为展示了团队合作和相互支持的重要性。当轮到小华寻找他人时,小明和其他小朋友会故意留下一些明显的线索,比如故意露出衣角或发出轻微声响,以便让小华更容易找到他们,从而增强他的成就感和参与感。通过这样自然的游戏互动,小华在不知不觉中学习到了如何发起社交邀请,如何在活动中与人协作,以及如何表达胜利的喜悦,这些都对提升他的社交技能大有裨益。

(三) 互助协作

同伴互助协作是一种促进所有儿童共同学习与发展的有效策略,其核心价值在于创造一个包容、互助、尊重差异的学习氛围。互助协作的方式有很多,如小组合作学习:将不同能力水平和背景的儿童分组,鼓励他们在小组活动中相互帮助。设计任务时要确保每个儿童都能贡献自己的力量,并能从他人那里学到东西。可以通过拼图、手工制作或简单的科学实验等互动活动,让儿童在完成任务的过程中自然地交流与合作。如角色扮演和社交技能训练:在角色扮演活动中,特殊需要儿童和其他同伴可以互换角色,让普通儿童扮演有特殊需要的角色,体验他们在日常生活中可能遇到的挑战,如听力障碍、行动不便等。这种角色互换能极大提升儿童的同理心,让他们从内心深处理解特殊需要同伴面临的困难和感受,从而在日常互动中展现出更多的耐心和理解。设计角色扮演游戏时,可以结合特殊需要儿童的具体情况,模拟他们在学校、家庭或社区中可能遇到的实际情境,并进行技能训练,如练习如何协助视力受限的同伴找到座位、如何与言语沟通有障碍的同伴进行简单交流等。通过这些贴近生活的模拟,其他儿童可以学习到实用的帮助技巧,同时特殊需要儿童也能在安全的环境中预演和准备应对策略。

(四) 积极鼓励与赞美

同伴的鼓励与赞美是构建积极、包容学习环境的重要组成部分。这种正面互动不仅能够增强特殊需要儿童的自信心和归属感,还能促进全体儿童的社会情感发展。对于特殊需要儿童而言,来自同伴的正面反馈尤为重要。一句简单的"你做得真好!"或"我很喜欢和你一起玩!"就能够极大地提升他们的自尊心和自信心,让他们感受到被接纳和重视,从而更有动力参与集体活动。在教学中,教师要树立榜样,向其他儿童展示如何给出具体、真诚的赞美,为儿童提供良好的学习范例。鼓励儿童使用正面语言进行交流,教会他们如何在不伤害他人的情况下表达意见。指导儿童根据特殊需要同伴的特点和进步给予个性化的鼓励。比如,对一个正在努力克服语言障碍的儿童,可以夸奖他的勇敢尝试和微小进步;对一个动作协调有困难的儿童,赞美他的坚持和努力。也可以配对完成任务,如搭建乐高、拼图等,特殊需要儿童在同伴的陪伴下,面对挑战时更容易坚持不懈,同伴的正面态度和鼓励会成为他们坚持尝试的动力。

综上所述,同伴支持不仅为特殊需要儿童提供了一种非正式、自然的学习环境,还促进了他们与同龄人之间的积极互动和情感联系。示范引导、互助协作和积极鼓励,不仅帮助特殊需要儿童克服学习和社交上的障碍,也促进了普通儿童的同理心和责任感,形成了一个包容、互助、成长的学习共同体。

第八节　隐形支持

隐形支持指的是在不干扰正常教学流程和儿童自然互动的前提下,巧妙且不显眼地为特殊需要儿童提供必要的支持和帮助,使这些支持看起来像是活动自然发生的一部分,而不是外加的、特殊的干预。这种支持可以是环境上的调整、教学策略的灵活应用,或是同伴间的自然互助,旨在让所有儿童在看似无差别的条件下参与学习和游戏,避免突兀或标签化。

一、隐形支持的原则

(一) 自然性原则

自然性原则是隐形支持策略的核心,其本质在于创造一个看似无形却功能强大的支持体系,确保特殊需要儿童以及所有儿童在不被区分对待的情况下获得所需帮助。这一原则的实施要求教育者在课程设计、环境布置、互动模式等多方面进行细致考量和巧妙安排。教师需将支持策略融入到日常教学活动的每一个细节中,例如,在组织集体活动时,通过小组分配,自然地将特殊需要儿童与能力相匹配的同伴编组,既促进互助,又避免明显的区别对待。在课程内容的选择上,考虑多样性,确保活动难度分层,满足不同能力层次儿童的需要,使得所有儿童都能在符合自身发展水平的任务中找到成就感。环境布置应考虑特殊需要儿童的特殊需求,如设置无障碍通道、使用视觉提示(如图片时间表)等,但这些设计需与教室整体风格保持一致,避免显得突兀。

(二) 差异化原则

差异化原则强调了教育的个性化和适应性,旨在确保每个儿童都能在最适合自己的方式下学习和成长。教师需要仔细观察和评估每个儿童的能力现状,兴趣爱好以及学习风格,了解他们的强项、待提升领域以及偏好,据此调整课程的难度、内容或形式,设计与儿童能力兴趣相匹配的任务和活动,隐形地促进他们的参与度和学习效果。

(三) 渐进式原则

渐进式原则强调根据儿童发展水平动态调整支持程度的重要性,认为随着儿童能力的发展,隐形支持应逐步减少,鼓励儿童的独立性和自主学习。教师需定期评估儿童在认知、情感、社交和生理各方面的发展情况,准确把握每个儿童的进步速度和成就水平。随着儿童能力的提升,教师可以采用梯度式减少支持的方法,即在儿童显示出一定能力后,先减少部分支持,观察效果,再根据实际情况进一步调整。要确保儿童在逐步减少支持的过程中,仍然能经历成功的喜悦,这对增强其自信心至关重要。同时要持续给予儿童正面反馈,强调他们的努力和进步,而不仅仅是结果,从而帮助他们建立"我能做到"的信念。

二、隐形支持的策略

幼儿园融合教育中,隐形支持的具体策略是围绕着如何在不显眼的情况下为儿童提供必要的帮助以促进他们的全面发展。常用的具体策略包括:环境适应性调整、同伴隐形支持、教师隐形支持等。

(一)环境适应性调整

环境作为"看不见的教师",在幼儿园融合教育中扮演着至关重要的角色,尤其在实施隐形支持策略时,环境的调整是首要且基础的内容。良好的环境设计能够无声地促进儿童的学习、社交和情感发展,确保所有儿童都能在其中感受到支持与包容。教室和活动区域应设计成无障碍的,包括宽通道、低矮的储物柜、柔软的地面材料,以及适应不同身体条件的家具,确保所有儿童都能轻松进出和使用。提供多样化的学习材料和工具,按照难易程度分层排列,确保每个儿童都能找到适合自己水平的学习资源,促进自我驱动学习。设计利于小组合作的桌椅布局,促进儿童间的自然交流与合作,通过共同完成任务加强同伴间的互助与理解。

(二)同伴隐形支持

同伴隐形支持强调在不影响活动自然流程的前提下,利用同伴之间的互动和合作,为特殊需要儿童创造出一个支持性的环境。除前文中提到的同伴支持策略外,还可以采用依序轮流、自然融入的策略支持特殊需要儿童发展。这一策略是指在教育活动中,通过有序地安排每个人参与的时机,让特殊需要儿童能在不感受到压力的情况下,逐步适应并自然地加入集体活动中。强调在活动进程中,为特殊需要儿童提供适时的支持与引导,让他们能够在其他成员的自然示范之后,按照个人的节奏参与进来,从而在保持活动顺畅进行的同时,促进其自信与能力的提升。教师首先要深入理解每位儿童的独特能力和需求,据此精心编排活动序列。特殊需要儿童可以被巧妙地安排在中间参与,规避开头的显著焦点和结尾可能产生的紧张感。例如,一次集体艺术创作活动中,先由普通儿童展示多种画笔运用的创意方法,营造出技巧分享的氛围。随后,特殊需要儿童在这样的艺术"对话"中接棒,基于模仿或自己的想法,在同伴的作品上继续添加自己的色彩与构想。这样的安排不仅减轻了对特殊需要儿童直接干预的压力,还维持了活动的自然流动,使创意的接力既是一种技巧的隐形传递,也成为增强儿童自信和参与感的桥梁。

(三) 教师隐形支持

教师隐形支持是指在教育过程中,教师通过非直接教学的方式对儿童的情感、社会性和认知发展提供的支持。这种支持往往体现在教师的行为态度、班级氛围的营造以及对儿童个体差异的尊重和响应中。除前文中提到的成人支持策略外,教师隐形支持策略还包括情感支持和隐形课程的利用等。就情感支持而言,应给予儿童充分的机会表达自己的想法和感受,教师要耐心倾听与理解,提供必要的安慰和建议,对儿童的行为给予积极反馈,即使在指出错误时也要保持建设性和鼓励性。通过日常互动建立师幼间的信任,让儿童尤其是特殊需要儿童感受到被尊重和接纳。就隐形课程的利用而言,教师会通过自身的言行举止作为榜样,传递价值观、态度和行为规范等。教师会关注学习活动的有效衔接和过渡,如为了提升特殊需要儿童在集体讨论中的参与感,设计动静结合的活动序列;如歌唱游戏与听故事穿插进行,通过活动形式的变化吸引其注意力;同时也适应不同儿童的注意力偏好,创造更加包容和吸引的学习氛围。

思考与练习:

1. 说出幼儿园融合教育课程调整的八大策略。
2. 分析幼儿园融合教育课程调整的八大策略在实践中的运用。
3. 尝试自己设计教学活动并说明对幼儿园融合教育课程调整策略的运用。

EIGHT

幼儿园健康教育领域教学调整

学习目标

1. 了解幼儿园健康教育领域目标与内容
2. 掌握幼儿园健康教育领域教学调整
   策略
3. 在健康教育领域教学实践中灵活运用
   课程调整策略

幼儿园健康教育领域教学调整是指在多样的学习环境中,在特殊需要儿童和普通儿童共同参与教学活动的情况下,对健康教育领域的内容、方法和环境进行灵活调整,以满足所有儿童的不同学习需求和能力水平。这种调整旨在确保所有儿童,不论其能力或背景如何,都能在健康教育中获得平等参与的机会,并从中受益。

第一节　健康教育领域教学与调整概述

一、健康与儿童健康

健康的概念超越了单纯的身体无病痛,它是一个综合性的概念,涉及身体、心理以及社会功能的完好状态。这一定义最早由世界卫生组织(WHO)于 1947 年提出,强调

"健康不仅是没有疾病或虚弱,而是身体、心理和社会适应的完全状态"[①]。这一理念后来被称为"整体健康"或"全面健康"。身体健康指的是机体各系统(如循环系统、呼吸系统、消化系统、运动系统等)功能正常,能够有效地完成日常生理活动,没有疾病或异常;涉及适当的营养摄入、规律的体育活动、充足的休息以及避免有害物质的侵害等方面。心理健康涉及情感、心理和社会适应的积极状态,包括自我认识、情绪管理、应对压力的能力以及有意义的生活目标等。社会适应健康指的是个体与周围环境的和谐相处能力,包括建立并维持积极的人际关系、有效沟通以及在社会结构中找到归属感和角色定位等。

霍门(Hoyman H. S.)提出的"健康生态模型"认为理想的健康状态是遗传、环境、自身(或个体特质)和经验这四个因素相互作用的结果。这一模型强调了健康是一个多维度的概念,受到个体内部特征及其所处外部环境的共同影响。模型指出,在影响健康的生态系统中,存在着多种生态因子和条件,这些因子和条件可以是有利的也可以是不利的。有利的生态因子,如良好的家庭环境、积极的社会互动和健康的生活习惯,能够促进个体的健康发展;而不利的因子,则可能构成健康风险,阻碍健康发展。这一模型还暗示了健康干预和促进策略,应综合考虑个体及其环境的多样性,采取多方位、多层次的方法来优化健康状态。

对幼儿来说,健康的重要性尤为突出。这一时期是个体生命早期发展的关键阶段,不仅影响当前的成长状况,还深刻影响其未来的身体素质、认知发展、情感稳定性乃至社会适应能力。第一,幼儿期是构建健康身体的基础,是身体快速生长发育的时期,良好的营养、适量的运动、充足的睡眠和预防接种等,都是构建健康身体的基础。这一时期的健康状况直接影响到骨骼、肌肉、神经系统等的发育,为成年后的健康体质打下坚实基础。第二,幼儿期是心理健康的启蒙阶段。幼儿期是情感、性格、社会行为模式形成的重要时期。一个充满爱、安全感和正面激励的环境,有助于培养幼儿的自信心、同情心、自我控制力和良好的人际交往能力。反之,负面的情感体验可能留下长期的心理阴影,影响其心理健康和社交能力的发展。第三,幼儿期是健康习惯形成的关键期,包括饮食习惯、睡眠习惯、个人卫生习惯等。在这个阶段,通过正面引导和榜样示范,可以帮助幼儿建立起健康的生活方式,这些习惯一旦形成,将对他们的一生产生深远影响。第四,幼儿期是认知与学习能力发展的关键期,健康的身体和心理状态是幼儿认知能力发展的前提。良好的健康促进大脑的健康发展,提高注意力、记忆力和解决问题的能力,为学习新知识和技能提供支撑。此外,健康的身体允许幼儿更积极参与各种探索和学习活动,促进其认知经验的积累。第五,幼儿期是社会化过程中的重要阶段。在幼儿

---

① Constitution of the World Health Organization. Chronicle of the WHO[S]. Geneve: World Health Organization,1947:3.

园集体环境中,幼儿开始学习社会规则、分享、合作等社会技能。健康的身体和心理状态有助于他们更好地适应集体生活,建立积极的同伴关系,减少焦虑和排斥感,促进社会情感的发展。幼儿期的健康不仅关乎其当下的福祉,更是为其一生的身心健康、学习成就和社会适应能力奠定基础。

二、幼儿园健康教育领域目标与内容

1954 年,世界卫生组织"健康教育专家委员会"在一份报告中提出:"健康教育和一般教育一样,关系到人们知识、态度和行为的改变。一般说来,它致力于引导人们形成有利于健康的行为习惯,以达到最佳的健康状态。"[①]这份报告强调,健康教育是一个过程,通过这个过程连接健康知识与实际行为,旨在促进个人和社会的健康改进。我国学者将健康教育定义为:旨在通过有计划、有组织、有系统的教育活动提高人们的卫生知识水平,改变人们的认识、态度和行为,鼓励人们形成有利于健康的生活方式……[②]

幼儿从进入幼儿园或其他教育机构开始,就会接受正规和非正规的健康教育。[③]正规的健康教育通常指的是教育机构根据国家教育部门制定的标准,有计划、有组织地进行的健康教育课程。这些课程可能包括基本的卫生习惯培养(如洗手、刷牙)、营养知识学习、身体锻炼、安全教育以及初步的情感与心理健康指导等。非正规的健康教育则更多地体现在日常生活的点滴中,如教师和保育员通过示范、游戏、故事讲述等方式,潜移默化地向幼儿传授健康知识和生活习惯。此外,幼儿园的环境布置、日常规则设置(如定时饮水、合理安排作息)也是非正规健康教育的一部分,它们共同促进幼儿健康行为的形成。

根据《幼儿园教育指导纲要(试行)》和《3—6 岁儿童学习与发展指南》,幼儿园健康教育领域主要的目标和内容要求具体如下。

《幼儿园教育指导纲要(试行)》指出,健康领域目标为:[④]

1. 身体健康,在集体生活中情绪安定、愉快;

2. 生活、卫生习惯良好,有基本的生活自理能力;

3. 知道必要的安全保健常识,学习保护自己;

4. 喜欢参加体育活动,动作协调、灵活。

针对以上健康领域目标,具体的内容与要求包括:

1. 建立良好的师生、同伴关系,让幼儿在集体生活中感到温暖,心情愉快,形成安全感、信赖感。

---

① 世界卫生组织. 健康教育专家委员会报告[R].日内瓦:世界卫生组织,1954:89.
② 朱家雄.现代儿童保健百科全书[M].上海:中国大百科全书出版社上海分社,1994:334.
③ 朱家雄.幼儿园课程[M].3 版.上海:华东师范大学出版社,2022:143.
④ 教育部. 教育部关于印发《幼儿园教育指导纲要(试行)》的通知[EB/OL]. (2001 - 07 - 02). http://www.moe.gov.cn/srcsite/A06/s3327/200107/t20010702_81984.html.

2.与家长配合,根据幼儿的需要建立科学的生活常规。培养幼儿良好的饮食、睡眠、盥洗、排泄等生活习惯和生活自理能力。

3.教育幼儿爱清洁、讲卫生,注意保持个人和生活场所的整洁和卫生。

4.密切结合幼儿的生活进行安全、营养和保健教育,提高幼儿的自我保护意识和能力。

5.开展丰富多彩的户外游戏和体育活动,培养幼儿参加体育活动的兴趣和习惯,增强体质,提高对环境的适应能力。

6.用幼儿感兴趣的方式发展基本动作,提高动作的协调性、灵活性。

7.在体育活动中,培养幼儿坚强、勇敢、不怕困难的意志品质和主动、乐观、合作的态度。

《3—6岁儿童学习与发展指南》指出,健康领域的目标主要包括身心状况、动作发展、生活习惯与生活能力三个方面,不同年龄段儿童具体发展目标如下:[①]

(一)身心状况

目标1:具有健康的体态

3～4 岁	4～5 岁	5～6 岁
1.身高和体重适宜。 参考标准: 男孩: 身高:94.9—111.7厘米 体重:12.7—21.2公斤 女孩: 身高:94.1—111.3厘米 体重:12.3—21.5公斤 2.在提醒下能自然坐直、站直。	1.身高和体重适宜。 参考标准: 男孩: 身高:100.7—119.2厘米 体重:14.1—24.2公斤 女孩: 身高:99.9—118.9厘米 体重:13.7—24.9公斤 2.在提醒下能保持正确的站、坐和行走姿势。	1.身高和体重适宜。 参考标准: 男孩: 身高:106.1—125.8厘米 体重:15.9—27.1公斤 女孩: 身高:104.9—125.4厘米 体重:15.3—27.8公斤 2.经常保持正确的站、坐和行走姿势。

目标2:情绪安定愉快

3～4 岁	4～5 岁	5～6 岁
1.情绪比较稳定,很少因一点小事哭闹不止。 2.有比较强烈的情绪反应时,能在成人的安抚下逐渐平静下来。	1.经常保持愉快的情绪,不高兴时能较快缓解。 2.有比较强烈情绪反应时,能在成人提醒下逐渐平静下来。 3.愿意把自己的情绪告诉亲近的人,一起分享快乐或求得安慰。	1.经常保持愉快的情绪。知道引起自己某种情绪的原因,并努力缓解。 2.表达情绪的方式比较适度,不乱发脾气。 3.能随着活动的需要转换情绪和注意。

① 教育部.教育部关于印发《3—6岁儿童学习与发展指南》的通知[EB/OL].(2012-10-09).http://www.moe.gov.cn/srcsite/A06/s3327/201210/t20121009_143254.html.

目标3 具有一定的适应能力

3～4岁	4～5岁	5～6岁
1. 能在较热或较冷的户外环境中活动。 2. 换新环境时情绪能较快稳定,睡眠、饮食基本正常。 3. 在帮助下能较快适应集体生活。	1. 能在较热或较冷的户外环境中连续活动半小时左右。 2. 换新环境时较少出现身体不适。 3. 能较快适应人际环境中发生的变化。如换了新老师能较快适应。	1. 能在较热或较冷的户外环境中连续活动半小时以上。 2. 天气变化时较少感冒,能适应车、船等交通工具造成的轻微颠簸。 3. 能较快融入新的人际关系环境。如换了新的幼儿园或班级能较快适应。

（二）动作发展

目标1 具有一定的平衡能力,动作协调、灵敏

3～4岁	4～5岁	5～6岁
1. 能沿地面直线或在较窄的低矮物体上走一段距离。 2. 能双脚灵活交替上下楼梯。 3. 能身体平稳地双脚连续向前跳。 4. 分散跑时能躲避他人的碰撞。 5. 能双手向上抛球。	1. 能在较窄的低矮物体上平稳地走一段距离。 2. 能以匍匐、膝盖悬空等多种方式钻爬。 3. 能助跑跨跳过一定距离,或助跑跨跳过一定高度的物体。 4. 能与他人玩追逐、躲闪跑的游戏。 5. 能连续自抛自接球。	1. 能在斜坡、荡桥和有一定间隔的物体上较平稳地行走。 2. 能以手脚并用的方式安全地爬攀登架、网等。 3. 能连续跳绳。 4. 能躲避他人滚过来的球或扔过来的沙包。 5. 能连续拍球。

目标2 具有一定的力量和耐力

3～4岁	4～5岁	5～6岁
1. 能双手抓杠悬空吊起10秒左右。 2. 能单手将沙包向前投掷2米左右。 3. 能单脚连续向前跳2米左右。 4. 能快跑15米左右。 5. 能行走1公里左右(途中可适当停歇)。	1. 能双手抓杠悬空吊起15秒左右。 2. 能单手将沙包向前投掷4米左右。 3. 能单脚连续向前跳5米左右。 4. 能快跑20米左右。 5. 能连续行走1.5公里左右(途中可适当停歇)。	1. 能双手抓杠悬空吊起20秒左右。 2. 能单手将沙包向前投掷5米左右。 3. 能单脚连续向前跳8米左右。 4. 能快跑25米左右。 5. 能连续行走1.5公里以上(途中可适当停歇)。

目标 3　手的动作灵活协调

3～4 岁	4～5 岁	5～6 岁
1. 能用笔涂涂画画。 2. 能熟练地用勺子吃饭。 3. 能用剪刀沿直线剪，边线基本吻合。	1. 能沿边线较直地画出简单图形，或能边线基本对齐地折纸。 2. 会用筷子吃饭。 3. 能沿轮廓线剪出由直线构成的简单图形，边线吻合。	1. 能根据需要画出图形，线条基本平滑。 2. 能熟练使用筷子。 3. 能沿轮廓线剪出由曲线构成的简单图形，边线吻合且平滑。 4. 能使用简单的劳动工具或用具。

（三）生活习惯与生活能力

目标 1　具有良好的生活与卫生习惯

3～4 岁	4～5 岁	5～6 岁
1. 在提醒下，按时睡觉和起床，并能坚持午睡。 2. 喜欢参加体育活动。 3. 在引导下，不偏食、挑食。喜欢吃瓜果、蔬菜等新鲜食品。 4. 愿意饮用白开水，不贪喝饮料。 5. 不用脏手揉眼睛，连续看电视等不超过 15 分钟。 6. 在提醒下，每天早晚刷牙、饭前便后洗手。	1. 每天按时睡觉和起床，并能坚持午睡。 2. 喜欢参加体育活动。 3. 不偏食、挑食，不暴饮暴食。喜欢吃瓜果、蔬菜等新鲜食品。 4. 常喝白开水，不贪喝饮料。 5. 知道保护眼睛，不在光线过强或过暗的地方看书，连续看电视等不超过 20 分钟。 6. 每天早晚刷牙、饭前便后洗手，方法基本正确。	1. 养成每天按时睡觉和起床的习惯。 2. 能主动参加体育活动。 3. 吃东西时细嚼慢咽。 4. 主动饮用白开水，不贪喝饮料。 5. 主动保护眼睛。不在光线过强或过暗的地方看书，连续看电视等不超过 30 分钟。 6. 每天早晚主动刷牙，饭前便后主动洗手，方法正确。

目标 2　具有基本的生活自理能力

3～4 岁	4～5 岁	5～6 岁
1. 在帮助下能穿脱衣服或鞋袜。 2. 能将玩具和图书放回原处。	1. 能自己穿脱衣服、鞋袜、扣纽扣。 2. 能整理自己的物品。	1. 能知道根据冷热增减衣服。 2. 会自己系鞋带。 3. 能按类别整理好自己的物品。

目标 3　具备基本的安全知识和自我保护能力

3～4 岁	4～5 岁	5～6 岁
1. 不吃陌生人给的东西，不跟陌生人走。 2. 在提醒下能注意安全，不做危险的事。 3. 在公共场所走失时，能向警察或有关人员说出自己和家长的名字、电话号码等简单信息。	1. 知道在公共场合不远离成人的视线单独活动。 2. 认识常见的安全标志，能遵守安全规则。 3. 运动时能主动躲避危险。 4. 知道简单的求助方式。	1. 未经大人允许不给陌生人开门。 2. 能自觉遵守基本的安全规则和交通规则。 3. 运动时能注意安全，不给他人造成危险。 4. 知道一些基本的防灾知识。

三、幼儿园健康教育领域教学调整

幼儿园健康教育是促进幼儿全面发展的重要组成部分,旨在培养幼儿良好的生活习惯、基本的运动能力、自我保护能力和积极的情感态度。在融合教育背景下,做好幼儿园健康教育领域的教学调整以满足所有儿童的发展需求,可以从教学目标、教学内容、教学组织与实施以及教学评价四个方面,灵活采用课程调整策略展开。

1. 教学目标调整

制定教学目标时,既要确保普遍适用于所有儿童,又要考虑特殊需要儿童的个性化需求。目标应包括促进身体发展、情感健康、个人卫生习惯、自我保护能力等,同时强调对差异的尊重和接纳。如目标"儿童能够识别并表达自己的基本情绪,并学会至少一种调节情绪的方法",对于孤独症儿童,这个目标可能就需要调整为"通过使用情绪表情图卡,识别并指认出四种基本情绪"。

2. 教学内容调整

内容设计需兼顾多样性和适应性,内容应包含健康饮食、运动锻炼、个人卫生习惯、情绪管理、自我保护等,并融入包容性价值观教育。在开展个人卫生习惯教育时,对于"正确的洗手步骤"内容,为了适应不同能力的儿童,可以设计分层次的活动:普通儿童可以通过歌曲和舞蹈等学习洗手步骤;而对于特殊需要儿童如学习困难儿童,可以为他们提供视觉提示图卡辅助记忆,学习手部清洁。

3. 教学组织与实施调整

在不影响集体教学活动基础上,针对特殊需要儿童实际情况,采用嵌入式教学策略,通过调整活动难度、提供辅助工具、发挥教师和同伴支持作用等,确保所有儿童都能有效参与学习过程。例如,在实施"健康饮食"主题中的"蔬菜拼盘制作比赛"活动时,采用小组合作的方式,有意识地将能力强的普通儿童和特殊需要儿童分在一个小组,普通儿童负责切割操作较简单安全的蔬菜,而特殊需要儿童在成人辅助下负责摆放蔬菜,这样既保证了安全性,又促进了团队合作与交流。

4. 教学评价调整

采用观察记录、作品展示、同伴评价等多种评价方式,不仅关注儿童的知识掌握情况,更重视其在活动中行为习惯、情感态度的变化和发展以及努力的程度。例如,在评估"身体协调性"时,可以采用视频记录与自我反思结合的方式。对普通儿童,可以让他们观看自己参与体育活动的视频,自我评价动作是否标准;对特殊需要儿童,如动作发展迟缓儿童,评价时关注他们在活动中的努力程度和技巧进步,同时收集家长的反馈,了解儿童在家中的身体动作协调实际情况,形成一个综合的、发展导向的评价报告。

第二节　健康教育领域教学活动调整案例与分析

健康领域案例资源

一、小班：小兔子拔萝卜①

第一部分：特殊需要儿童基本情况

轩轩，3 岁进入幼儿园，在动作、语言、认知等方面的发展均落后于同年龄段幼儿，经某脑科医院诊断为广泛性发展迟缓。目前是幼儿园小班幼儿，能够在老师的帮助下，正常参与班级的一日生活。

轩轩具有基本的生活自理能力，能够自己穿衣、吃饭、入厕等，但因为动作不协调，在生活自理方面有一定的困难，比较依赖老师的帮助；大运动方面发展落后明显，走、跑、跳等动作不协调，只能够并步上下楼梯，且需要借助扶手或成人的帮助；语言表达能力较弱，发音不清晰，能用 2—3 个词语组合，表达自己的需求，很少有完整句子的表达；在集体活动中注意力容易被周围事物吸引，参与统一游戏的时间比较短暂。

轩轩和班级老师、同伴的关系比较亲近，在班级的一日活动中比较依赖教师或同伴的帮助；在游戏中，可以和同伴进行简单的交流，喜欢和同伴一起玩；在遇到困难的时候，有较强的畏难情绪，易出现哭闹、发脾气等情绪崩溃的现象。

【知识链接】

发展迟缓儿童身心发展特点

发展迟缓（development delay），也称发展迟滞。主要指儿童在身体器官功能、认知、感知觉、动作、语言及沟通、社会心理、情绪及自理能力等发展项目上有一种、数种或全面的发展速度落后、发展顺序异常或发展水平上的异常等。发展迟缓儿童所具有的障碍可能不止一种，有些儿童可能在多方面迟缓，即在多方面的发展进度或质量上较同龄儿童落后，如既具有认知发展迟缓，又具有动作发展迟缓。②

第二部分：教学内容分析

选择体育活动《小兔子拔萝卜》作为小班健康活动的教学内容，既基于幼儿的现阶段的发展水平，也蕴含着促进普通幼儿和特需幼儿语言表达能力发展的重要价值。

---

① 本案例与分析由北京东路小学附属阳光幼儿园吴琦老师撰写

② 王辉.特殊儿童教育诊断与评估[M].南京：南京大学出版社，2024：66 - 67.

首先,基于幼儿现有发展水平。幼儿阶段是儿童身体发育和机能发展极为迅速的时期,通过多种活动发展幼儿身体的协调性和灵活性,是现阶段开展幼儿健康活动的重要方式。目前本班幼儿已掌握双脚并拢向前行进跳的技能,特需幼儿也能够掌握双脚并拢向前跳1—2步的技能,幼儿对进一步学习从高处向下跳的动作技能有一定的经验准备。

其次,营造轻松、趣味的语言环境。对于小班幼儿来说,游戏化的教学方式对于幼儿的学习具有独特的价值,创设小兔子拔萝卜、跳石头的游戏情境,能够更好地调动幼儿参与游戏的积极性,帮助幼儿理解动作要领,并通过游戏化的情境进行动作练习,从而促进幼儿动作技能的发展和语言表达能力的提升。

最后,促进特需幼儿动作技能的发展。对于动作发育迟缓的幼儿来说,完成普通幼儿的活动目标是有困难的,需要教师采取适宜的策略,支持他们动作技能的发展。"小兔子拔萝卜"的活动,以集体游戏的形式展开,教师通过不同层次的材料提供、多种方式的支持策略,既能有效促进动作发育迟缓儿童的跳跃技能,还能在轻松愉快的氛围中提高他们的兴趣和参与度,有助于他们在安全、有趣的环境中逐步克服动作发展上的挑战。

第三部分:融合教育教案

领域	健康		班级	小三班	执教者	吴老师
主题	小兔乖乖		课题	小兔子拔萝卜		
学情分析	普通幼儿	班级幼儿日常的体育活动中有较多关于跳的经验,基本能够掌握双脚并拢向前行进跳的动作技能,在日常生活中也有从高处跳下的经验,但还没有提炼出规范的动作要领。				
	特需幼儿	轩轩,广泛性发展迟缓,粗大动作发展尤其落后,上下楼梯需要借助扶手或成人的帮助,能够双脚并拢向前跳1—2步,在日常体育活动中跳的动作大多需要借助辅助物或成人、同伴的搀扶。				
学习目标	普通幼儿	1. 尝试从15—30 cm的高处跳下,锻炼腿部肌肉力量,发展身体的协调性和平衡性。 2. 通过探索、观察模仿、练习等,掌握从高处跳下时双脚站稳、膝盖弯曲、轻轻落地跳的动作要领。 3. 能勇敢地从高处跳下,体验游戏的乐趣。				
	特殊幼儿	1. 尝试从5—10 cm的高处跳下,锻炼腿部肌肉力量,发展身体的协调性和平衡性。 2. 通过探索、观察模仿、练习、借助辅助等,掌握从高处跳下时双脚站稳、膝盖弯曲、轻轻落地跳的动作要领。				
教学方法	普通幼儿	启发式教学法、自主学习法、情境教学法				
	特需幼儿	正强化、情境教学法				

教学准备	物质准备	1. 不同高度的跳台一套(不同厚度的地垫供轩轩使用)、小门洞、斜坡垫、标志桶(起点和终点标志)。 2. 自制"萝卜"若干,筐 2 个,参考音乐《兔子跳跳跳》和《闪烁的小星》。 3. 在自选站位时,引导轩轩站在队伍边缘,便于教师指导,避免碰撞。
	经验准备	幼儿会双脚并拢向前行进跳。

<table>
<tr><td colspan="4" align="center">教学活动</td></tr>
<tr><td>教学环节</td><td>教师活动</td><td>班级幼儿活动</td><td>特需幼儿活动</td></tr>
<tr>
<td>一、热身运动</td>
<td>教师扮演兔妈妈,幼儿扮演兔宝宝,带领幼儿随音乐做跳跃、拍手、学猫叫、东张西望、小碎步等动作。(配乐建议《兔子跳跳跳》)</td>
<td>跟随音乐的节奏,模仿教师动作,做出相应的动作。</td>
<td>愿意跟随音乐的节奏,模仿教师动作。教师随时关注轩轩的动作,需要时进行动作上的帮助,或安排配班教师站在轩轩附近,在有需要时进行个别指导。</td>
</tr>
<tr>
<td>二、学习高处跳下动作</td>
<td>1. 情境导入,引出活动。
教师:今天我们要去森林里拔萝卜,可是森林里有很多大石头,兔宝宝们要学会从大石头上安全地跳下来,不受伤才能跟妈妈去拔萝卜。
2. 教师引导幼儿自由探索从高处安全跳下的动作,教师观察幼儿掌握的情况。
(1) 教师:小兔子跳下来的时候不能摔倒,不能惊动大灰狼哦!
(2) 幼儿自由探索练习。
3. 集体交流。
(1) 教师请个别幼儿示范从高处跳下的动作。
教师:刚刚有一只小兔子跳下来的时候又轻又稳,我们看看她是怎么跳下来的。
(2) 教师示范动作,强调从高处跳下的动作要领:双脚站稳、膝盖弯曲、前脚掌轻轻落地。
4. 幼儿再次自由练习,教师重点关注幼儿是否能掌握"双脚站稳、膝盖弯曲、前脚掌轻轻落地"等动作要领。</td>
<td>1. 自由练习,尝试从高处跳下,并通过多次探索、观察模仿同伴的动作,调整自己跳下的动作。

2. 在集体交流环节,能够通过动作和简单的语言,分享从高处跳下的动作技能。

3. 能够认真倾听讲解、观察教师的动作示范和练习模仿,学习"双脚站稳、膝盖弯曲、前脚掌轻轻落地"等动作要领。</td>
<td>1. 尝试练习从高处跳下,为轩轩提供高度较低的跳台(5—10 cm),地垫可放置在有扶手的场地。

2. 尝试从最低的跳台上跳下来,如果有困难,可借助扶手或教师为轩轩提供动作支持。

3. 在教师的引导下,观察模仿教师和同伴的动作示范,练习模仿,当轩轩能够达成目标时,进行击掌点赞,并逐步撤出支持或挑战更高的高度。</td>
</tr>
</table>

教学活动			
教学环节	教师活动	班级幼儿活动	特需幼儿活动
三、游戏"小兔子拔萝卜"	1. 教师讲解游戏,并邀请一名幼儿示范游戏的玩法和规则。 教师:兔宝宝都学会了本领,要跟着兔妈妈一起先钻过山洞,再跳过石头,接着滚过山坡,最后拔一个萝卜回家。 2. 幼儿分成三队进行游戏,教师及时提醒幼儿按规则游戏。(其中一组跳台高度适合轩轩的高度,并撤除斜坡障碍) 3. 幼儿再次游戏,提醒幼儿从高处跳下的时候,双脚站稳、膝盖弯曲、前脚掌轻轻落地。	1. 幼儿自选适合自己难度的道路游戏,前往"萝卜地",拔一个萝卜回家。 2. 能够遵守游戏规则,按照指定路线游戏。 3. 在老师的提醒下,关注从高处落下的动作:双脚站稳、膝盖弯曲、前脚掌轻轻落地。	1. 在老师的引导下,选择最简单的路线游戏,到达萝卜地后拔一个萝卜回家。 2. 有需要时在辅助物或教师的协助下完成从高处跳下的动作,教师可关注轩轩的情况,调整相应游戏路线的材料摆放。 3. 在轩轩跳之前,有语言和动作的提示,关注"双脚站稳、膝盖弯曲、前脚掌轻轻落地"的动作要领。
四、结束活动	1. 教师带领幼儿随音乐做轻轻踢腿、拍打小腿肚等放松动作。(配乐建议《闪烁的小星》) 2. 教师组织幼儿共同收拾整理游戏器材。	1. 在老师的带领下随音乐进行放松活动。 2. 协助老师收拾整理游戏材料。	1. 在老师的带领下随音乐进行放松活动,有需要时,为轩轩提供动作帮助。 2. 请轩轩拿取较轻、较小的材料。

第四部分:教师分析

1. 活动简化

根据轩轩现有发展水平,轩轩可以双脚并拢向前跳 1—2 步,基本具备从高处跳下的动作基础,但根据平时下楼梯时的情况推测,从 15—30 cm 的高处跳下,可能会遇到困难,因此,在本次活动中,通过降低高度目标,来为轩轩降低难度,重点支持轩轩学习从高处跳下的动作要领。通过降低难度,轩轩基本可以达成从 5—10 cm 的高处跳下。

2. 素材调整

根据活动目标,在本次活动的游戏材料上,做了两个方面的调整,第一是在跳台的高度上提供了不同层次:5 cm、10 cm、15 cm、30 cm,能够为轩轩提供适宜的高度,练习从高处跳下的动作技能;第二是在小兔拔萝卜的游戏环节中,为轩轩提供了一条难度相对较低的游戏路线,除了石头高度降低外,还根据平时轩轩在体育活动中的情况,减少了从斜坡上滚下的环节。

3. 幼儿喜好的运用

不论对于普通幼儿,还是对于特需幼儿来说,动作技能的学习和反复练习都是既枯燥、又耗费体力的,因此在本次活动中,小兔子拔萝卜的情境贯穿始终,通过创设从石头上跳下来的游戏情境,引导幼儿进行练习,大大提高了幼儿参与游戏的兴趣。

4. 环境支持

在学习"双脚站稳、膝盖弯曲、前脚掌轻轻落地"动作要领的过程中,教师选择有扶手的跳台作为轩轩练习的场地,在轩轩不敢跳时,可以借助扶手跳下,增强成功跳跃的可能性。

5. 成人支持

在活动过程中,主班教师和配班教师随时关注轩轩的情况,在需要的时候给予所需的帮助,如动作上的帮助、语言和动作的提示、达成目标后的肯定,有效支持轩轩的学习。

第五部分:园长(教学骨干)点评

《小兔子拔萝卜》是一次成功的融合教育实践,它体现了以儿童为中心的教育理念,通过差异化教学、个性化素材选择、幼儿喜好的运用、环境支持和成人支持,为特殊需要儿童提供了适宜的学习机会,同时也为其他儿童的发展创造了条件。

首先,活动的设计体现了对轩轩个体差异的尊重和适应。通过降低动作难度,使轩轩能够在自己能力范围内成功体验从高处跳下的动作,这种调整既保护了轩轩的自信心,又避免了挫败感,是一次非常有效的差异化教学策略。

其次,活动在素材选择上展现了高度的灵活性和创造性。提供不同高度的跳台和调整游戏路线,不仅为轩轩,也为其他儿童提供了个性化的学习路径。这种多样化的设置能够满足不同能力水平儿童的需求,促进每个儿童在适宜的挑战中得到发展。

再次,活动巧妙地运用了幼儿的喜好来提高参与度。通过小兔子拔萝卜的情境设计,将动作技能的学习和练习转化为有趣的游戏,有效地激发了幼儿的兴趣和动机,使他们在愉悦的氛围中进行学习和锻炼。

此外,环境的支持在活动中发挥了重要作用。有扶手的跳台为轩轩提供了必要的物理支持,帮助他克服恐惧,增强了成功完成任务的信心。这种环境的适配对于特殊需要儿童尤为重要。

最后,成人的支持是活动成功的关键。教师的及时关注和适当帮助,为轩轩提供了一个安全和支持的学习环境。教师的肯定和鼓励也进一步增强了轩轩的成就感和自我效能感。

(点评者:北京东路小学附属阳光幼儿园马骏园长)

二、中班：一起摘水果[①]

第一部分：特殊需要儿童基本情况

崇崇，女孩，2017年1月10日出生，脑颜面血管瘤伴右侧偏瘫，智力残疾二级，肢体残疾三级。崇崇父母均受过高等教育，家有姐姐已上小学四年级。妈妈孕期因癫痫，在医生的嘱咐下曾服用过"奥卡西平口服混合悬液"。崇崇出生后就诊断为脑颜面血管瘤伴右侧偏瘫，曾做过大脑纤维离断术，后期经医生诊断，崇崇左侧青光眼，右侧偏瘫，且伴随癫痫。2022年3月入园时，左脸至左侧脑部、脖颈处呈枣红色，左侧脸大于右侧脸，右侧手指卷至手心蜷缩着。目前就读于昆明学院附属幼儿园星星班，正常参与班级一日活动。

1. 适应行为方面

崇崇具有基本的生活自理能力，能自己独立用健侧手（左手）吃饭、如厕、喝水、脱鞋脱袜脱裤子，大小便会自控。在老师提醒下健侧手补偿能完成穿鞋、穿裤子，其他活动（穿衣、穿袜等）需要老师帮助。

2. 动作发展方面

崇崇精细活动优于粗大动作发展，且均用健侧手完成，需要患侧手协助或参与的活动均不能完成。粗大动作方面能独立行走、跑，跳需要给予一只手辅助，会使用健侧手爬行，但支撑时间短且贴在地面用胸腹、头部代偿。精细活动方面，能使用健侧手完成敲打、手指挤压、放入容器、拉开、三指抓握、握笔涂鸦、转动门把手等活动。

3. 认知方面

崇崇在知觉发展、简单命名方面能力突出，数学、逻辑推理、阅读理解较弱。能听懂和理解生活中简单的指令并执行，处于短时记忆，很容易遗忘。

4. 社会情绪方面

崇崇在有序的活动中情绪较为稳定，在受他人、环境干扰下情绪容易激动，常常大笑、快速跑；集体教学时注意力分散。在情绪行为、游戏行为、心智理论方面表现不太理想。

5. 社交沟通方面

崇崇语言表达清晰，生活中会有刻板语言出现，喜欢重复说。生活中非常有礼貌，很热情，喜欢和他人互动、交流。能听指令、回答简单的问题。

---

① 本案例由昆明学院附属幼儿园王姗撰写，高春玲、曾慧指导

【知识链接】

脑瘫儿童身心发展特点

脑性瘫痪(cerebral palsy,CP)简称脑瘫,是一组持续存在的中枢性运动和姿势发育障碍、活动受限症候群,这种症候群是由于发育中的胎儿或婴幼儿脑部非进行性损伤所致。国内外报道目前脑瘫的患病率为 1.4‰—3.2‰,我国 1—6 岁脑瘫患病率为 2.46‰。[1]脑瘫儿童由于存在脑损伤,可能伴发感觉、知觉、认知、交流和行为障碍,癫痫和继发性肌肉、骨骼问题,以及疼痛、癫痫、智力低下、胃肠道问题、睡眠障碍和视/听觉障碍等各种受神经系统调控的疾病,这些可能比运动障碍对功能和生活质量的影响更大。[2] 另外,脑瘫儿童中大部分存在不同程度的上肢运动协调障碍和手功能障碍,痉挛型偏瘫儿童表现更为显著。[3] 痉挛型脑瘫以锥体系损伤为主,包括皮质运动区及传导束损伤,存在全身屈曲、运动范围小、活动应变能力弱、分离运动受限等姿势运动障碍,同时肌力、肌张力异常。由于脑瘫儿童存在运动和姿势障碍、生活自理困难等诸多原因,导致其自我照顾能力及参与游戏能力较低,对生活质量和社会活动有很大影响。[4]

第二部分:教学内容分析

基于中班儿童的身心年龄特点、班级主题活动教育考量、脑瘫儿童的综合评估现状,选择《一起摘水果》在健康领域开展教学内容。

1. 基于中班儿童的身心年龄特点,发展同伴合作能力

4—5 岁儿童开始出现合作行为,但很少能出现自发的合作行为,他们需要老师为其创设与同伴交往和合作的环境,组织或分配小组共同活动来培养合作行为。在《一起摘水果》活动中,"过独木桥"和"运水果"两个环节充分给予了儿童同伴合作的机会。

---

① 中国康复医学会儿童康复专业委员会,中国残疾人康复协会小儿脑性瘫痪康复专业委员会,中国医师协会康复医师分会儿童康复专业委员会,等.中国脑性瘫痪康复指南(2022)第一章:概论[J].中华实用儿科临床杂志,2022,37(12):887 - 892.

② Morgan C, Fetters L, Adde L, et al. Early interventionfor children aged 0 to 2 years with or at high risk of cere-bral palsy: International clinical practice guideline based onsystematic reviews[J].JAMA Pediatr, 2021, 175(8):846 - 858.

③ Chin T Y, Duncan J A, Johnstone B R, et al. Management of theupper limb in cerebral palsy[J]. J Pediatr Orthop B, 2005, 14(6):389 - 404.

④ 马红颖,刘建军,何学金,等.节律性听觉刺激对脑性瘫痪患者步态改善的系统综述[J].中国康复理论与实践,2023,29(12):1386 - 1394.

2. 创设情景,贴近儿童生活且富有游戏性

活动以游戏为主,通过创设"汪汪队帮助小熊摘水果"的活动情景和一封封信,循序渐进地引出四个环节的活动规则:过独木桥、摘苹果、摘西瓜、运水果。活动不仅贴近儿童的实际经验和兴趣点,而且提高了他们的参与度和学习效率。

3. 促进脑瘫儿童患侧手功能的运用与康健

脑瘫儿童习惯运用健侧上肢或下肢完成活动,患侧一边常常因为不用、少用,从而导致运动范围小、活动应变能力弱、分离运动受限等问题。在《一起摘水果》活动中,"摘苹果"环节注重脑瘫儿童患侧手精细功能诱发,"摘西瓜"中需要捧、抱西瓜,注重两只手的配合,即健侧手代偿。这样的活动设计基于脑瘫儿童的能力现状,同时对于其患侧手的功能康复也有帮助,也兼顾了两类儿童的发展。

第三部分:融合教育教案

领域		健康	班级	中四班	执教者	王 姗
主题		秋天来了		课题		一起摘水果
学情分析	普通儿童	幼儿安坐、倾听、模仿、表达能力符合中班幼儿的身心年龄特点。大部分幼儿情绪稳定,常常会关注他人,尤其会关注班级特殊儿童崇崇的情绪和需要,并能给予力所能及的帮助。大部分幼儿会在老师创设与同伴交往和合作的环境中表现出合作行为,依赖老师组织或分配的小组进行共同活动,但很少能出现自发的合作行为。 大部分幼儿具有一定的平衡能力,能走过较窄的低矮物体,喜欢参与跑、钻爬、助跑跨跳活动,粗大动作协调稳定,手部动作逐渐灵活协调。				
	特需幼儿	崇崇,女,7 岁 3 个月,脑颜面血管瘤伴右侧偏瘫,智力残疾二级、肢体残疾三级。活动中能安坐倾听,用语言表达生活中常见的事物,与人进行简单交流对话,理解并执行简单的指令和规则。喜欢与同伴参与活动,但情绪容易激动。视觉记忆优于听觉记忆。理解能力不太好,活动中有图片提示时理解效果更佳。 喜欢音乐类游戏活动,日常生活中认识各类水果,且最喜欢吃苹果和西瓜。幼儿常用左侧健侧手参与活动,需要右边患侧手参与时容易出现逃避、畏难的情况。				
学习目标	普通幼儿	1. 知道走平衡木的方法和动作。 2. 能与同伴一起合作通过独木桥、摘水果和运水果。 3. 遵守游戏规则,体验同伴合作的乐趣。				
	特需幼儿	1. 能在同伴协助下通过独木桥,与同伴一起运水果。 2. 能用健侧代偿,诱导患侧手精细动作完成摘水果。 3. 遵守游戏规则,体验同伴合作的乐趣。				
教学方法		情境创设、合作教学、正强化、视觉提示				

教学准备	物质准备	平衡木各 4 个，毛球投掷粘靶盘 1 套、皮球 10 个、篮子 6 个、黑板 1 块、图片 5 张，信封 4 个、音响与音乐
	经验准备	幼儿去过果园摘水果，走过独木桥
	视觉卡片仅供参考	活动图片：汪汪队、苹果、西瓜、小熊图片等 图片参考 活动场地规划图

	教学活动		
教学环节	教师活动	班级幼儿活动	特需幼儿活动
环节一：热身活动	1. 教师带领幼儿跟随音乐听指令做出相应动作（手部动作、头部动作、腰部动作、脚步动作）。 2. 教师引导幼儿在规定范围内行走，带领幼儿尝试沿着直线行走。	1. 幼儿听指令，跟随老师做相应的热身动作。 2. 幼儿遵守规则，在指定的范围内跟随老师沿着直线行走。	1. 幼儿独立完成头部、脚步动作，在老师提示或协助下配合完成手部、腰部动作（注意患侧手的热身）。 2. 幼儿独立跟随普通儿童和老师沿着直线行走。
环节二：情景导入	1. 教师创设汪汪队出发帮助小熊摘水果的情景，有序出示汪汪队、小熊、苹果、西瓜的图片，引导幼儿说一说图片内容。 2. 粘贴流程图，引导幼儿了解活动完整过程。	1. 幼儿举手回答图片内容。 2. 根据情景及流程图了解《一起摘水果》的活动内容。	1. 独立或跟随同伴说出图片上有谁、是什么。 2. 认真看流程图，初步了解活动内容。

教学活动			
教学环节	教师活动	班级幼儿活动	特需幼儿活动
环节三：过独木桥	1. 教师引导幼儿在平衡木旁找到小熊留着的信封（游戏规则）。 2. 教师引导幼儿根据小熊信内容提示，自由探索如何通过独木桥，并让幼儿说一说。 3. 教师示范，小结通过独木桥的方法，请幼儿再次尝试，教师巡回指导。 4. 教师提出疑问：崇崇一个人过不去怎么办？两个人怎么快速通过独木桥？幼儿思考并尝试合作通过独木桥。	1. 幼儿倾听信里内容。 2. 幼儿自由探索过独木桥的方法。 3. 幼儿与老师一起总结方法并再次练习。 4. 幼儿思考、举手回答问题，2—3名幼儿与崇崇配合通过独木桥。	1. 幼儿倾听信里内容。 2. 幼儿在老师一只手协助下通过宽宽的独木桥。 3. 幼儿站在宽宽的独木桥上与同伴一起合作通过独木桥。
环节四：摘苹果	1. 教师引导幼儿在毛球投掷粘靶盘上找到小熊留着的信封；教师解读游戏规则。 2. 引导幼儿用右手自由将苹果摘下放置篮子里。 3. 教师引导幼儿合作接力快速将苹果放置篮子里。	1. 幼儿倾听信里内容。 2. 幼儿用右手自由将苹果摘下放置篮子里。 3. 幼儿积极思考，合作接力快速将苹果放置篮子里。	1. 幼儿倾听信里内容。 2. 幼儿在老师提示下，用患侧手摘苹果放置篮子里。 3. 幼儿与同伴合作，健侧手代偿将苹果传递给同伴。
环节五：摘西瓜（巩固合作接力）	1. 教师引导幼儿在西瓜地里找到小熊留着的信封；教师解读游戏规则。 2. 教师引导幼儿举一反三，合作接力快速将西瓜放置篮子里。	1. 幼儿倾听信里内容。 2. 幼儿遵守规则，合作接力快速将西瓜放置篮子里。	1. 幼儿倾听信里内容。 2. 幼儿与同伴合作，健侧手代偿将苹果传递给同伴。
环节六：运水果	1. 教师引导幼儿思考水果摘好了怎么办，篮子好重怎么运送的问题。 2. 教师引导幼儿两两合作搬运水果至小熊家。	1. 幼儿讨论、思考并回答。 2. 幼儿两两合作搬运水果至小熊家。	1. 幼儿根据图片提示回答水果运给谁。 2. 幼儿使用健侧手与同伴一起运送水果。
环节七：结束活动	1. 教师总结活动内容，创设情景——小熊对有幼儿表示感谢。引导幼儿跟随音乐开展放松活动。	幼儿与老师一起，跟随音乐进行放松活动。	幼儿与老师一起，跟随音乐进行放松活动。

第四部分：教师分析

结合幼儿园融合教育课程调整的策略，活动设计中关注普特儿童双向的发展需求，也在脑瘫儿童身心发展特点的基础上对活动本身进行了差异性调整。

1. 环境支持

创设"汪汪队帮助小熊摘水果"的活动情景，在融合环境中开展集体活动，注重两类儿童的合作，体现出了环境创设的功能性，营造积极、富有启发性学习氛围的重要性。

2. 素材调整

基于该名脑瘫儿童视觉记忆优于听觉注意的优势特点,活动中设计视觉提示图卡,不仅激发了儿童的参与兴趣,还能帮助两类儿童理解活动规则与流程。根据幼儿患侧手的实际情况,活动中"摘苹果"主要发展脑瘫儿童患侧手精细功能,"摘西瓜"旨在使其健侧手代偿,促进患侧手的运用。

3. 活动简化

从两类儿童已有生活经验出发,结合他们的认知发展现状,创设同伴合作的环境,从直线走到自由、合作过独木桥,普通儿童不仅要掌握通过平衡木的方法和技能,还需要有一定的合作意识,从而尝试两两合作通过;特殊儿童在同伴的支持下通过平衡木,上肢、下肢都得到训练。之后是同伴合作传递、搬运水果,训练儿童的上肢。环节中合作贯穿其中,儿童们能够在过程中相互支持与配合。

4. 儿童喜好的运用

根据教师的观察与了解,班级儿童都喜欢"汪汪队"的动画角色,同时也清楚脑瘫儿童喜欢吃苹果、西瓜的偏好,活动创设了"汪汪队帮助小熊摘水果"的活动情景,激发儿童及同伴共同参与活动的意愿。

5. 教师支持

在活动中,有影子老师参与,给予脑瘫儿童适时的语言提示、肢体帮助以及安全保护。当脑瘫儿童出现良好表现时,及时给以肯定和赞美,提升他们参与集体活动的意愿。

6. 同伴支持

活动中设置两两合作共同过独木桥、摘运水果的环节,同伴对脑瘫儿童的帮助可以让其感受到温暖,普特儿童双方都能获得帮助他人和获得关爱的情感体验。同时,完成游戏任务后彼此间的微笑、牵手等非言语行为,对脑瘫儿童来说都是一种结合情境的正确示范,渐渐帮助她理解与习得非言语行为。

第五部分:园长(教学骨干)点评

《一起摘水果》融合教育活动案例充分彰显了教师在教育特殊需要儿童方面的专业性与人文关怀。本次活动不仅贴合幼儿成长需求,更是针对崇崇小朋友的具体情况进行了细致的个性化教学设计,展现了极高的专业素养和教育智慧。

王老师深刻理解了崇崇小朋友的状况,巧妙地将活动内容与其日常生活兴趣相结合,如利用崇崇对苹果和西瓜的喜爱,激发其参与活动的积极性。在教学过程中,王老师灵活运用了视觉提示和音乐游戏等多元教学策略,有效弥补了崇崇在听觉理解和记忆上的不足,增强了其学习体验。尤为值得一提的是,王老师充分尊重崇崇的情感和意志,通过适时的鼓励和强化,帮助她克服情绪波动和畏难情绪,积极参与活动,并在与同伴的互动中促进了社交技能的发展。这种细致入微的教学关怀,正是我们融合教育所追求的核心价值。

(点评者:昆明学院学前与特殊教育学院高春玲副院长)

三、大班:体育活动——我是特种兵[①]

第一部分:特殊需要儿童基本情况

《我是特种兵》教学
活动视频

小炎,3 岁进入幼儿园,在日常户外体能活动中发现幼儿平衡能力、动作协调性、灵敏度较弱。2023 年 6 月昆明市妇幼健康服务中心入园为幼儿进行 6 项体能测试(网球投掷、立定跳远、10 米×2 折返跑、平衡木、双脚持续跳、坐位体前屈),检测为不合格,建议就诊复查。2023 年 7 月就诊于昆明市儿童医院康复科,诊断为疑似广泛性发育迟缓,并在昆明市儿童医院康复科接受康复训练。2024 年 6 月昆明市妇幼健康服务中心入园为幼儿进行 6 项体能测试,检测为合格,目前是幼儿园大班的幼儿,正常参与班级一日活动。

小炎具有基本的生活自理能力,能自己穿衣、吃饭、独立如厕,有时鞋子会穿反;语言表达清晰,能表达自己的需要,语言表达多为短句,完整讲述的能力较弱,喜欢看图书,能大致描述看到的内容;能双脚交替上下楼梯,能正常走和跑,但单脚站立持续时间最多坚持 2 秒,无法完成单脚跳,双脚持续跳的能力较弱,能连续跳 2 次、停顿再接着跳,不敢在宽 10 厘米、高 30 厘米的标准平衡木上双脚交替向前走。

小炎能坚持上幼儿园,情绪稳定,喜欢帮助老师做力所能及的事,愿意和同伴一起玩耍,但规则意识较弱,排队时喜欢站在队尾,站队时坚持性不够,喜欢到处走动。在学习能力方面,参与集体教学时不会主动回答问题,注意力集中时间较短,喜欢在图书区活动,绘画表征的能力较弱。

【知识链接】

儿童运动发育迟缓

儿童运动发育迟缓(motor mental retardation)又称精神运动发育迟缓,常用来描述婴幼儿运动或智力技能落后,达不到正常发育指标所要求的内容。主要表现为运动发育落后于正常同龄儿:如 3 月龄时,患儿不会抬头;6 月龄时,患儿不能翻身、不会用手抓东西等。

幼儿运动发育迟缓一般发生于婴儿期。由于早期所有婴儿的运动能力发展都极为有限,所以问题难以得到发现和重视,多数家长即使发现问题,也误以为是幼儿自身发

---

① 本案例由昆明市西山区前卫幼儿园徐玉珏、李金惠撰写,高春玲、马彦指导

展的正常现象:随着幼儿年龄的增长,待幼儿进入托幼机构后,与其他幼儿相比,这部分幼儿的运动能力发展明显落后,此时运动发育迟缓问题才得以被发现和重视。

运动发育迟缓的幼儿在大运动能力方面均落后于同龄幼儿。

1. 基本动作困难

基本动作困难的幼儿表现在走步、跑步、钻、爬、翻滚、跳跃、拍击、投掷、攀登等动作上明显落后于正常儿童。

2. 平衡困难

平衡困难的幼儿经常在走、跑、跳的过程中摔倒,或者从游戏器材上摔下来、摔倒或碰到室内的家具。

3. 协调困难

双边协调困难,主要表现在接球时躲避,不会用两只手接球;交叉运动有问题,玩大型攀爬架时,能爬上去但是不敢下来;不完全空间定位问题,能双脚交替上楼梯,但是下楼梯时必须扶着栏杆,经常将鞋子穿反。

运动发育迟缓的儿童由于在身体动作方面经常落后于同龄人,很容易产生自我认知偏差。他们可能会意识到自己与其他小朋友的不同,在尝试运动失败后,容易产生挫败感。在面对运动困难时,这些儿童往往会表现出焦虑和沮丧的情绪。他们可能会因为害怕再次失败而抗拒参与运动,在被要求进行自己难以完成的动作时,会出现哭闹、发脾气等情绪反应。因为运动能力的不足,他们可能在集体活动中表现不佳,从而逐渐产生社交退缩行为。

运动发育迟缓的儿童在注意力和观察力方面可能会受到影响。由于他们在身体运动上需要花费更多的精力,可能会导致他们在学习和游戏等活动中难以集中注意力。身体运动与认知发展是相互关联的,运动发育迟缓可能会间接影响儿童的学习能力。

第二部分:教学内容分析

以“我是特种兵”作为大班健康活动的教学内容,是基于幼儿发展阶段特点和幼儿兴趣的深度思考。这一主题不仅能让幼儿在游戏情境中体验到军人不怕困难、勇往直前的品质,符合大班幼儿喜欢挑战的年龄特点,更能激励运动发育迟缓儿童在游戏情境中、在同伴的陪伴下参与运动的主动性和积极性。

首先,满足幼儿模仿军人的愿望。幼儿对于军人都有崇敬之情,在生活中时常会模仿军人的动作,特别是男孩子,军人训练时完成的各种高难度动作能激发幼儿的兴趣和挑战欲。他们向往着像解放军叔叔一样不怕困难、勇往直前、坚强自信,这些品质吸引着他们去模仿解放军,强烈地想做一名了不起的解放军战士。选择这一主题正是源于幼儿的兴趣和爱模仿的特点,兴趣是最好的老师,幼儿在自己感兴趣的活动中模仿军人,挑战难度的愿望得以实现,从而提高他们参与活动的积极性。

其次,创设游戏情境,寓教于乐。日常户外活动中,幼儿能体验到走、跑、跳、投、钻、攀、爬等不同形式的体能锻炼,对于幼儿粗大动作的发展有积极的促进作用。本活动创设情境,将游戏和体能运动相结合,运动层次设计结合幼儿已有经验并适当提高难度,幼儿能自主选择完成挑战。手脚着地匍匐爬过垫子、S形绕障碍跑都是幼儿能够完成的运动项目,能让幼儿体验到成功感。在教师创设的情境中普特幼儿一起模仿军人,潜移默化中引导幼儿坚持、勇于挑战,对普特幼儿学习品质的培养有促进作用。情境创设能让普特幼儿共同在游戏中学习,促进他们一起在原有运动能力的基础上有所提升。

第三部分:融合教育教案

领域	健康	班级	大一班	执教者	宋老师
主题	童心向军梦	课题		体育活动:我是特种兵	

学情分析	普通幼儿	《3—6岁儿童学习与发展指南》科学领域第二子领域动作发展提出:"能在斜坡、荡桥和有一定间隔物的物体上较平稳地行走。"对大班幼儿的平衡能力、动作协调性、灵敏度提出了明确的要求。本班幼儿身体动作协调性有所发展,有较好的平衡能力,能在规定时间内在长3米、宽10厘米、高30厘米的平衡木上平稳地行走,但在有障碍的平衡木上行走幼儿还未挑战过。每个孩子心中都有一个军人梦,他们喜欢模仿解放军叔叔训练时的飒爽英姿,喜欢参与有挑战性的体能竞赛活动。此外,本班幼儿规则意识发展迅速,能理解规则的意义并遵守游戏规则。
	特需幼儿	小炎,男,6岁,粗大动作发育迟缓,能在无障碍的平地上手脚协调地走和跑,能完成S形绕障碍跑,在教师的帮助下能在标准平衡木上双脚交替走,身体动作的平衡能力、协调性、灵活性有待提升。(在此活动中有三位教师——一位主班老师、一位副班老师、一位支持老师专门陪伴、鼓励特需幼儿参与游戏挑战)
学习目标	普通幼儿	1. 了解并遵守游戏规则,体验"特种兵"运动的乐趣。 2. 能在有障碍的平衡木上平稳地行走。
	特需幼儿	1. 乐意参与活动,遵守"特种兵"运动游戏规则。 2. 尝试独立在低矮的平衡木上双脚交替向前走,在教师的帮助下体验有障碍的平衡木。
教学方法	普通幼儿	情境教学法、小组合作学习、多感官教学
	特需幼儿	正强化、情境教学法、小组合作学习
教学准备	物质准备	1. 运动器械 垫子:长2米、宽1.2米、高10厘米,每组1块 锥桶:高38厘米,每组5个,锥桶之间间隔1.5米 沙包:长7厘米、宽7厘米、高7厘米,30个 平衡木: (1) 长2米、宽20厘米、高8厘米,1个 (2) 长3米、宽10厘米、高30厘米,2个 2. 其他材料 转弯箭头3个、特种兵训练图片(特需幼儿使用)、音乐《周一到周六》《战车进行曲》《星星》
	经验准备	1. 幼儿和家长一起查阅资料,了解特种兵训练内容 2. 普通幼儿:能独立在平衡木上平稳地走 3. 特需幼儿:在教师帮助下,在标准平衡木上双脚交替走

教学活动			
教学环节	教师活动	班级幼儿活动	特需幼儿活动
一、情境导入，激发兴趣	1. 教师带幼儿进入活动场地,利用音乐《周一到周六》进行热身运动。 2. 通过提问了解幼儿对特种兵的认识,激发幼儿兴趣。 提问:你知道特种兵有哪些训练项目? 谁想当特种兵? 为什么?	1. 幼儿跟随教师动作进行热身运动,情绪饱满。 2. 能说出特种兵训练的部分项目、材料、动作要求,乐意当特种兵。	1. 能在支持教师的鼓励、带领下参与热身运动。 2. 能在图片、教师提示下,简单说出特种兵的训练内容。 支持教师:鼓励幼儿用身体动作简单模仿特种兵的训练活动
二、观察场地，体验玩法	1. 请幼儿观察游戏场地布置 提问:三组特种兵训练游戏一样吗? 哪里不一样? 你想挑战哪一组游戏? 2. 教师介绍"我是特种兵"游戏玩法: (1) 手脚着地匍匐爬过垫子; (2) S形障碍跑绕过锥桶; (3) 双手打开走过平衡木; (4) 按箭头指示跑回来站在队尾重新排队。 3. 播放音乐《战车进行曲》,请幼儿自由体验游戏,要求每组游戏都体验一次。教师观察幼儿的游戏行为,注意幼儿安全。 4. 提问小结:感受怎么样?哪一组游戏最难? 为什么? 你有什么好的方法平稳又快速地通过障碍平衡木? 教师提炼、总结幼儿通过障碍平衡木的方法:双手打开,不要慌,过障碍时脚抬高。	1. 幼儿互相说一说场地内的布置和器械,说出自己想挑战的游戏。 2. 请一名幼儿按照玩法做示范,其他幼儿观察。 3. 幼儿自由体验三组游戏,感受每组游戏的异同和难易程度。 4. 幼儿结合自己的游戏体验,说出障碍平衡木的通过方法(幼儿个别回答,互相交流)。	1. 能选择自己想挑战的游戏。 支持教师:引导幼儿观察场地,请幼儿说一说自己想挑战的游戏 2. 能说出游戏的玩法。 支持教师:引导特需幼儿,通过观察同伴、语言提示、动作模仿,说一说游戏玩法。 3. 能在教师的支持下完成游戏。 支持教师:鼓励幼儿独立完成手脚着地匍匐爬行和S形障碍跑,告诉幼儿第一组游戏平衡木已经降低了难度,鼓励幼儿试一试、走一走,必要时扶着幼儿通过,帮助幼儿获得成功体验。 拍照或视频记录幼儿的游戏行为。 4. 在教师的支持下和同伴分享自己的游戏感受。 支持教师:给幼儿观看自己参与游戏的照片,肯定幼儿的进步。

	教学活动		
三、遵守规则,体验游戏	1. 教师提出游戏规则: (1) 幼儿自由组合分成三组,每组 6 人; (2) 每组幼儿站在起点线外,"开始"口令后出发; (3) 按照玩法要求通过挑战,按箭头指示跑回来站在队尾重新排队; (4) 哪一组先完成挑战哪一组获胜。 2. 组织幼儿开展"特种兵竞赛",关注幼儿在竞赛中的表现。 3. 游戏小结:根据幼儿游戏表现宣布比赛结果,肯定幼儿表现。 提问:比赛的感受怎么样?你还有什么想法?想增加哪些难度? (根据实际情况和幼儿意愿灵活安排是否组织二次竞赛)	1. 幼儿自由组合分组,复述游戏规则 2. 幼儿参与竞赛,遵守游戏规则。 3. 幼儿体验游戏并交流游戏感受,为小组取得的荣誉而高兴。	1. 幼儿按照自己的意愿参与分组,可能会选择低矮平衡木。 2. 在同伴的陪伴下和支持教师的语言提示下遵守游戏规则,参与游戏挑战 3. 为自己和同伴取得的成绩感到高兴。 支持教师:和幼儿回顾运动游戏体验,鼓励幼儿尝试一下更难的挑战,试一试在低矮的平衡木上过障碍。
四、放松运动,活动延伸	1. 教师带幼儿配合音乐《星星》做放松拉伸运动。 2. 活动延伸: (1) 请幼儿帮忙收拾器械; (2) 讨论:特种兵还有哪些训练项目?你想设计什么样的训练项目?请幼儿尝试设计特种兵运动游戏	1. 幼儿在教师带领下做放松运动。 2. 活动延伸: (1) 幼儿协助老师收拾轻便的体育器械; (2) 幼儿表征设计特种兵运动游戏。	1. 幼儿平衡能力较弱,部分拉伸动作对幼儿有困难。 支持教师引导幼儿做简单的拉伸、放松运动。 2. 活动延伸: (1) 幼儿乐意帮助老师做力所能及的事; (2) 鼓励幼儿绘画表征自己的游戏体验。
场地布置			

第四部分：教师分析

1. 环境支持

户外运动游戏对于幼儿的粗大运动能力要求较高，所以每次户外集体活动时，小炎总是站在队尾或者随意走动，有畏难心理，害怕失败，不愿意参加户外锻炼。针对此情况教师每次组织户外活动时，会专门提醒特需幼儿小炎要站在标识点上，帮助小炎建立秩序感。

2. 材料调整

在平衡木两边增加垫子，给小炎更多的安全保护，增加他的安全感。

3. 成人支持

在每一次活动结束后，教师都进行小结和师幼评价，肯定幼儿在活动中的表现，对幼儿提出新的要求，强调游戏规则。对小炎来说，支持老师陪在身边，做好安全保护和行为、心理上的支持，能够很好地帮助他完成挑战，树立自信心。

4. 同伴支持

将特需幼儿融入同伴之中，通过同伴之间的相互学习、相互竞争激发小炎参与活动的积极性，在同伴的支持、鼓励和带动下，小炎能融入集体，从同伴身上学到运动的技能，从而提升他的活动能动性。

5. 活动简化

教师在组织活动时，降低游戏难度，并主动告诉小炎已经降低了难度，鼓励他相信自己是可以完成挑战的，帮助他树立克服困难的决心。

第五部分：园长（教学骨干点评）

此次户外体能游戏建立在幼儿已有的运动经验基础之上，环节清晰、难度提升层次明显，照顾到普通幼儿、特需幼儿的双向发展。

第一关的挑战，普通幼儿都能完成，能唤起幼儿的已有经验，特需幼儿在教师的陪伴下完成平衡木，体现支持教师的个别指导和行为、心理上的支持。

第二关的挑战，在平衡木上增加障碍物，对于普通幼儿来说增加了难度，但是这样的难度是可以通过不断的练习、挑战完成的。特需幼儿的挑战难度降低，基于小炎的原有经验设置为匍匐前进和S形绕障碍跑，支持教师专门引导特需幼儿独立完成，在幼儿完成不了的环节中及时介入，适时支持，给幼儿心理上的安全保护和行为上的积极鼓励。

第三关的挑战作为拓展内容，不作为活动重点，更多的是体验和感知。

差异化教学要求教师清楚了解普通幼儿、特需幼儿的不同情况，清晰认识他们的年龄特点、行为特征等，在设计融合教育活动时，要同时关注普特幼儿双方学习和发展的需求,促进他们在原有水平基础上共同有所提升。

(点评人:昆明学院学前与特殊教育学院高春玲副院长)

思考与练习:

1. 结合实例,根据年龄和发展水平制定幼儿健康领域教育内容和发展目标。

2. 分析《爬行动物爬爬爬》①案例中的课程调整策略并对其作出评价。

3. 尝试设计健康教育领域教学活动并说明对幼儿园融合教育课程调整策略的运用。

案例《爬行动物爬爬爬》　　　　　参考答案

---

① 本案例由北京大学附属幼儿园张胜静老师撰写

NINE

幼儿园语言教育领域教学调整

幼儿园语言教育领域教学调整是指在开展语言教育教学活动中,遵循幼儿语言发展的规律,融合现代教育理念,确保教学目标、内容与方法适应不同幼儿的学习需求,让所有儿童都能在语言学习中取得进步。

第一节 语言教育领域教学与调整概述

一、语言与儿童语言

语言是人类社会中一种复杂的符号系统,用于传达思想、情感、知识和意图。它由一系列规则构成,包括语音、词汇、语法和语义等方面,使人们能够交流信息、构建思维、表达身份和文化。语言是声音或文字的组合,它是人类思维和社交互动的媒介,更是文化传承和知识积累的基石。语言在人生发展中具有重要的价值。第一,语言是认知发展的关键因素。儿童通过语言学习来组织思维,构建概念,理解世界。第二,语言是社会交往的基础。通过语言,个体能够表达需求、建立关系、分享经验、协商和解决冲突。第三,语言是表达情感和情绪的重要工具。它帮助个体理解自己的感受,并向他人传达内心状态,寻求安慰和支持。语言的这一功能对心理健康尤为重要,有助于情绪的调节和社会适应。第四,语言是文化的重要载体,通过语言,一代代人传承历史、信仰、价值观和习俗。掌握母语意味着拥有进入特定文化社群的钥匙,形成文化认同和归属感。第五,语言能力直接影响学习效率和教育成就。良好的语言理解与表达能力是获取知识、参与课堂讨论、完成作业及考试的关键。第六,语言不仅是交流的工具,也是思维的工具。通过语言,人们可以进行内部言语,即无声的自我对话,帮助自我规划、反思和解决问题,促进认知发展和创新思维。

学前期是儿童语言发展的黄金时期,对儿童的全面发展具有不可估量的重要性。这一时期,儿童的大脑正处于快速发育阶段,尤其是负责语言处理的区域,对语言输入极为敏感,能够高效地吸收和处理语言信息,为语言习得提供了天然的生理基础。在学前期,儿童通过语言学习来构建和组织自己的认知世界,理解周围环境,形成概念和解决问题。通过语言,儿童能够更有效地与人交流,在与家人、老师、同伴的互动中,学习表达自己的需求和感受,理解他人的情绪和意图。同时,学前期语言能力的坚实基础对后续的阅读、写作及学术成就有着直接的正面影响。良好的语言基础能够帮助儿童更好地理解教学内容,参与课堂活动,从而在学业上取得更好的成绩。有效的语言沟通能力也使儿童在面对挑战和变化时,能够更好地表达自己的困惑、寻求帮助,从而增强解决问题的能力和心理韧性。学前期语言发展的关键性不容忽视,家长、教育者和社会应共同努力,为儿童提供丰富、多样的语言学习机会以促进幼儿能力的全面发展。

二、幼儿园语言教育领域目标与内容

关于儿童语言获得以及语言教育,有多种理论,他们之间存在的差异在于,在考虑幼儿语言获得和发展以及幼儿语言教育时,相对强调环境强化还是强调内部成熟。如乔姆斯基(Chomsky N.)提出的生成转换语法理论,认为所有人类语言共享一套内在的、与生俱来的规则系统,即普遍语法,通过语言获得装置(Language Acquisition Device,LAD),能够使儿童从听到的有限语言输入中推导出语言的一般规则,快速掌握母语的复杂结构。根据乔姆斯基的理论,环境在语言发展中不起本质的决定作用,语言不是后天获得的。相反,行为主义理论则认为,儿童的语言同样是刺激—反应的连锁活动,强化能够增加在类似环境中做出正确反应的可能性,儿童语言是后天获得的。班杜拉(Bandura A.)则用社会学习理论解释儿童的语言学习,强调语言模式和模仿的作用。皮亚杰将语言看成是人与环境之间交互作用的结果,语言发展过程是由遗传、成长和经验共同作用的。维果茨基认为,幼儿早期,语言与思维是独立发展的,两者并不对应。他提出的"最近发展区""鹰架教学"等在儿童语言教学中被广泛应用。①

幼儿园语言教育是指针对幼儿进行的一种有目的、有计划的教育活动,它是幼儿教育中的一个关键组成部分,其主要任务是培养和提升幼儿的语言能力,包括口头语言的倾听、表达能力以及书面语言的早期阅读和书写准备能力等。幼儿园语言教育活动的设计和实施基于《幼儿园教育指导纲要(试行)》和《3—6 岁儿童学习与发展指南》等国家政策及教育标准,旨在促进幼儿全面的语言发展。

根据《幼儿园教育指导纲要(试行)》和《3—6 岁儿童学习与发展指南》,幼儿园语言教育领域主要的目标和内容要求具体如下。

《幼儿园教育指导纲要(试行)》指出,语言领域目标为:

1. 乐意与人交谈,讲话礼貌;

2. 注意倾听对方讲话,能理解日常用语;

3. 能清楚地说出自己想说的事;

4. 喜欢听故事、看图书;

5. 能听懂和会说普通话。

针对以上语言领域目标,具体的内容与要求包括:

1. 创造一个自由、宽松的语言交往环境,支持、鼓励、吸引幼儿与教师、同伴或其他人交谈,体验语言交流的乐趣,学习使用适当的、礼貌的语言交往。

2. 养成幼儿注意倾听的习惯,发展语言理解能力。

3. 鼓励幼儿大胆、清楚地表达自己的想法和感受,尝试说明、描述简单的事物或过程,发展语言表达能力和思维能力。

4. 引导幼儿接触优秀的儿童文学作品,使之感受语言的丰富和优美,并通过多种活动帮助幼儿加深对作品的体验和理解。

5. 培养幼儿对生活中常见的简单标记和文字符号的兴趣。

6. 利用图书、绘画和其他多种方式,引发幼儿对书籍、阅读和书写的兴趣,培养前阅读和前书写技能。

7. 提供普通话的语言环境,帮助幼儿熟悉、听懂并学说普通话。少数民族地区还应帮助幼儿学习本民族语言。

《3—6 岁儿童学习与发展指南》指出,语言领域的目标主要包括倾听与表达、阅读与书写准备两个方面,不同年龄段儿童具体发展目标如下。

---

① 朱家雄.幼儿园课程[M].3 版.上海:华东师范大学出版社,2022:145-146.

（一）倾听与表达

3～4岁	4～5岁	5～6岁
1. 别人对自己说话时能注意听并做出回应。 2. 能听懂日常会话。	1. 在群体中能有意识地听与自己有关的信息。 2. 能结合情境感受到不同语气、语调所表达的不同意思。 3. 方言地区和少数民族幼儿能基本听懂普通话。	1. 在集体中能注意听老师或其他人讲话。 2. 听不懂或有疑问时能主动提问。 3. 能结合情境理解一些表示因果、假设等相对复杂的句子。

目标2：愿意讲话并能清楚地表达

3～4岁	4～5岁	5～6岁
1. 愿意在熟悉的人面前说话，能大方地与人打招呼。 2. 基本会说本民族或本地区的语言。 3. 愿意表达自己的需要和想法，必要时能配以手势动作。 4. 能口齿清楚地说儿歌、童谣或复述简短的故事。	1. 愿意与他人交谈，喜欢谈论自己感兴趣的话题。 2. 会说本民族或本地区的语言，基本会说普通话。少数民族聚居地区幼儿会用普通话进行日常会话。 3. 能基本完整地讲述自己的所见所闻和经历的事情。 4. 讲述比较连贯。	1. 愿意与他人讨论问题，敢在众人面前说话。 2. 会说本民族或本地区的语言和普通话，发音正确清晰。少数民族聚居地区幼儿基本会说普通话。 3. 能有序、连贯、清楚地讲述一件事情。 4. 讲述时能使用常见的形容词、同义词等，语言比较生动。

目标3 具有文明的语言习惯

3～4岁	4～5岁	5～6岁
1. 与别人讲话时知道眼睛要看着对方。 2. 说话自然，声音大小适中。 3. 能在成人的提醒下使用恰当的礼貌用语。	1. 别人对自己讲话时能回应。 2. 能根据场合调节自己说话声音的大小。 3. 能主动使用礼貌用语，不说脏话、粗话。	1. 别人讲话时能积极主动地回应。 2. 能根据谈话对象和需要，调整说话的语气。 3. 懂得按次序轮流讲话，不随意打断别人。 4. 能依据所处情境使用恰当的语言。如在别人难过时会用恰当的语言表示安慰。

（二）阅读与书写准备

目标1 喜欢听故事，看图书

3～4岁	4～5岁	5～6岁
1. 主动要求成人讲故事、读图书。 2. 喜欢跟读韵律感强的儿歌、童谣。 3. 爱护图书，不乱撕、乱扔。	1. 反复看自己喜欢的图书。 2. 喜欢把听过的故事或看过的图书讲给别人听。 3. 对生活中常见的标识、符号感兴趣，知道它们表示一定的意义。	1. 专注地阅读图书。 2. 喜欢与他人一起谈论图书和故事的有关内容。 3. 对图书和生活情境中的文字符号感兴趣，知道文字表示一定的意义。

目标 2　具有初步的阅读理解能力

3～4 岁	4～5 岁	5～6 岁
1. 能听懂短小的儿歌或故事。 2. 会看画面,能根据画面说出图中有什么,发生了什么事等。 3. 能理解图书上的文字是和画面对应的,是用来表达画面意义的。	1. 能大体讲出所听故事的主要内容。 2. 能根据连续画面提供的信息,大致说出故事的情节。 3. 能随着作品的展开产生喜悦、担忧等相应的情绪反应,体会作品所表达的情绪情感。	1. 能说出所阅读的幼儿文学作品的主要内容。 2. 能根据故事的部分情节或图书画面的线索猜想故事情节的发展,或续编、创编故事。 3. 对看过的图书、听过的故事能说出自己的看法。 4. 能初步感受文学语言的美。

目标 3　具有书面表达的愿望和初步技能

3～4 岁	4～5 岁	5～6 岁
1. 喜欢用涂涂画画表达一定的意思。	1. 愿意用图画和符号表达自己的愿望和想法。 2. 在成人提醒下,写写画画时姿势正确。	1. 愿意用图画和符号表现事物或故事。 2. 会正确书写自己的名字。 3. 写画时姿势正确。

三、幼儿园语言教育领域教学调整

在融合教育背景下,幼儿园语言教育领域的教学调整需细致考虑如何在保持课程普适性的同时,满足不同语言学习需求的儿童,特别是那些有特殊需要的儿童。与健康教育领域教学调整一样,可以从教学目标、教学内容、教学组织与实施以及教学评价四个方面,灵活采用课程调整策略展开:

1. 教学目标调整

设定教学目标时,要确保目标既有广泛适用性,又能针对特殊需要儿童进行个性化调整。目标应包括倾听与表达、阅读与书写准备等,同时强调对差异的尊重和接纳。如目标"幼儿能够理解并使用日常交流中的基本词汇和短句",对于语言发育迟缓儿童,这个目标可能就需要调整为"通过图片交换沟通材料,幼儿能够识别并选择五张代表日常需求的图片,以表达自己的基本需求"。

2. 教学内容调整

内容设计应覆盖广泛的主题,包括词汇、口语表达、复述以及朗诵儿童文学作品等,同时提供不同难度层次的材料,如故事讲述活动可以提供有声书、绘本、大字书以及带有图片提示的故事剧本,以适应不同学习能力的儿童。"幼儿听故事、讨论情节,并尝试用自己的话复述故事"这一内容设计,针对听力障碍儿童的实际情况就可以调整为"幼儿通过阅读图文并茂的故事书理解故事情节"。

3. 教学组织与实施调整

依托教学活动、游戏活动、日常生活活动途径,通过集体教学、小组教学以及个别教学等形式,利用多媒体、实物操作、角色扮演等多种教学手段,采用嵌入式教学策略,确保全体儿童都能有效参与学习过程。例如,开展角色游戏让幼儿扮演故事中的角色,通过对话练习语言表达。针对孤独症谱系障碍儿童,教师可以设立安静角落,配备情绪表情卡片和社交故事书,指导他们在小群体或一对一的环境中模仿和练习社交对话,减少环境刺激的同时增强社交互动能力。

4. 教学评价调整

采用观察、作品集、自我评价、同伴反馈等多种评价方法,全面了解幼儿的语言发展情况。对特殊需要儿童的语言发展,要给予即时正面反馈,更多关注其努力和进步而不是绝对的发展,强化儿童的学习动机和自信心,如"比较本学期期初与期末,该儿童在主动发起对话上的次数变化"。同时要定期与家长沟通,收集家庭观察到的儿童在日常生活中的语言使用情况,共同制定下一步的学习计划。例如,教师通过"语言日记"记录儿童日常语言使用的进步,包括新词汇的习得和句子结构的复杂度。针对语言发展迟缓的儿童,评价的方式可以调整为设计"语音和语调模仿游戏",记录幼儿模仿成人或同伴语音的过程,重点评价他们语音清晰度和语调模仿的能力的进步,同时结合家长反馈,了解家庭环境中语言应用的情况,形成个性化的成长记录。

第二节 语言教育领域教学活动调整案例与分析

语言领域案例资源

一、小班:藏在哪里了①

第一部分:特殊需要儿童基本情况

《藏在哪里了》
教学活动视频

可儿,5个月经某保健院确诊为双侧感音性神经性耳聋、双侧大前庭剥管综合征,在6个月的时候就佩戴助听器,每三至六个月需前往医院进行调试。3岁进入幼儿园,自进入幼儿园以来感知觉、粗大动作、精细动作、认知、社会交往、自理能力、语言与沟通、情绪与行为等方面发展正常,与同龄幼儿发展水平一致。目前是幼儿园小班的一名幼儿,与班级幼儿共同生活学习。

可儿具有基本的生活自理能力,具备正常的吸吮、合唇、喝、咀嚼、进食方式,脱衣、

---

① 本部分内容由殷华街幼儿园提供并撰写

穿衣、梳头发、物品归位、收拾餐具等行为方面发展良好；语言发育正常，能与同伴进行正常交流，字词发音较清晰，能及时表达自己的需求，懂得礼貌用语，知道说"谢谢""再见""对不起"等社交用语；集体活动中，注意力集中，能跟着教师的课堂节奏参与活动，但遇到不想回答的问题时，会假装听不清或听不见，有逃避行为。

可儿与班级幼儿关系融洽，性格较为内敛，在教师的引导下可以与同伴友好相处，并在班级中有固定的玩伴，能在娃娃家游戏中进行角色互动，遇到喜欢的玩具和游戏时能采用提问、商量等策略进行协商。

【拓展阅读】

听觉障碍儿童身心发展特点

听觉障碍，又称听觉受损，是指感测或理解声音的能力完全丧失或部分降低，严重地妨碍儿童语言的形成和发展，从而使儿童难以与他人进行正常的交流。

听觉障碍儿童有声语言发展滞后是他们身心发展的主要缺陷之一，呈现出不会说话、发音不清、发音异常、音节受限制、语言发展落后等特点，从而会影响他们与同伴的交往，容易导致他们自卑或胆怯，害怕单独接触社会。

由于存在听觉障碍，听障儿童在感知觉、注意、记忆、思维等方面都表现出不同于正常儿童的特点。在感知觉方面，他们主要依靠视觉、触摸觉、味觉、嗅觉进行感知活动。其中视觉器官起主导作用，他们通过观察别人说话的口型和面部表情来理解别人表述的意思；他们凭借触觉可以感知发音时声带的振动进行模仿发声。声音刺激不容易引起听障儿童的注意，他们的注意比较狭窄，注意分配比较困难，无法同时既看又听，视觉兴奋和听觉兴奋不能同时产生。听障儿童的记忆以形象记忆效果优于抽象记忆，对直观形象的事物，如"苹果""桌子""汽车"等，记忆得快且保持效果好，但对于语言材料的记忆水平不高。思维特点上，听觉障碍儿童较长时间处于形象思维阶段，分析问题时比较容易关注事物外在现象，忽视事物的本质特征。

情绪、个性和社会化方面也呈现出与同龄儿童的不同特点。在听不到或听不懂他人要求，自己的意愿不能很好表达出来或他人不理解自己的想法时，情绪容易冲动，逐渐形成易怒、脾气倔强的性格。同时，他们好奇心强，探索的行为比较外露，对于新奇事物，喜欢看、摸。

第二部分：教学内容分析

基于小班幼儿思维直观形象的特点，本活动选择趣味性、形象性、互动性强的绘本内容作为素材，既可以使小班幼儿在游戏中感知故事情节，又能提升听障幼儿语言表达的能力。

首先，绘本情境贴近幼儿的生活经验。绘本《藏在哪里了》的主题即"捉迷藏"，是许多幼儿日常生活中喜爱的游戏之一。通过绘本的呈现,幼儿能够立刻联想到自己与同伴玩耍时的情景,从而更容易产生共鸣。对于听障幼儿而言,绘本中的情境设置与其实际生活经验紧密相连,也能更好地激发他们参与活动的兴趣。

其次,绘本画面内容简单,易于幼儿理解。绘本《藏在哪里了》中,画面内容清晰易懂,通过直观的图像展现小动物们藏身的位置和场景。这样的设计有助于听障幼儿快速理解故事情节,降低阅读难度。同时,简单的画面也能够激发听障幼儿的想象力,促使他们根据图片信息来推测故事的发展。

最后,游戏情境可增加活动趣味。教师还根据绘本内容设计了"捉迷藏"的游戏活动,让幼儿借助身边的物体进行躲藏,亲身体验藏身和寻找的乐趣。在游戏过程中,教师还引导幼儿运用绘本中的语言进行交流和表达,从而提升幼儿的语言表达能力。听障幼儿在游戏的过程中自然而然就能理解并运用绘本中"××藏在××地方"的句式。

第三部分:融合教育教案

领域		语言	班级	小二班	执教者	刘教师
主题		可爱的动物	课题		藏在哪里了	
学情分析	普通幼儿	结合本班幼儿语言发展现状,大多数幼儿能认真听并能听懂常用语言,个别幼儿在倾听同伴说话时需要成人或同伴提醒;70%的幼儿愿意表达自己的想法,并且能够使用故事中的语言表述;80%的幼儿知道在说话时眼睛要看着对方,能够在成人的提醒下使用恰当的礼貌用语,具有基本的文明语言习惯。				
	特需幼儿	可可,女,确诊为双侧感音神经性耳聋、双侧大前庭剥管综合症。综合能力发展与同龄幼儿相当,唱歌时易把握不准节奏与语音语调,与同龄幼儿相比有所差距;大肌肉动作、手部精细动作发展、感知觉能力均与同龄幼儿水平相当,具备正常的视觉能力,可以辨别颜色。在听到大的声音或环境声嘈杂时,会有皱眉的表现。愿意与同伴进行交流,在语言表达时,shi、zhi 发音不清楚。				
学习目标	普通幼儿	1. 仔细观察绘本画面,寻找动物,能说出动物显著的外形特征。 2. 能用"××藏在××地方"的句式大胆、清楚地讲述动物朋友躲藏的位置。 3. 体验集体玩捉迷藏游戏的快乐。				
	特需幼儿	1. 认识图片中的几种动物,说出"松鼠的尾巴毛茸茸的、兔子的耳朵长长的"等动物外形特征。 2. 尝试用"××藏在××地方"的句式大胆、清楚地讲述动物朋友躲藏的位置。 3. 乐于表达自己的经验和感受,并为此感到高兴。				
教学方法	普通幼儿	启发式教学法、游戏法、故事教学法				
	特需幼儿	正强化、游戏法、故事教学法				

教学准备	物质 准备	PPT《藏在哪里了》、小动物玩偶		
	经验 准备	幼儿认识常见的动物形象		
	绘本 图片 仅供 参考	图片 1 图片 2 图片 3 图片参考		

教学活动			
教学环节	教师活动	班级幼儿活动	特需幼儿活动
环节一：引出话题，激发兴趣	引出捉迷藏游戏，帮助幼儿回忆经验。 教师：孩子们，你们玩过捉迷藏的游戏吗？捉迷藏是怎么玩的？ 教师：你和谁一起玩过捉迷藏的游戏呢？（好朋友、家人……） 教师：你们玩捉迷藏的时候谁来找，谁来藏呢？	回忆以前玩过的捉迷藏游戏，知道捉迷藏游戏的玩法。 教师通过回忆游戏引出活动内容，激发幼儿参与活动的兴趣。	回忆以前玩过的捉迷藏游戏，能说出以前和谁一起玩过捉迷藏游戏。 可可耐心倾听教师的问题，并主动思考问题答案。教师通过提高音量、放慢速度说话的方式给予其支持。

教学活动			
教学环节	教师活动	班级幼儿活动	特需幼儿活动
环节二：观察图片，讲述故事内容	1.（1）出示图片1，引导幼儿观察讨论。 教师：今天，森林里的小动物们也在玩捉迷藏的游戏，让我们一起去看看吧。 （2）出示小动物玩偶，让幼儿观察。 教师：小兔子耳朵是什么样？小松鼠的尾巴呢？谁来摸一摸它的尾巴？有什么感觉？小象哪里最特别？我们学着小象甩甩鼻子。小鹿的头上长着什么？它的角像什么？ 教师小结：小兔子有长长的耳朵。松鼠的个子小小的，在小象的旁边，尾巴毛茸茸的。小象的鼻子最长，个头最大。狐狸穿着红色的衣服。小鹿的头上有鹿角，看起来很像树枝。	1.（1）能说出动物的基本特征。 观察毛绒玩具，说出动物的明显特征。如：小兔的耳朵长长的，小松鼠的尾巴毛茸茸的，小象的鼻子最长，小鹿的鹿角像树枝。	1. 在提示下表达一种动物的特征。 通过看一看、摸一摸、做一做等形式，用语言说出动物的名称或者模仿动物动作来表达小兔的耳朵长长的、小松鼠的尾巴毛茸茸的、小象的鼻子最长、小鹿的角像树枝等特点。 可可说出答案之后，教师用语言或者动作表扬来强化可可的成就感。
	2. 出示图片2—4，教师边讲述边提问。 （1）教师：小狐狸转过身，把眼睛都蒙起来了，那其他小动物干什么去了？那我们一起学学狐狸的样子把眼睛蒙起来一起数5、4、3、2、1。 （2）教师出示躲起的动物图片，请幼儿猜测。 教师：看，小狐狸找到了谁？ "你怎么知道是小兔。" "小兔躲在哪里了？" "那我们一起叫小兔出来吧。"（教师变出小兔玩偶，和孩子们一起抱一抱）。"小狐狸还找到了谁？" 教师："你怎么知道是××的？""他躲在哪里了？" "那我们一起叫他出来吧。" 教师：小狐狸很快能找到小兔、小松鼠、大象他们，为什么找不到小鹿呢？ 教师追问：小鹿躲到哪里去了？他的角露出来了，为什么我们没有发现？小动物把小鹿的角当成了什么？	2. 观察图片，能用"××藏在××地方"的句式说出动物具体躲藏在哪里。 （1）能够跟随提示做出蒙眼动作，并且倒数5、4、3、2、1。 （2）能够分辨前、后、里、外等简单方位，说出动物躲藏的位置。 （3）能跟随故事的发展大胆猜测小鹿藏在哪里了。 积极回答问题，能够跟随提示找出小鹿躲藏的地方，知道小鹿的鹿角像树枝。	2. 和同伴一起观察图片，在图片或动作的提示下说出动物的躲藏位置。 （1）愿意跟随图片的提示一起倒数：5、4、3、2、1；同伴在一旁用合适的音量和可可一起数数。 （2）用视觉方位图片或者动作提示的形式提醒可可动物的所在位置，教师通过前期方位词经验支持，引导可可说出"前、后、里、外"等方位，说出动物躲藏的位置。 （3）与同伴讨论小鹿藏在哪里了。 教师可以参与聆听，引导同伴用动作的形式提醒可可发现小鹿隐藏的位置。对可可正确的回应用微笑或者拥抱等给以鼓励。

教学活动			
教学环节	教师活动	班级幼儿活动	特需幼儿活动
	3. 出示重点图片引导幼儿完整讲述句式。 教师:小兔躲在石头后面,小松鼠躲在大树后面,小象躲在草丛里,小鹿躲在树林里。	3. 观察重点图片,用句式"××藏在××地方"完整讲述。同伴间相互说一说句式,并且相互肯定。	3. 观看重点图片,尝试用"××藏在××地方"的句式说出小动物具体躲藏在哪里,并能与身边的同伴说一说。 可可和同伴一起说出小动物躲藏的位置。共同完成任务后双方可以相互击掌或者示以微笑肯定。
环节三:引导幼儿完整讲述故事内容	1. 完整欣赏故事,练习句式"××藏在××地方"。 教师:现在小狐狸把朋友们都找到了,它们在森林里玩得可开心了!我们一起来看一看,说一说这个故事吧!	1. 完整的观察画面,跟随图片提示用句式讲述故事。在本环节中,幼儿能够跟随音乐和教师一起讲述故事,再次分辨前、后、里、外方位,用完整的句式"××藏在××地方"讲述故事内容。	1. 观察画面,在教师和同伴的提示下用"××藏在××地方"句式讲述故事。在同伴示范后,教师给予可可单独说一说句式的机会,用示范引导的形式鼓励可可在集体面前表达,若幼儿听不清,教师再次添加动作示范。
	2. 游戏:捉迷藏。 请小朋友们利用教室里的桌椅玩具柜进行遮挡,教师和可可去寻找,找到后要说出"××藏在××地方"。	2. 借助教室的桌椅、玩具柜进行捉迷藏游戏,并且能够用"××藏在××地方"的句式说出躲藏的位置。	2. 能够和同伴一起进行捉迷藏游戏。 可可在教师的协同下一起去寻找躲起来的同伴,并和同伴一起说说"××藏在××地方"。对可可找到同伴并且出说句式给以及时的语言赞扬。如:可可真厉害,找到××藏在××地方,给你一个甜甜的拥抱。
环节四:活动延伸	教师:除了可以在幼儿园玩捉迷藏,小朋友们还可以回家和爸爸妈妈一起玩,看看谁能最快找到藏起来的人。	回家和爸爸妈妈一起玩捉迷藏的游戏,并且练习句式"××藏在××地方",除了前后、里外等方位词,还可以增加"上下"等空间方位进行游戏。	和家人一起捉迷藏,在动作的提示下完整说出"××藏在××地方",增强对"前后、里外"等空间方位的理解。游戏中可以和父母交换角色进行,增加亲子游戏的趣味性。

第四部分:教师分析

在融合教育的背景下,我们需要深入了解每个幼儿的独特性,包括他们的兴趣、能力、学习风格和特殊需求。基于听力障碍儿童在身心发展方面的特殊性与差异性,对现有的教育活动内容不断优化,确保教育活动的更加合理,满足普特儿童的身心发展需求。

1. 环境支持

在融合教育的环境中,为了确保听障幼儿能够更好地适应和应对听觉信息处理的挑战,我们应当为他们提供充足的感官刺激。例如,引入动物毛绒玩具,不仅能让听障幼儿通过触摸来感受动物的鲜明特征,还能鼓励他们进行语言描述,从而辅助他们更好地理解和表达。

2. 素材调整

对于听障幼儿而言,他们常常更倾向于依赖视觉获得外界信息。因此,我们对绘本画面进行特别调整,将繁杂的画面去除,保留小动物躲藏的画面,以便更清晰地呈现故事讲述内容。

同时,为了更好地帮助幼儿理解和描述画面中的内容,以注重强调和突出画面中的关键点,利用视频圈画功能,将画面中的重点部分进行标注,帮助听障幼儿准确描述出小动物们躲藏的具体位置,理解前后、里外等空间方位。

3. 活动简化

对于听力障碍幼儿,由于他们听觉接收外界信息的能力相对较弱,在绘本讲述的内容上,要适当进行内容的简化,用简短、生动的语言讲述绘本故事,突出主要角色和关键情节,减少细节的描述。复述故事的过程中尽量使用简单且重复的句式和词语,帮助幼儿理解故事内容。

4. 儿童喜好的运用

从日常观察中发现,班级幼儿对小动物很感兴趣,有去过动物园的经历。因此,绘本的选择从儿童感兴趣的常见动物入手。同时,发现听障幼儿喜欢玩捉迷藏的游戏,借助绘本故事《藏在哪里了》,巧妙添加捉迷藏游戏,在游戏的过程中引导听障幼儿掌握"××藏在××地方"的句式。

5. 成人支持

活动中教师共同参与儿童游戏,在和幼儿玩捉迷藏游戏中,适时引导听障幼儿,鼓励幼儿讲述同伴隐藏的位置,如"可可,乐乐躲藏在哪里?"通过这样的引导,为可可的语言表达提供支架,帮助她在实践中进行句式的练习。

6. 同伴支持

同伴相互交流时,可以放慢语速和听障幼儿交流,当听障幼儿不知道如何表述时,能主动示范讲出完整句式,给听障幼儿做好榜样示范。对于可可完整讲述的结果能给以微笑和称赞的语言。

7. 隐形支持

小组分配时,自然地将听障幼儿与语言表达能力较强的同伴坐在一起,既促进互助,又避免了明显的区别对待。在同伴交流中教师关注听障幼儿表述的情况,适时提供支架引导幼儿完整表达,对幼儿完成"××藏在××地方"的句式,给以及时的语言鼓励。

第五部分:园长(教学骨干)点评

幼儿园融合教育课程调整策略强调教育的包容性和平等性,更加关注每个幼儿的个体差异,通过课程调整来满足他们的不同需求。这不仅可以促进特殊需要幼儿的全面发展,也可以让普通幼儿更好地理解、接纳和尊重不同差异,培养他们的包容性和同理心。

在融合教育的背景下,教师需要具备更高的专业素养和教育能力,以应对不同幼儿的不同需求。课程调整策略可以帮助教师更好地规划教学活动、设计教学内容、选择教学方法和手段,使教学更加符合幼儿的实际情况和需要。这不仅可以提高教学效果和质量,也可以增强教师的自信心和成就感。

本次活动教师结合听障幼儿的发展特点,以多元参与的形式组织幼儿进行活动。在观看图片、配乐朗读、实物呈现、游戏互动等实施中,帮助听障幼儿更好地融入活动。同时,巧妙地运用多媒体信息技术,以调整画面呈现效果,设置特效吸引听障幼儿的注意力,增强听障幼儿对画面的理解力。

融合教育不仅仅发生在幼儿园的课堂里,更应当延伸到幼儿生活的每一个角落,特别是家庭教育。家庭作为幼儿成长的首要场所,其教育作用不容忽视。因此,本次活动最后的延伸环节,正是体现了家园共育的方向引领,彰显出融合教育理念的全面性和深入性。

(点评人:南京市江宁区殷华街幼儿园周昉副园长)

二、中班语言领域:彩色的梦[①]

第一部分:特殊需要儿童基本情况

小知,男,4岁。3岁以前家长发现孩子发音只能发出"啊"等模糊不清的短词,无法正确用语言表达自己的需求和想法,后来去昆明某儿童医院看诊,诊断为言语和语言发育障碍。3岁进入幼儿园后,教师进行家访,对孩子的情况进行分析并提出教育建议,家庭内部教育意见达成统一;通过家园协力共育,孩子已经慢慢能够大致清晰地说出简单的短词和短句。目前是幼儿园中班的幼儿,正常参与班级一日生活。

《彩色的梦》教学
活动视频

小知在日常生活中能够自己独立穿衣、吃饭,一日活动能够正常进行,有一定的生

---

① 　本案例由昆明市第十七幼儿园王红、徐莹莹撰写,高春玲、马彦指导

活自理能力。

(1)认知方面:能够听懂日常对话并且理解简单的指令,会对指令做出相应的动作,有时会观察并且模仿其他小朋友的动作,集中活动时能够认真听讲并且会举手用简单的短词回答问题,但是理解不了较为复杂的指令。

(2)语言表达方面:3岁刚进入小班时,小知只能发出简单的"啊"音,表达想法时只能发出模糊不清的语句并且大多带有"啊"音。在其他人不理解他听不懂他的意思时,会出现咬人等行为。在小班这一年,小知掌握的词和句子逐渐增多,现在能够大致清晰地说出短词,也能够说出简单连续的短句,虽然不够流畅,但是能够大概清楚地表达自己的想法,其他人也能够听懂他的意思,攻击行为逐渐减少甚至很少出现;小知喜欢表达乐于表达,很喜欢和小朋友们在一起玩游戏,性格开朗。

【知识链接】

言语障碍儿童身心发展特点①

言语障碍(speech disorders)又称"言语异常""言语缺陷"。如果一个人的言语有以下特点中的任何一个,就可以认为是有言语障碍:(1)音量太小不易听到。(2)不易理解。(3)听起来或看上去使人不愉快。(4)某些语音成分发不准。(5)说话费力。(6)韵律不合常规。(7)词汇、语法等方面有缺陷。(8)言语特点与说话人的年龄、性别等不相称。根据言语障碍者言语行为中表现出的突出特点,可以分为构音障碍、流畅性障碍、嗓音障碍和语言障碍。尽管口吃也会有语音的歪曲,但口吃的主要特点是话语的流畅性障碍,所以还是把口吃归入流畅性障碍。失语症患者也经常表现出构音错误、节律异常,甚至发不出声音,但其主要特点是语言运用发生障碍,因此,失语症归入语言障碍一类。有的患者具有不止一种言语障碍,例如,一个先天性腭裂儿童可以同时有声音、构音甚至语言障碍。

第二部分:教学内容分析

《幼儿园教育指导纲要(试行)》提出:引导幼儿接触优秀的儿童文学作品,使之感受语言的丰富和优美,并通过多种活动帮助幼儿加深对作品的体验和理解。幼儿在欣赏文学作品时,形成作品中的文学想象是其理解作品、感受作品所蕴含情感的重要途径,也是陶冶文学情操、奠定初步文学素养的重要过程。诗歌《彩色的梦》句式工整,看似简单的表达背后蕴藏着无限的想象空间,适合中班上学期幼儿欣赏并创编。同时,诗歌内容简洁、对仗工整,便于理解和掌握,是言语障碍幼儿的良好学习材料。

---

① 朴永馨.特殊教育辞典[M].北京:华夏出版社,2014:261-262.

1. 提升幼儿语言能力

《彩色的梦》以梦为出发点,描述了花、草、云等自然事物与颜色的关系,描绘出一幅幅美丽的画面。这些内容既符合幼儿的兴趣点,又能够激发他们的想象力和语言表达能力。

(1) 增强语言理解能力:通过诗歌中的描述,让幼儿感受事物与颜色的关系,增强他们的语言理解能力。同时,诗歌中的丰富色彩和梦幻场景可以激发幼儿的想象力,促进他们的创造性思维发展。

(2) 改善发音和表达:整节语言活动可以帮助言语障碍幼儿改善错误的发音方式,如字音混淆、发音不清等问题。通过针对性的训练,幼儿能够逐渐掌握正确的发音技巧,提高语言表达的清晰度。

(3) 扩大词汇量:活动有助于幼儿接触和学习新的词汇。通过反复练习和实际应用,幼儿能够逐渐扩大自己的词汇量,为更复杂的语言表达打下基础。

2. 促进幼儿认知和社会性发展

(1) 提高认知水平:语言是认知发展的重要工具。通过语言活动,幼儿能够更好地理解和表达周围的世界,从而提高自己的认知水平。例如,通过描述图片、讲述故事等活动,幼儿能够加深对事物特征、关系等概念的理解。

(2) 增强社会交往能力:语言活动为幼儿提供了与他人交流和互动的机会。在参与活动的过程中,幼儿需要学会倾听、表达、协商等社交技能,从而增强自己的社会交往能力。

第三部分:融合教育教案

领域	语言	班级	中班	执教者	王老师
主题	诗歌	课题	中班语言:诗歌《彩色的梦》		

学情分析	普通幼儿	本班幼儿的语言能力发展较好,在遇到困难时愿意表达自己的需要和想法,且能口齿清楚地说儿歌、童谣或复述简短的故事。本班幼儿都比较喜欢诗歌、故事等,还能根据连续画面提供的信息,在成人的引导下,能大致表述出诗歌、故事的情节内容。
	特需幼儿	小知,男,医院诊断为言语和语言发育障碍,只会说单音节词并且说话不清晰,更多时候发出"啊"音,会因为其他小朋友听不懂他的意思而焦急甚至出现攻击行为。会通过肢体动作邀请小朋友和他一起游戏,不能很好地理解一些简单的指令。说话不清晰,能讲的词比较少,能够听懂简单的日常对话但不能及时做出回应,对小朋友的动作也能给予回应。 在日常生活中,当有需要时会寻求他人的帮助,但不能很好地表达自己的需要,喜欢观看书本中的一些画面,但不能很好地理解并表达画面内容。
学习目标	普通幼儿	1. 通过听赏、诵读、想象等方式理解诗歌内容,感受宁静、温馨的意境。 2. 理解诗歌中描述的事物与颜色的关系,学习用诗歌中的句式"××爱做梦,梦是××的"进行仿编。
	特需幼儿	1. 能安静倾听诗歌。 2. 能听懂诗歌内容,跟读感兴趣的词语(如:"小草""绿绿的""小花""红红的""白云""蓝蓝的""小朋友""彩色的"等几个词语)。

教学方法	普通幼儿	情境教学法、启发式教学法、游戏法、直观教学法等
	特需幼儿	正强化
教学准备	物质准备	图片(拟人化图片、现实生活中的实物图片)、纯音乐《下午的宁静小憩》、课件《彩色的梦》
	经验准备	幼儿前期有欣赏诗歌的经验,感受过大自然中小草、小花、白云等事物的色彩美。

教学活动			
教学环节	教师活动	班级幼儿活动	特需幼儿活动
一、谈话导入,激发幼儿的学习兴趣。	提问幼儿,引导幼儿大胆交流。 教师:小朋友们,你们做过梦吗?你们的梦是什么样的? 教师小结:每个人都会做梦,今天我们有四位小客人也做了梦,让我们一起来看看他们是谁?都做了什么梦?	幼儿大胆表达自己做过的梦的内容:请个别幼儿说一说他的梦。	小知能够仔细倾听其他孩子的谈论,并表现出对此活动的兴趣。
二、出示图片,学习诗歌,理解诗歌内容,并尝试完整朗诵。	1. 依次出示图片,引导幼儿学习理解诗歌内容。 教师:这是谁?小朋友们觉得他的梦会是什么颜色的? 教师小结:小草、小花、白云,小朋友爱做梦,他们的梦是不一样的。 2. 幼儿欣赏教师诗歌朗诵《彩色的梦》,播放背景音乐,并提问幼儿。 教师:今天我们要学习一首诗歌,一起来听一听,并回答以下问题。 问题: 小朋友们,诗歌的名字叫什么? 诗歌里都有谁爱做梦? 他做的梦是什么颜色的? 3. 播放音乐,引导幼儿一起完整朗诵诗歌。 教师:我们学习了诗歌《彩色的梦》,一起来朗诵一遍吧! (播放音乐,边看图片边引导幼儿一起朗诵诗歌)	1. 幼儿根据教师引导说出:小草——梦是绿绿的,小花——梦是红红的,白云——梦是蓝蓝的,小朋友——梦是彩色的。 2. 幼儿仔细倾听诗歌,并回答问题。 (预设)请个别幼儿回答问题:诗歌的名字叫做《彩色的梦》,诗歌里,小草爱做梦,梦是绿绿的,小花爱做梦,梦是红红的,白云爱做梦,梦是蓝蓝的,小朋友爱做梦,梦是彩色的。 3. 幼儿完整朗诵诗歌	1. 小知能够根据教师的引导说出简单的几个词语。 支持教师:在旁引导小知进行发音。 2. 小知能安静倾听诗歌,并能够说出自己听到的内容。 支持教师:引导小知说出诗歌内容里面的词语,并引导其正确发音。 3. 小知跟随大家一起学习朗诵诗歌。 支持教师:根据小知朗诵情况纠正发音。

续表

教学活动			
教学环节	教师活动	班级幼儿活动	特需幼儿活动
三、开展"找梦游戏",幼儿尝试仿编诗歌	1.创设"找梦游戏"情景,提问幼儿,引导幼儿仿编诗歌。 问题: 小朋友们,你们想一想,还有谁爱做梦,他的梦又是什么颜色的呢? 2.教师根据幼儿说出的内容绘制出相关图画,并引导其他幼儿一起进行诗歌仿编。	幼儿根据小朋友们想到的事物进行诗歌仿编。 例如:桃子爱做梦,梦是粉粉的。	引导小知尝试说出自己想到的事物。 支持教师:引导小知向其他幼儿学习,并进行表达。
四、活动延伸	教师做活动总结。 教师:小朋友们回家后,把今天新学的诗歌念给爸爸妈妈听一听。 教师:晚上睡觉时如果做了梦,一定记住自己的梦是什么颜色的,再来和大家分享一下。	幼儿回家把诗歌朗诵给家人听。	小知回家以后把自己感兴趣的内容(一个词语或者一句诗歌)说给家人听。

附:诗歌《彩色的梦》
小草爱做梦,梦是绿绿的。
小花爱做梦,梦是红红的。
白云爱做梦,梦是蓝蓝的。
小朋友爱做梦,梦是彩色的。

第四部分:教师分析

1. 环境支持

首先,教师在活动前拉上窗帘并布置场景,告诉幼儿要轻轻走进活动室,这一策略让幼儿很快进入静谧的诗歌意境。其次,在活动最后的环节,教师带领幼儿一起"做梦",首尾呼应,最大限度让幼儿置身于温馨、静谧的梦境氛围。整个活动中教师运用了轻松的轻音乐,对氛围的烘托起到了催化作用。

2. 素材调整

微视频的学习形式能够对语言发育迟缓幼儿实现相应的视觉刺激,提升幼儿的活动兴趣。另外,采用图片辅助的形式朗诵诗歌,能够帮助语言发育迟缓的幼儿理解诗歌内容。

(1)丰富的视觉素材。色彩鲜艳、形象生动的课件,展示小草、小花、白云等自然景物,帮助幼儿理解儿歌内容,并激发他们的想象力。教师使用小草、小花、白云等图片及头饰,让幼儿在角色扮演中更深入地体验儿歌的情境,增强语言学习的趣味性。

（2）多样化的音频素材。教师在朗诵诗歌时加入合适的背景音乐,使诗歌的意境更加优美,情感更加浓厚,有助于幼儿感受诗歌的语言美。

3. 活动简化

活动从言语障碍儿童已有生活经验出发,结合其认知发展现状,简单调整诗歌仿编内容。当普通儿童需要仿编出一句完整的诗歌时,语言障碍儿童只需要简单说出颜色和物体即可。

4. 教师支持

教师鼓励幼儿大胆表达自己的想法和感受,即使他们的表达不完整或存在错误,也给予积极的反馈和纠正。同时避免在幼儿表达时给予过多的压力或批评,让他们感受到表达的安全感。

5. 同伴支持

通过小组活动或角色扮演,让幼儿在同伴间自由交流,增加语言实践的机会。

第五部分:园长(教学骨干)点评

本活动始终围绕"促进普通儿童与特殊需要儿童共同发展"的核心理念展开,无论是环境支持、素材调整还是活动简化等方面,都体现了对言语障碍儿童的深入关怀和尊重。在这个活动中,幼儿可以自由地表达自己的想法和感受,通过游戏和互动提高语言表达能力;同时,丰富的视觉和听觉素材以及多样化的教具和学具也进一步激发了他们的学习兴趣和创造力。这些支持措施有助于言语障碍幼儿逐步克服语言障碍,实现语言能力的全面发展。

活动中,教师采用多元化教育策略,满足不同幼儿的学习需求。在听一听、看一看、说一说中引导幼儿积极思考、大胆想象、自由表述;插入音乐、情感渲染,在朗诵、游戏、仿编时选用合适的音乐帮助幼儿进入诗歌的意境,更便于幼儿理解、接受、记忆诗歌内容,符合幼儿在玩中学的特点。此外,教师创设"帮朋友找梦"的游戏,让幼儿在自由表达与帮助朋友的环节中感受到仿编诗歌的乐趣,丰富幼儿学习经验,表达对诗歌的理解和感受。这种多元化的教育策略不仅有助于言语障碍儿童的学习,同时也为普通幼儿提供了更多元的学习体验。

（点评人:昆明学院学前与特殊教育学院高春玲副院长）

三、大班：辩论会进行时[①]

第一部分：特殊需要儿童基本情况

抱抱，男，3岁时进入幼儿园，表现出与同伴基本互动的缺乏，表达时缺乏眼神接触，存在刻板行为，且规则意识、安全意识及集体意识相对较弱。4岁时，在某医院被诊断为孤独症谱系障碍。目前，抱抱是幼儿园大班的幼儿，能够正常参与班级的一日生活。

抱抱具备基本的生活自理能力，但需要教师依序提醒或提供视觉支持材料，才能依序完成在园的常规流程活动。他的情绪非常不稳定，面对困难时会出现较大的情绪波动，遇到不如意的情况时容易发脾气，且较难安抚。在识别自我及他人的情绪情感方面，抱抱还有待提高。在感官知觉领域，抱抱发展较好，能够通过视觉、听觉、嗅觉、味觉等感知环境，虽然不能用语言清晰表述，但能够做出相应的反应。在使用触觉感知物品的能力方面，抱抱需要特别协助才能适应环境的需求。他对周围世界有一定的认识能力，但在遇到事情时需要成人协助，才能用已有经验去解决问题。在粗大动作发展方面，只需稍微提示均能适应环境的需要；然而，在手眼协调性以及完成活动的专注力方面，他还需要继续加强。在户外活动游戏中，抱抱不拒绝参与游戏，但参与游戏的持久性较弱，注意力容易分散，且在户外活动集体游戏的规则性发展上也较弱。在语言交往方面，抱抱具备了听、说的基本能力，能够理解他人所表达的意愿。但偶尔会因注意力原因，在别人对自己说话时不能专心听。他喜欢提问，不排斥与幼儿接近，但与幼儿交往的主动意识较弱。在静坐等待、及时表达自己的需求、表达技能以及把握说话情境方面，抱抱仅发展出微能力，需要大量协助才能适应环境的需求。

【知识链接】

孤独症儿童身心发展特点

孤独症（Autism Spectrum Disorders，ASD）是一种广泛性发展障碍，1943年美国精神病医生Leo Kanner首次提出ASD这一概念，其核心症状是社会交往障碍、语言障碍和兴趣狭窄、重复刻板的行为。

社会交往障碍是孤独症儿童主要的功能障碍之一，它对患儿的认知和社会互动能力的发展有着深刻的影响，包括无法和他人分享经验，缺乏同理心和主动发起话题的能力，不能进行情感的互动交流，社会行为与社交情境不符等。

研究表明，社交语言缺陷是孤独症儿童的最初特征，超过40%的孤独症儿童存在

[①]　本案例由北京大学附属幼儿园李慧萍老师提供并撰写

不同程度与形式的社交语言缺陷，且其对孤独症儿童社交行为发展的消极影响是深远持久的。孤独症谱系障碍儿童的语言障碍特征主要表现为语音语调异常、词汇量少，不能正确使用代词、语言理解和表达明显落后、语用异常（语言缺少沟通功能，主动语言围绕个人需求）、难以使用非语言沟通方式等方面。他们常常表现出词不达意，难以对一些情境做出合理的表达。不会主动说出抱歉，或者对他人表示赞扬和感谢等。

重复刻板行为在孤独症儿童身上较为常见，他们会因为对某种物品或者动作行为产生安全感或者喜好，在生活中会经常出现反复操作或者表达同一语句，兴趣的广度比较缺乏。

孤独症儿童在感知觉、注意力、思维等方面也存在异常。感知觉方面，孤独症儿童感知能力发展存在差异，视觉发展占优势，嗅觉、味觉、触觉有不同程度的异常，有的偏爱特殊气味，有的对触觉比较敏感等。注意力方面，他们更多地表现出注意力难以集中，共同注意能力不强，时常出现目光飘忽，不根据指令开展活动，随意离开位置等行为。多数孤独症儿童思维水平较低，以直观动作思维为主，抽象逻辑思维无法形成。对一些运算能知道结果，但不知道其中的意思，当然也有个别孤独症儿童具有超强的数学推算能力。

第二部分：教学内容分析

"辩论会进行时"这一主题活动源自大班幼儿中常见的"抢第一"现象，以及幼儿在对这一现象发表看法时自发形成的"小小辩论会"。该活动不仅满足了幼儿在真实情境下对当前亟待解决的问题表达观点的需求，而且在开放的师幼互动和幼幼互动中帮助幼儿拓展解决问题的思路。这一过程潜移默化地为特殊需要儿童的班级融合营造了一个尊重和接纳的班级氛围，从而促进并提升了孤独症谱系障碍幼儿的班级融合质量。本活动的辩题是"排队过程中离开后能不能回到原来位置上"，正方的观点是"离开后可以回到原来位置上"，反方观点是"离开后不能回到原来位置上"。

首先，活动的选择基于幼儿生活中真实发生且需待解决的问题。围绕辩论话题，幼儿有准备地进行观点陈述，最终对真实情境中产生的真实问题达成共识。活动前期包括了解辩论会的概念、分组准备辩论材料、确定观点并区分正反方、商定辩论规则，直至正式开展辩论，整个过程都是围绕问题产生到积极尝试解决问题的路径推进。

其次，活动的选择旨在促进孤独症谱系障碍幼儿的同伴互动及语言表达发展。以共同完成一项任务为契机，采用自由结组、协调分组等方式，促进幼幼之间的互动交流。在同伴支持下，帮助特需幼儿融入小组，并在以同伴支持为主的情境下，协助小组完成任务，从而帮助普通幼儿和特需幼儿学习如何用适宜的方式有效互动，感知积极互动带来的乐趣和成就感。此外，通过观点记录表等方式，支持全体幼儿的理解和表达能力，特别是辅助特需幼儿进行有逻辑的语言表达。

　　最后,活动积极推动问题解决的过程,进一步营造尊重、接纳的班级氛围,促进和提升班级融合质量。从幼幼互动的角度来看,在整个主题及辩论的过程中,幼儿学会倾听他人的想法,站在对方的角度思考问题,尝试协商分工、解决问题,彼此之间展现出互相尊重和接纳的态度。从师幼互动的角度来看,教师抓住教育契机,提出问题后退后一步,用适宜的方式推动和支持幼儿去发现问题、解决问题,而不是直接给出解决问题的方法,这体现了对幼儿能力和发展需求的尊重。在此过程中,家长协助梳理观点,不给予结果性的评判,而是给予幼儿表现的正向肯定和反馈,这也是尊重的体现。尊重、接纳、信任的班级氛围的营造,对于提升班级融合质量起到了极大的保障作用。

　　第三部分:融合教育教案

领域	社会		班级	大(3)班	执教者	李老师
主题	小小辩论会		课题		辩论进行时	
学情分析	普通幼儿	在班级中,大部分幼儿在社会交往、规则意识的建立以及语言表达能力方面都表现出色。他们具有良好的分工和合作能力,并且能够灵活地结合日常生活中的事件来表达自己的观点和意见。进入大班后期,幼儿之间开始热衷于竞争性游戏,并且经常在游戏中提出自己的想法,以制定或完善游戏规则。在这个过程中,由于幼儿在思维、表达和社会交往能力上存在差异,有时他们能够通过协商自行解决某些问题并达成共识。然而,有时由于无法达成一致,可能会导致一些争论,甚至产生小矛盾。				
	特需幼儿	抱抱,男,孤独症谱系障碍儿童,社会交往及功能性语言障碍突出,需要成人大量的辅助才能参与同伴的小组活动。遇到问题不会主动需求帮助。与人对话时缺少对视,较少主动发起问话,尤其是与同伴之间的交流。能在成人的提醒下完成生活自理;能听懂简单的要求和提示,并根据老师和同伴的提示指令完成相应的动作。无法关注别人的情绪和需要。 　　抱抱能主动跟成人用简单句表达需求,在成人的追问引导下,有时会用简单句表达自己的情绪。与同伴的沟通过程中,主动表达少,功能性语言少,偶尔会跟随同伴进行仿说。小组活动中,能听懂同伴之间简单的规则要求,较为复杂的要求需要成人或同伴多次示范、演示才能理解。抱抱喜欢红色的贴纸,红色的贴纸可作为强化物来吸引抱抱的注意力。				
学习目标	普通幼儿	1. 能遵守辩论规则,按次序轮流讲话,不随意打断别人,并能根据辩论的需要,调整说话的语气。 2. 能够认真倾听和理解对方观点,清晰表达自己的观点。 3. 体验辩论带来的快乐和成功感。				
	特需幼儿	1. 能在集体中大胆、清楚表达自己的观点。 2. 能遵守辩论赛的规则,并能听懂教师和同伴的语言提示。				
教学方法	普通幼儿	情境教学法、启发式教学法、合作教学法				
	特需幼儿	情境教学法、示范法、合作教学法、同伴支持法、语言提示法、喜好物强化法				

教学准备	物质准备	材料准备:辩论会的辩题背景图、正反两方辩手桌签、辩论会流程图、计时器、最佳辩手等奖杯、智多星奖牌、冰淇淋图片牌、点赞牌、末端贴有红色贴纸的教鞭; 场地准备:将活动室布置成辩论会的现场。
	经验准备	1. 幼儿前期了解辩论会流程,并与教师共同制定了本次辩论会的规则。 2. 幼儿围绕辩题根据自己的意愿分成正方和反方,并在前期进行了论点的梳理,填写了论点记录单。

教学活动

教学环节	教师活动	班级幼儿活动	特需幼儿活动
一、导入部分	出示幼儿自制的背景板,开启话题。 教师:小朋友们,经过大家一周时间的精心准备,今天我们正式开始辩论会。我们一起来回顾一下,辩题是什么?关于这个辩题我们正方的观点是什么?反方的观点是什么?	幼儿共同说出辩论会的辩题。 正方和反方辩手分别齐声说出自己的观点。	眼神能关注到背景板,并能随着教师教鞭点的位置读出或跟随同伴集体回应的声音说出辩题和正反两方的观点。
二、基本部分	1. 担任不同角色的幼儿坐到各自的位置。 2. 就辩论规则再次达成共识。 教师:正方和反方分别有几辩?相应的辩手分别是谁?正方先陈述观点还是反方先陈述观点呢? 3. 正方两方分别阐述观点。 4. 自由辩论环节:正反方进行回合式的自由辩论。	1. 辩手、主持人、观众裁判分别就位。 2. 担任辩手的幼儿分别面向观众裁判介绍自己。两方一辩通过"石头剪刀布"的游戏来决定哪方先表达观点。 3. 正反方幼儿论述其观点,每位辩手表述完后,作为观众裁判的幼儿都会给他们鼓掌。 4. 自由辩论环节中,有的幼儿执着于补充自己的观点,有时会进行举例子说明,有的幼儿能从对方的表达中找到漏洞进行反驳。 幼儿表述时比较激动时,教师出示冰淇淋的牌子,提示幼儿冷静表达。	1. 抱抱跟随同伴来到正方二辩的位置坐好。 抱抱手里把弄着事先准备好的观点记录单,教师小声提示抱抱将记录单放好,以免被撕破,影响阅读。 2. 抱抱在记录单的辅助下,介绍自己的姓名及自己担任的是正方的二辩。 两方一辩进行游戏时,抱抱跟随同伴一起说:"石头剪刀布"。决出胜负后,教师通过提问帮助抱抱明确和理解获胜的正方是首先陈述观点的一方。 3. 当正方的一辩陈述完,抱抱看着记录单的提示,很清晰很完整地将活动前和老师一起准备的观点表述出来。 4. 自由辩论的环节抱抱能感受到双方互相辩论的热烈气氛,由于语速过快,他没有太理解双方表达的意思,开始出现晃动身体、左顾右盼的情况。 教师轻拍拍他肩膀,并坐在他身后。当正方的一名小朋友表述完,教师提示他点赞。他拿起事先准备好的点赞手牌给小朋友肯定。

		在自由辩论的过程中，也有一些幼儿被对方的论点带偏了，也有幼儿在表达观点的过程中发现自己观点表述偏离，最终绕了个大圈子又回到自己的观点上来，教师可根据情况给予指导。	
	5.2分钟结辩：遵循先开后接的原则，双方推荐结辩的幼儿根据本场幼儿的观点，进行结辩。 (1)教师：接下来是结辩环节，请小朋友们回顾一下我们之前约定的结辩规则有哪些？ (2)教师强调要遵守时间规定，时间到了要立刻停止，不能继续再讲。教师邀请幼儿抱抱作计时员。 (3)反方和正方结辩幼儿分别结辩。 (4)主持人小结。	5.结辩代表2分钟内完成结辩。 主持人对正反双方的结辩观点进行总结。	5.抱抱眼神看向背景板结辩规则处，目光并跟随主持老师教鞭滑动，说出"2分钟"这一信息。 抱抱听到老师喊他，目光看向老师，但并没有拿出计时器。教师重复一遍要求："抱抱拿计时器，将时间调至2分钟。"抱抱依序完成后，老师说："抱抱准备好了就说——我准备好了。"抱抱说："我准备好了。" 抱抱很认真地计时，当2分钟时间到了时，他会说："时间到了。"
三、结束部分	1.教师请观众评委评选"最佳辩手"和"智多星" 教师：结合刚刚小辩手们的表现，请观众评委讨论，从正方和反方的辩手中分别提名一名"最佳辩手"和四名"智多星"。讨论时间是5分钟，请抱抱小朋友计时。 2.辩手领奖、合影。	1.(1)观众评委进行讨论，教师分组提示他们要针对每名小朋友说出提名理由。 (2)幼儿听到抱抱的提醒分别回到自己的座位。幼儿通过讨论推选两位观众代表分别对正方和反方进行"最佳辩手""智多星"提名。 2.双方辩手互相握手致谢，跟随颁奖音乐上台领奖，并合影留念。	1.(1)抱抱听到老师的计时要求后开始调计时器。 老师追问："抱抱，这次计时几分钟啊？"抱抱说："2分钟。"老师更正道说："5分钟。"同时用教鞭指向规则板上的5分钟区域。抱抱说："5分钟，开始。" (2)计时器响了，抱抱拿着计时器快速跑到观众评委席，大声说："时间到了。" 2.抱抱被评为"智多星"。提名理由是：自己准备的观点说得很流利，自由辩论的过程中虽然没有发言，但是给自己队的小朋友点赞，有团队精神。此外还兼任了计时工作，做得很好。抱抱很羞涩地笑了，跟随同伴给自己鼓掌。老师提示下，抱抱说："谢谢。"
延伸活动	二议：什么是辩论会 教师可鼓励幼儿将大家的看法整理成小书。	幼儿结合辩论会经验，再谈对辩论会的理解。	

第四部分：教师分析

结合幼儿园融合教育课程调整的策略，活动设计中关注普特儿童双方的发展需求，也在基于孤独症儿童身心发展特点的基础上对活动本身进行了差异性调整。

1. 环境支持

开放式的辩论会场景布置一方面能很快将幼儿带入情境，使其明确各自的角色和需要做的事情，另一方面开放的环境也满足了孤独症幼儿抱抱自由、安全的行动动线，体现了空间环境和心理环境的无障碍。

2. 素材调整

活动通过幼儿自制背景板、各种提示牌等道具，有效支持活动现场的推进。教师很巧妙地引导幼儿将梳理过的辩论会流程、规则等经验呈现在幼儿设计的背景板上，一方面有现场图片提示的作用，另一方面也通过图示法帮助抱抱关注流程，在依序完成上给予支持。再如计时器、幼儿辩论白热化时提示大家冷静的冰淇淋牌也帮助活动顺利完成。

辩论会前辩手们准备的观点记录单，是将已经梳理好的经验具象化，在辩论会现场能给予幼儿参考、辅助的支持，尤其是抱抱的观点记录单为他在活动中流利表达观点提供了图示支持。点赞牌能巧妙地帮助抱抱参与和融入到自由辩论环节，同时也巧妙支持他融入团队，获得参与团队的效能感。

3. 幼儿喜好的运用

辩论会的时间较长，且语言环境相对复杂，为了更好地帮助抱抱集中注意力，教师在教鞭上粘贴上抱抱喜欢的红色贴纸，帮助他较快地将注意力集中到关键信息上，从而能跟随或调整行为，保障在整个活动中能有一个很好的参与状态。

4. 成人支持

教师随时关注抱抱的活动状态，适宜的通过动作安抚、语言提示的方式，帮助抱抱调整注意力，促进抱抱对他人语言表达的理解。

5. 同伴支持

幼儿根据各自的"职能"分别组成正方、反方、观众裁判三个小组，共同完成各自的任务，同伴自然而然地会引领抱抱参与任务完成的整个过程，比如确定抱抱为第几辩、分发辩手桌签、引领到相应的座次中。对于抱抱而言，同伴的齐声回答问题、表达过程中的音量控制等都是正向的行为示范。

第五部分：园长（教学骨干）点评

本次辩论会的灵感源自大班小朋友中普遍存在的"抢第一"现象，以及他们对此事自发表达看法的行为。活动旨在解决小朋友们在真实情境中遇到的真实问题。从了解辩论会的概念、准备辩论会材料,到通过辩论会的形式梳理问题、在一定程度上达成共识乃至解决问题,整个过程中,小朋友们解决问题的能力得到了提升,同时也初步体验了站在不同角度思考问题的思维模式,获得了强烈的成就感。教师针对特需幼儿的全程参与进行了精心设计,而这种设计巧妙地通过全体幼儿、小组幼儿的共同制作和环节中的表现提供了隐性支持,营造了一个良好的无障碍环境。

　　活动过程中,真正体现了幼儿作为活动主体的地位。教师创设了一个宽松的班级氛围,当幼儿遇到问题时,不急于给出答案或下结论,而是通过提问、等待、提供材料支持等方式给予幼儿隐性支持。家长在协助幼儿梳理论据的过程中也提供了一定的支持。成人隐身在幼儿之后,推动幼儿走在前面,成为活动设计及解决问题的主体。活动过程始终遵循发现问题、解决问题的学习路径。从初步了解辩论会,到操办辩论会,再到投身辩论会现场,最后立足自身的经验进行复盘总结,这样一个完整的学习环路,实际上是幼儿凭借自己的尝试和大胆的表达,借助集体合作的力量进行实践活动的过程。这个过程让幼儿体验到了成功完成一件事情的效能感,充分发挥了幼儿学习、探究的主动性,他们的组织、协调能力也得到了提升。

(点评人:北京大学附属幼儿园赵红梅博士)

思考与练习:

1. 结合实例,根据年龄和发展水平制定幼儿语言领域教育内容和发展目标。

2. 从《动物与轮胎》[①]和《一步一步走啊走》[②]案例中选一个,分析其中的课程调整策略并对其作出评价。

3. 尝试设计语言教育领域教学活动并说明对幼儿园融合教育课程调整策略的运用。

《动物与轮胎》案例　　《一步一步走啊走》案例　　　参考答案

---

① 本案例由南京市江宁区殷华街幼儿园老师提供并撰写
② 本案例由云南省委金牛幼儿园南亚园郭书廷、牟玺欣撰写

TEN

第十章
幼儿园社会教育领域教学调整

学习目标

1. 了解幼儿园社会教育领域目标与内容
2. 掌握幼儿园社会教育领域教学调整策略
3. 在社会教育领域教学实践中灵活运用课程调整策略

幼儿园社会教育领域教学调整，是指在实施融合教育理念的框架下，遵循《幼儿园教育指导纲要（试行）》和《3—6 岁儿童学习与发展指南》等相关教育政策，根据特殊需要儿童与普通儿童的多样性和差异化需求，对社会教育领域教学内容、方法、组织形式及评价体系等方面进行的优化与改进措施。其核心目的是促进幼儿的社会性发展，包括社会认知、社会情感和社会行为技能的全面提升，使之能够适应社会生活，形成积极的社会态度和价值观。

第一节　社会教育领域教学与调整概述

一、社会性与学前儿童社会性

社会性是人类独有的特征之一，是指个体在适应社会生活过程中所展现出来的心理和行为特征。它涵盖了个体的自我概念、情绪情感、个性品质、行为习惯、社会认知等多个方面。社会性并非天生具备,而是在个体与他人及社会环境的交互作用中不断发展和变化的。社会性对于个人发展、心理健康、社会融入以及社会整体的和谐与进步具有至关重要的作用。首先,社会性有助于个体成长与发展。在与他人的互动中,个人逐渐形成稳定的自我概念,学会如何管理和表达情绪,形成有效的人际交往能力。其次,社会性有助于建立人际关系并促进个体社会融入。在与他人和周围环境互动的过程中,个体逐渐理解并尊重个人差异,与他人建立并维持友谊、家庭关系和工作伙伴关系,促进社会和谐发展。最后,社会性有助于道德发展与社会秩序稳定。社会交往中的规则学习和社会规范的内化,是道德观念形成的基础,可以引导个体行为符合社会伦理标准,有助于维护社会稳定。可见,社会性不仅是个体成长和幸福的基石,也是社会凝聚力、文明进步与可持续发展的关键要素。

学前儿童社会性是指儿童入小学前在与家庭成员、同伴、教师及其他社会成员的互动过程中,逐步形成和发展的适应社会所需的心理特征和行为能力。在这一阶段,学前儿童社会性主要涵盖以下内容:学习并内化社会公认的道德行为规范,掌握沟通、合作、轮流等社会行为技能,发展自我意识与自我管理,认识各种社会角色,建立各种人际关系。社会性发展不仅涉及儿童内在心理结构的变化,也包括外在行为表现的成熟,是儿童能够有效参与社会生活,建立和谐人际关系的基础。因此,社会性发展是儿童全面发展的重要组成部分,受到家庭、教育机构及社会环境的共同影响。

二、幼儿园社会教育领域目标与内容

1983 年,美国社会学科委员会(The National Council for the Social Studies)将社会学习定为课程的一个领域,认为它的目标来自社会公民的性质以及与社会的联系,其内容来自社会学科和其他学科,能反映儿童个体、社会和文化的经验。[①] 在学前教育中,社会教育领域特别关注教育内容的整合性,这一做法深受米切尔教育思想的影响。1934 年,米切尔(Mitchell L.S.)曾编制过能让教师扩展和丰富儿童对世界的认识的教育材料。受儿童发展理论和杜威进步主义教育思想的影响,米切尔的基本教育理念是儿童需要为他们自己而经历事物,社会领域的教育应该基于儿童自己的经验,基于他们对其周围事物和文化的发现。在很大程度上,米切尔的教育仍然为当今社会领域教育提供着基础。正如维果茨基所言,社会学习并不是儿童可以孤立记忆的信息或知识,而是深深扎根于其所在的文化背景中,并与其个人经验相关。社会教育领域的内容是不可能与任何其他教育领域相分割的,也不可能与幼儿的技能、态度和价值观等的发展相

---

① 朱家雄.幼儿园课程[M].3 版.上海:华东师范大学出版社,2022:158.

分离,它是一个综合性的领域。[①]

幼儿园社会教育是指在幼儿园这一特定教育环境中,教师通过有目的、有计划地设计和组织各类活动以促进3—6岁儿童社会性发展的教育过程。社会性发展涉及儿童社会认知、社会情感及社会行为技能的全面提升,是儿童全面发展的重要组成部分。根据《幼儿园教育指导纲要(试行)》和《3—6岁儿童学习与发展指南》,幼儿园社会教育领域主要的目标和内容要求具体如下。

《幼儿园教育指导纲要(试行)》指出,社会领域目标为:

1. 能主动地参与各项活动,有自信心;

2. 乐意与人交往,学习互助、合作和分享,有同情心;

3. 理解并遵守日常生活中基本的社会行为规则;

4. 能努力做好力所能及的事,不怕困难,有初步的责任感;

5. 爱父母长辈、老师和同伴,爱集体、爱家乡、爱祖国。

针对以上社会领域目标,具体的内容与要求包括:

1. 引导幼儿参加各种集体活动,体验与教师、同伴等共同生活的乐趣,帮助他们正确认识自己和他人,养成对他人、社会亲近、合作的态度,学习初步的人际交往技能。

2. 为每个幼儿提供表现自己长处和获得成功的机会,增强其自尊心和自信心。

3. 提供自由活动的机会,支持幼儿自主地选择、计划活动,鼓励他们通过多方面的努力解决问题,不轻易放弃克服困难的尝试。

4. 在共同的生活和活动中,以多种方式引导幼儿认识、体验并理解基本的社会行为规则,学习自律和尊重他人。

5. 教育幼儿爱护玩具和其他物品,爱护公物和公共环境。

6. 与家庭、社区合作,引导幼儿了解自己的亲人以及与自己生活有关的各行各业人们的劳动,培养其对劳动者的热爱和对劳动成果的尊重。

7. 充分利用社会资源,引导幼儿实际感受祖国文化的丰富与优秀,感受家乡的变化和发展,激发幼儿爱家乡、爱祖国的情感。

8. 适当向幼儿介绍我国各民族和世界其他国家、民族的文化,使其感知人类文化的多样性和差异性,培养理解、尊重、平等的态度。

《3—6岁儿童学习与发展指南》指出,社会领域的目标主要包括人际交往、社会适应两个方面,不同年龄段儿童具体发展目标如下:

---

① 朱家雄.幼儿园课程[M].3版.上海:华东师范大学出版社,2022:159.

（一）人际交往

目标1 愿意与人交往

3～4 岁	4～5 岁	5～6 岁
1. 愿意和小朋友一起游戏。 2. 愿意与熟悉的长辈一起活动。	1. 喜欢和小朋友一起游戏，有经常一起玩的小伙伴。 2. 喜欢和长辈交谈，有事愿意告诉长辈。	1. 有自己的好朋友，也喜欢结交新朋友。 2. 有问题愿意向别人请教。 3. 有高兴的或有趣的事愿意与大家分享。

目标2 能与同伴友好相处

3～4 岁	4～5 岁	5～6 岁
1. 想加入同伴的游戏时，能友好地提出请求。 2. 在成人指导下，不争抢、不独霸玩具。 3. 与同伴发生冲突时，能听从成人的劝解。	1. 会运用介绍自己、交换玩具等简单技巧加入同伴游戏。 2. 对大家都喜欢的东西能轮流、分享。 3. 与同伴发生冲突时，能在他人帮助下和平解决。 4. 活动时愿意接受同伴的意见和建议。 5. 不欺负弱小。	1. 能想办法吸引同伴和自己一起游戏。 2. 活动时能与同伴分工合作，遇到困难能一起克服。 3. 与同伴发生冲突时能自己协商解决。 4. 知道别人的想法有时和自己不一样，能倾听和接受别人的意见，不能接受时会说明理由。 5. 不欺负别人，也不允许别人欺负自己。

目标3 具有自尊、自信、自主的表现

3～4 岁	4～5 岁	5～6 岁
1. 能根据自己的兴趣选择游戏或其他活动。 2. 为自己的好行为或活动成果感到高兴。 3. 自己能做的事情愿意自己做。 4. 喜欢承担一些小任务。	1. 能按自己的想法进行游戏或其他活动。 2. 知道自己的一些优点和长处，并对此感到满意。 3. 自己的事情尽量自己做，不愿意依赖别人。 4. 敢于尝试有一定难度的活动和任务。	1. 能主动发起活动或在活动中出主意、想办法。 2. 做了好事或取得了成功后还想做得更好。 3. 自己的事情自己做，不会的愿意学。 4. 主动承担任务，遇到困难能够坚持而不轻易求助。 5. 与别人的看法不同时，敢于坚持自己的意见并说出理由。

目标 4　关心尊重他人

3～4 岁	4～5 岁	5～6 岁
1. 长辈讲话时能认真听,并能听从长辈的要求。 2. 身边的人生病或不开心时表示同情。 3. 在提醒下能做到不打扰别人。	1. 会用礼貌的方式向长辈表达自己的要求和想法。 2. 能注意到别人的情绪,并有关心、体贴的表现。 3. 知道父母的职业,能体会到父母为养育自己所付出的辛劳。	1. 能有礼貌地与人交往。 2. 能关注别人的情绪和需要,并能给予力所能及的帮助。 3. 尊重为大家提供服务的人,珍惜他们的劳动成果。 4. 接纳、尊重与自己的生活方式或习惯不同的人。

（二）社会适应

目标 1　喜欢并适应群体生活

3～4 岁	4～5 岁	5～6 岁
1. 对群体活动有兴趣。 2. 对幼儿园的生活好奇,喜欢上幼儿园。	1. 愿意并主动参加群体活动。 2. 愿意与家长一起参加社区的一些群体活动。	1. 在群体活动中积极、快乐。 2. 对小学生活有好奇和向往。

目标 2　遵守基本的行为规范

3～4 岁	4～5 岁	5～6 岁
1. 在提醒下,能遵守游戏和公共场所的规则。 2. 知道不经允许不能拿别人的东西,借别人的东西要归还。 3. 在成人提醒下,爱护玩具和其他物品。	1. 感受规则的意义,并能基本遵守规则。 2. 不私自拿不属于自己的东西。 3. 知道说谎是不对的。 4. 知道接受了的任务要努力完成。 5. 在提醒下,能节约粮食、水电等。	1. 理解规则的意义,能与同伴协商制定游戏和活动规则。 2. 爱惜物品,用别人的东西时也知道爱护。 3. 做了错事敢于承认,不说谎。 4. 能认真负责地完成自己所接受的任务。 5. 爱护身边的环境,注意节约资源。

目标 3　具有初步的归属感

3～4 岁	4～5 岁	5～6 岁
1. 知道和自己一起生活的家庭成员及与自己的关系,体会到自己是家庭的一员。 2. 能感受到家庭生活的温暖,爱父母,亲近与信赖长辈。 3. 能说出自己家所在街道、小区（乡镇、村）的名称。 4. 认识国旗,知道国歌。	1. 喜欢自己所在的幼儿园和班级,积极参加集体活动。 2. 能说出自己家所在地的省、市、县（区）名称,知道当地有代表性的物产或景观。 3. 知道自己是中国人。 4. 奏国歌、升国旗时能自动站好。	1. 愿意为集体做事,为集体的成绩感到高兴。 2. 能感受到家乡的发展变化并为此感到高兴。 3. 知道自己的民族,知道中国是一个多民族的大家庭,各民族之间要互相尊重,团结友爱。 4. 知道国家一些重大成就,爱祖国,为自己是中国人感到自豪。

三、幼儿园社会教育领域教学调整

在融合教育背景下,幼儿园社会教育领域教学调整特别强调在多元、包容的教育环境中,为所有儿童提供均等的学习机会,通过强化社会互动、情感与行为支持等策略促进他们在社会认知、社会情感及社会行为技能等方面的全面发展。与健康教育领域、语言教育领域的教学调整一样,幼儿园社会教育领域也可以从教学目标、教学内容、教学组织与实施以及教学评价四个方面,灵活采用课程调整策略展开。

1. 教学目标调整

目标应涵盖社会认知(如认识自我与他人)、社会情感(如同情心、自尊自信)、社会行为(如合作、分享)等多维度,促进儿童社会性的全面发展。制定目标时既要考虑全体儿童的普遍发展需求,也要兼顾特殊需要儿童的个性化学习目标,确保目标既有共性又具个性。例如,"能想办法吸引同伴和自己一起游戏"这个目标,对于孤独症儿童来说,可以调整为更加细化和个性化的目标——"能够在老师的引导下,通过模仿和提示,向至少一位同伴发起简单的游戏邀请",调整后的目标既属于"能与同伴友好相处"的范畴,又考虑了儿童的个体差异,又确保了目标的可操作性和可达成性。

2. 教学内容调整

选择与幼儿日常生活紧密相连的内容,如家庭成员角色扮演、社区模拟活动等,让儿童在体验中学习社会规则和人际关系。特别需要根据儿童的学习风格和学习能力多元呈现教学内容,如调整教学材料,提供视觉、听觉等多感官学习资源,确保特殊需要儿童也能有效参与。例如,为了实现"对大家都喜欢的东西能轮流、分享"这样的目标,教师设计了"共享玩具乐园"的活动。活动中,教师需要准备几套不同的玩具,每套玩具数量少于儿童人数,促使儿童必须轮流使用。对于班级中认知发展迟缓儿童,教师可以提供视觉时间表帮助他们理解轮流的概念,并安排一位理解能力强的同伴作为榜样,通过示范带动其参与。

3. 教学组织与实施调整

首先需要创建一个安全、包容的物理与心理学习环境,如降低噪声、设置安静角落,并利用辅助技术(如语音识别软件、触控设备)帮助特殊需要儿童参与学习。组织小组活动时,采用混合编组,鼓励普通儿童与特殊需要儿童之间的互动,同时安排教师提供必要的个别化指导和支持。通过游戏化学习、故事讲述、音乐与运动等多样化教学方法,促进他们之间的互助与理解。例如,在"情绪脸谱"制作活动中,教师先通过绘本故事引入不同的情绪,随后分组让儿童用彩笔画出或贴出代表不同情绪的脸谱。对于听觉敏感的儿童,教师可以提供一个相对安静的工作区域,并使用触感材料来帮助他们表达情绪。同时,安排小组内的一对一帮辅,确保每位儿童在创作过程中都能得到适当的支持和鼓励。

4. 教学评价调整

评价不仅要关注学习结果,更要重视学习过程中的努力和进步,特别是儿童在社会交往中的积极变化。可采用观察记录、自我评价、同伴互评、家长反馈等多种方式,既关注知识技能的掌握,又重视儿童情感态度、社会行为的发展。例如在进行"能与同伴友好相处"能力的评价时,采用视频记录分析法。在一段时间内,随机选择几个自由游戏、区域游戏和集体活动的片段,对所有儿童的互动情况进行录像。在现场评价的基础上,教师团队观看录像进一步分析每位儿童在互动中的表现,如是否主动发起对话、能否响应同伴的邀请以及解决冲突的方式等。对于特殊需要儿童,特别注意记录他们在成人或同伴辅助下的进步情况,评价结果可用于制定下一阶段的个性化支持计划。

第二节　社会教育领域教学活动调整案例与分析

社会领域案例资源

一、小班:认识新朋友①

第一部分:特殊需要儿童基本情况

琛琛,男孩,2019 年 6 月出生,视力障碍,一岁五个月因视力问题查出颅咽管瘤,后在医院做了切除手术,术后视力未显著改善,视神经压迫性萎缩、双眼视力重度低下,术后垂体前叶功能衰减,日常需要使用药物替代。2024 年九月中旬进入幼儿园小四班融合,目前已适应幼儿园生活。

琛琛对于大的障碍物可以自己规避,小的障碍物需要成人提醒或自己触摸;具有基本的生活自理能力,能自己穿衣、吃饭,大小便会自控;语言表达清晰,理解日常对话,能正常与人沟通。不排斥与同伴游戏,但不知道如何回应同伴,不主动社交;非常喜欢户外活动,平行游戏居多。遇到感兴趣的,喜欢的事物会用开心大笑、蹦跳的方式表达。喜欢旋转的、会动的物品,比如车轮、玩具车、交通工具。对声音比较敏感,喜欢各种交通工具及动物叫声等。情绪的识别及调控能力较弱,要求被拒绝容易哭闹。

---

① 本案例由郑州市奇色花福利幼儿园杨思维撰写

【知识链接】

视力障碍儿童发展特点

1. 感知觉特点

由于视觉通道的缺失或受损,视障儿童更依赖于听觉、触觉等其他感官进行信息获取和处理。他们通过听觉和触觉来感知和认识世界,对声音、气味和振动等信息保持高度的警觉性和专注力。

2. 运动与平衡能力

视障儿童在爬、走、跑、抓握等动作发展上可能较为迟缓。他们无法通过视觉信息来矫正身体动作,因此平衡能力较差,精细动作的发展水平也低于普通儿童。

3. 认知特点

在注意力方面,视障儿童更难以过滤掉无关信息,容易受到外界干扰。

在记忆方面,他们更倾向于使用机械记忆,而非意义记忆,且采用更多的形象记忆和联想记忆。

在思维方面,视障儿童更偏向于具象思维,而非抽象思维,且在概念形成、问题解决和创造力等方面可能面临挑战。

4. 语言与交流

视障儿童的语言发展具有一定的特点,他们更早地依赖口语和触觉语言(如盲文)进行交流和表达。同时,他们的语言功能会受到视觉障碍的影响,表现为发音不清、说话晚、词汇量少等症状。

5. 心理与情绪特点

视障儿童表现出较敏感、情绪波动大、自卑等心理特点。由于自身的缺陷,他们在生活中会额外关注别人对自己的态度,容易遭到其他正常儿童的嘲笑,因此可能会出现焦虑不安的情绪。若长时间处于这样的环境,得不到治疗与理解,会导致出现自卑的心理特点。

6. 社会适应能力

视障儿童对周围环境的适应能力较差,如空间位置辨别能力弱、距离判断不准确、对危险因素缺乏识别能力等。这会导致他们在陌生环境中感到恐惧和不知所措。

综上所述,视障儿童在感知觉、运动与平衡、认知、语言与交流、心理与情绪以及社会适应能力等方面都表现出一定的特点。这些特点需要得到家庭、学校和社会的理解和关注,以便为他们提供更有针对性的支持和帮助。

第二部分:教学内容分析

"认识新朋友"活动设计旨在帮助小班幼儿从熟悉的家庭环境顺利过渡到幼儿园集体环境,特别是在社会性发展和自身能力发展方面提供支持。选择这一活动内容主要是基于以

下考虑:

第一,基于儿童社会性发展的需要。小班上学期的幼儿从熟悉的家庭环境进入幼儿园集体环境,这是社交发展的第一阶段,也是最关键的阶段。了解班级同学是社会交往的第一步。因此,设计"认识新朋友"活动,旨在通过活动帮助幼儿相互认识、相互了解,寻找共同的兴趣和爱好,为交往提供桥梁,适应集体环境,减少陌生感和焦虑感。同时,引导幼儿学习交往技能,如自我介绍、发起交往等,以促进儿童的社会性发展。在活动过程中帮助幼儿找到志趣相投的朋友,建立起初步的友谊关系,这对幼儿的情感发展也是非常重要的。

第二,基于儿童自身能力发展的需要。"认识新朋友"这一活动有助于儿童语言、社会性、情感等方面的发展,根据小班儿童发展水平和学习特点,本活动主要通过自我介绍和情景练习等方式帮助幼儿提高语言表达能力,通过多种感官游戏(如听觉、触觉游戏等)促进幼儿社会性发展,尤其是对于视力障碍的琛琛,听觉和触觉的刺激尤为重要。

第三部分:融合教育教案

领域		社会	班级	小(4)班	执教者	杨思维
主题		同伴	课题		认识新朋友	
学情分析	普通幼儿	小班幼儿刚入园,人际交往与社会适应处于发展阶段,需要在家庭和幼儿园中建立良好的亲子关系、师生关系和同伴关系,获得安全感和信任感,建立自信和自尊,遵守规则,形成基本的认同感和归属感。 在幼儿认识自己、看待他人的过程中需要成人搭建合适的桥梁,创建合适的情景,帮助幼儿认识新朋友,了解同伴的喜好和特点,学习正确的交往方式。				
	特需幼儿	小琛,男,视力障碍,无眼神对视,缺少社交经验,抗拒与小朋友拉手等肢体接触;非常喜欢音乐活动,目前与同龄幼儿玩平行游戏居多;能够跟随熟悉的成人发出的指令,对陌生人声音比较敏感,不主动回应。				
学习目标	普通幼儿	1. 学习交朋友的方法。 2. 愿意表达自己的想法。 3. 在情境中练习交朋友。				
	特需幼儿	1. 跟随音乐的提示,找到朋友,认识新朋友。 2. 能模仿说出交朋友的方法。				
教学方法	普通幼儿	情境教学法、启发式教学法、合作教学法				
	特需幼儿	情境教学法、合作教学法、正强化				
教学准备	物质准备	认识新朋友图片 图片参考				
	经验准备	听过儿歌《找朋友》				

教学活动			
教学环节	教师活动	班级幼儿活动	特需幼儿活动
一、儿歌导入	1. 教师带领幼儿跟唱《找朋友》。 2. 教师提问。 教师:你们旁边的小朋友是谁?	1. 跟唱儿歌。 2. 师幼共同交流,分享自己旁边的小朋友的信息。	1. 小琛根据成人提示,说出坐在旁边的小朋友的名字。 2. 坐在旁边的小朋友可以介绍自己(握握手、说出名字)
二、观看图片,学习好的方法	师幼观看《认识新朋友》图片,了解有哪些交朋友的好方法。 教师:我们班来了一个新朋友,该怎么和他做朋友呢? (1) 引导幼儿了解互相帮助可以交到朋友。 教师:如果新朋友需要帮忙,我会主动帮助她。如果新朋友玩具坏了,你会对她说什么? (2) 引导幼儿了解通过分享玩具或书可以交到朋友。	(1) 能说出自己看到的图片内容。 (2) 能在教师的引导下说出交朋友的方法。 ① 班上来了位新同学,我主动对他微笑。 ② 班上来了位新同学,我会主动告诉他我的名字。好让新朋友认识我。 ③ 和班上的同学一起看书可以交到朋友。	(1) 在老师和同伴的描述下理解画面讲的内容。 (2) ① 知道需要帮忙时可以怎么说。 小琛:"老师/小朋友可以帮帮我吗?" 同伴回答:"可以!" 小琛:"谢谢你!" 同伴:"不客气!" ② 学习邀请同伴一起玩时怎么做。 小琛:我们一起玩吧。我们一起来看书吧! 我们一起来搭建吧。我们一起来捏黏土吧……
三、播放歌曲《找朋友》,幼儿进一步进行情景演练,体验交朋友的愉快心情	1. 教师播放音乐《找朋友》,教师示范如何找朋友,感受歌曲愉快的情绪。 教师找到一个幼儿示范"握手",然后再找一个幼儿"抱一抱",最后找一个幼儿"拉拉手、转圈圈"。 2. 再次播放歌曲,鼓励幼儿与好朋友互动。 教师在游戏中注意观察幼儿交友情况,可以适当引导帮助他交到朋友。	1. 幼儿能找到朋友并和对方握握手、拉拉手、转圈圈等。 2. 幼儿自由选择动作,并创编其他动作如"击掌、敬礼、跳舞"等。	小琛听到歌曲能理解歌曲内容,在同伴找他握手、抱抱的时候能够愿意握手、抱抱,并在同伴的带领下起立去寻找其他的小朋友。
四、活动延伸	日常记录 收集幼儿交朋友的方法的照片,张贴在展示区,或者录视频记录"我的朋友"。	能够和朋友介绍自己,一起游戏,说出自己的朋友。	熟悉2—3名小朋友,知道他们的名字,想玩的时候可以用合适的话语邀请别人一起玩。

第四部分:教师分析

1. 环境支持

人文环境:营造安全、温馨的班级氛围,让幼儿在环境中初步感受安全和归属,从而认识新朋友,并通过情景、故事、示范等形式,学习与新朋友交往互动的方法。

物理环境:班级投放风铃、声控装置,为琛琛提供听觉支持。采用粘贴立体材料的方式支持琛琛独立辨识方位及各类物品,依次支持琛琛独立参与幼儿园各项活动。

2. 成人及同伴支持

老师和同伴帮助琛琛描述所展示的图片或环节,帮助琛琛理解活动内容。

3. 儿童喜好的运用

在教学环节中,借助琛琛喜欢的音乐进行互动,有助于增加幼儿参与度。

4. 隐形支持

安排琛琛的座位在距离主讲老师比较近的位置,便于他倾听老师的内容和引导。选择两位同伴,分别坐在琛琛的旁边,便于互动。

第五部分:园长(教学骨干)点评

"认识新朋友"活动设计基于幼儿的发展特点和需要,通过音乐、游戏等多种方式,让幼儿在自然情境下直接感知、实际操作、亲身体验,感受与同伴互动的快乐。通过多感官参与和情感连接,增强了活动的趣味性和有效性。教师和同伴的隐性支持贯穿整个活动,既不过于显眼,又能有效帮助特需幼儿融入集体,体现了融合教育的无痕理念。活动设计了多个互动环节,如自我介绍、听歌曲做动作等,不仅促进了幼儿之间的交流,还培养了合作精神和团队意识。此外,通过情感表达练习,帮助幼儿学会用简单的语言表达自己的感受和需要,这对培养幼儿的社交能力和情商具有重要意义。总体而言,这一活动设计不仅关注了幼儿的整体发展,还特别照顾到了特需幼儿的特殊需求,体现了教育的包容性和个性化,为幼儿顺利适应集体生活和全面发展奠定了坚实的基础。

(点评人:奇色花福利幼儿园梁田田园长)

二、中班:爱惜粮食①

第一部分:特殊需要幼儿基本情况

小林,3岁进入幼儿园小班,表现出了较为明显的注意力不集中和多动行为。在集体游戏环节,小林难以安静地坐在座位上,频繁扭动身体,东张西望。他容易被周围的微小动静吸引,无法专注倾听。在同伴合作、讨论等环节,小林参与度较低,不能很好地与同伴交流和合作,经常打断他人发言或者独自离开集体。经某医院看诊,诊断为注意力缺陷和多动障碍,智商优秀。认知能力和语言理解发展良好,精细动作、大运动能力极优,空间思维和逻辑推理方面相对较弱。目前在幼儿园中班,正常参与班级一日生活。

---

① 本案例由北京大学附属幼儿园张春娟老师撰写

小林具有良好的生活自理能力,能够自主进餐、穿衣、如厕等,但是比较挑食,对于不喜欢的食物,只要看到就会直接把食物扔到地上,或者把碗和盘子打翻;语言表达比较流畅,可以较好地表达自己的想法;社会发展方面,小林容易情绪失控,遇到自己不顺心的事情容易发生大喊大叫的行为,或者会不明原因地大笑;在集体活动中没有规则意识,经常擅自离开座位游离于集体外,到其他地方玩与活动无相关的玩具;班级活动中多半时间是自己独立玩,偶尔有意愿与同伴互动时,往往是采用肢体动作推、打行为;喜欢躺在地上打滚儿或坐在椅子上晃动身体,在地上爬,钻到桌子下面,在班级奔跑。

【拓展阅读】

注意力缺陷及多动障碍幼儿身心发展特点

注意力缺陷和多动障碍(Attention Deficit Hyperactivity Disorder,简称 ADHD)是一种儿童时期的神经发育障碍,其主要特征包括注意力不集中、多动和冲动行为。从生理角度来看,他们的大脑神经递质分泌可能失衡,导致难以有效控制自身的注意力和行为。在心理方面,这类幼儿可能由于经常无法达到教师和家长的期望,而产生自卑、焦虑等负面情绪,影响其自我认知和社会适应能力的发展。他们通常在自我管理、情绪调节和社交技能方面面临较大挑战。具体信息详见艺术教育活动领域 ADHD 儿童身心发展特点。

第二部分:教学内容分析

选择"爱惜粮食"作为中班社会活动的教学内容,不仅基于幼儿日常行为的表现,同时对于幼儿的健康和社会性发展有着重要的意义。

1. 基于幼儿日常行为表现

(1) 挑食与浪费粮食

多动障碍幼儿常常在饮食方面表现出挑食和浪费粮食的行为。选择"爱惜粮食"这一主题,可以通过直观的教育方式,让幼儿了解粮食来之不易,从认知层面引导他们认识到每一粒粮食都凝聚着农民的辛勤劳动。通过生动的讲解和实际的体验活动,如参观农田、观看粮食生产的视频等,帮助他们理解食物的价值,从而减少挑食和浪费的行为。

(2) 发脾气时扔饭

幼儿发脾气将饭扔到地上时,这不仅是一种不文明的行为,也反映出他们在情绪管理和行为控制方面的困难。以"爱惜粮食"为主题进行教学,可以将这种不良行为作为一个切入点,教育幼儿珍惜食物,同时引导他们学会控制自己的情绪和行为。通过设定明确的规则和行为准则,如"不随意丢弃食物",并在幼儿遵守规则时给予正面强化,逐步培养他们良好的行为习惯和情绪调节能力。

2. 基于幼儿社会交往方式

（1）与小朋友的沟通

在集体生活中，幼儿需要学会与同伴合作和分享。通过"爱惜粮食"的主题活动，可以设计小组讨论、合作完成节约粮食的任务等环节，让多动障碍幼儿有机会与其他小朋友一起交流和互动。在这个过程中，他们能够学会倾听他人的意见，表达自己的想法，提高沟通和协作能力。同时，共同参与活动也有助于增强他们与小伙伴之间的情感联系，促进良好同伴关系的形成。

（2）与老师的沟通

在教学过程中，教师可以以"爱惜粮食"为话题与多动障碍幼儿进行深入的交流。了解他们对于粮食的看法和感受，引导他们分享自己在日常生活中的饮食经历。这不仅能够增加师生之间的互动和信任，还为教师提供了一个教育和引导的契机，帮助幼儿树立正确的价值观。此外，教师在与幼儿讨论的过程中，可以示范如何用恰当的语言和方式表达观点，提升幼儿的沟通技巧和表达能力。

综上所述，选择"爱惜粮食"这一主题对注意力缺陷和多动障碍幼儿进行教学，既能从行为习惯上引导他们珍惜食物，减少不良行为，又能在社会交往方面提供实践和学习的机会，促进他们与同伴和教师之间的良好沟通与互动，有助于幼儿的全面发展和适应社会生活。

第三部分：融合教育教案

领域	社会		班级	中(6)班	执教者	张老师
主题	珍惜粮食		课题	爱惜粮食		
学情分析	普通幼儿	中班大部分幼儿已经具备了一定的观察力和注意力，能够对周围的事物进行简单的观察和思考，但对于抽象概念的理解仍需要具体形象的支持。在粮食相关的认知方面，他们对粮食的种类有一定的了解，但对于粮食的生产过程和节约粮食的重要性认识不足。这个阶段的幼儿好奇心强，喜欢通过游戏、观察、实践等活动来学习新知识。他们具有较强的模仿能力和表现欲，愿意在集体活动中展示自己的成果。 　幼儿已经开始形成初步的道德观念，能够分辨简单的是非对错，但对于珍惜粮食这种道德行为的理解还不够深入，需要通过具体的活动和引导来强化。					
	特需幼儿	小林在认知方面存在注意力不集中、记忆力较差、理解能力较弱等问题。对于粮食相关的知识，他可能需要更多的时间和重复的学习来理解和掌握。小林通常难以长时间集中注意力于单一的学习任务，容易被外界的刺激干扰。他更喜欢活动式、体验式的学习方式，但在活动过程中可能会出现注意力分散、行为冲动等情况。 　在集体活动中小林容易表现出缺乏自信、容易受挫等情绪。在珍惜粮食的教育中，需要给予他更多的鼓励和支持，帮助他建立积极的情感体验。					

学习目标	普通幼儿	1. 初步了解水稻和小麦的种植过程,知道粮食来之不易,懂得要爱惜粮食。 2. 能够辨别珍惜粮食和浪费粮食的行为,用简单方式记录自己对珍惜粮食行为的理解和想法。 3. 能够努力做到"光盘行动",不浪费粮食。
	特需幼儿	1. 能够在教师的引导下,识别几种常见的粮食种类,知道粮食来之不易。 2. 在教师的辅助和提醒下,辨别珍惜粮食和浪费粮食的行为。 3. 尝试在简单的引导下,用简单的方式记录对珍惜粮食行为的理解。
教学方法	普通幼儿	直观演示法、游戏教学法、讨论交流法
	特需幼儿	任务分解法、多感官教学法、个别指导法
教学准备	物质准备	教学课件、操作单、视频资源、黑板、粮食实物、纸和笔
	经验准备	幼儿知道农民伯伯种植粮食很辛苦
	操作单	

教学环节	教师活动	班级幼儿活动	特需幼儿活动
		教学活动	
一、观看课件，认识不同的粮食	1. 打开教学课件，展示各种粮食的图片，引导幼儿观察图片。提问："小朋友们，你们知道这些粮食是从哪里来的吗？" 2. 展示粮食实物，向幼儿介绍粮食的名称和特征，让幼儿近距离观察和触摸，加深对粮食的认识。	1. 认真观看课件上的图片，倾听教师的介绍，积极回答教师的问题。 2. 分组观察粮食实物，与同伴交流自己的发现和感受，如"大米是白色的、小小的""玉米是黄色的，一粒一粒的"。	1. 在教师的引导下，小林观看课件图片，对于感兴趣的图片给予短暂的关注。 播放有声课件，引起小林的注意，并且询问小林："你知道图片中都是什么粮食吗？" 2. 观察粮食实物，通过触摸、闻味等方式感受粮食的特征。 当小林注意力分散时，教师及时给予提醒和引导，帮助他重新集中注意力。
二、观看粮食生长过程视频，体会农民伯伯的艰辛	1. 播放粮食生长过程的视频，在播放过程中适时暂停，讲解关键环节，如播种、施肥、除草、收割等。 教师提问："农民伯伯为了种出粮食，付出了这么多辛勤的劳动，我们应该怎么做呢？" 2. 引导幼儿思考农民伯伯劳动的辛苦，培养珍惜粮食的意识。	1. 认真观看视频，了解粮食的生长过程，回答教师的问题，如"我们要珍惜粮食，不浪费"。 2. 与同伴讨论农民伯伯劳动的辛苦，分享自己的感受，如"农民伯伯在太阳下干活，很辛苦"。	1. 在教师的陪伴下观看视频，教师适时给予语言和肢体上的提示，帮助小林关注视频内容。 教师陪同小林一起观看视频，在观看过程中帮助小林集中注意力，减少小动作，或帮助小林坚持坐在小椅子上观看视频内容。 2. 对于教师的提问，在教师的鼓励下尝试回答，如"不扔粮食"。 教师给予肯定和鼓励，增强他的自信心。
三、观看日常浪费粮食现象的视频，体会厨房老师的辛苦	1. 播放幼儿吃饭时遗留在桌面上的饭粒、剩饭剩菜的视频，以及幼儿园厨房老师清洗、做菜过程的视频。 2. 教师提问："看到这些浪费粮食的现象，你们有什么样的感觉？厨房老师为了给我们做美味的饭菜，付出了很多努力，我们应该怎么做呢？" 3. 引导幼儿反思自己的行为，体会厨房老师的辛苦，树立珍惜粮食的意识。	1. 认真观看视频，反思自己的行为，回答教师的问题，如"不对，我们要把饭吃光"。 2. 讨论如何珍惜厨房老师的劳动成果，如"不挑食，把饭菜都吃完"。	1. 观看视频，教师对于视频中的浪费现象给予简单的解释和说明。 教师帮助小林认真观看视频，并且简单解释厨房老师做饭的每一个步骤。 2. 在教师的提示下回答问题，表达自己的想法，如"吃光光""不掉饭粒"。

教学活动			
教学环节	教师活动	班级幼儿活动	特需幼儿活动
四、分辨并记录珍惜粮食和浪费粮食的行为，完成操作单	1. 展示一些图片或视频，内容包括珍惜粮食和浪费粮食的行为，如适量盛饭、光盘行动、随意丢弃食物等。 2. 完成操作单，引导幼儿观察并分辨哪些是珍惜粮食的行为，哪些是浪费粮食的行为，让幼儿举手回答。正确的行为对应笑脸，错误的行为对应哭脸。 3. 对幼儿的回答进行总结和评价，强化珍惜粮食的意识。 4. 鼓励幼儿用自己的方式记录对珍惜粮食行为的理解，如画画、写字、符号等。 5. 巡回指导，帮助幼儿解决记录过程中遇到的问题。	1. 仔细观察图片或视频，积极举手回答问题，如"光盘行动是珍惜粮食的行为，随意丢弃食物是浪费粮食的行为"。 2. 与同伴讨论如何在日常生活中避免浪费粮食，如"吃多少盛多少"。 3. 根据自己的理解和想法，认真记录对珍惜粮食行为的理解，如画一个小朋友把饭菜吃光的画面。 4. 与同伴交流自己的记录内容，分享自己的想法。	1. 在教师的个别指导下观察图片或视频，教师用简单的语言提示小林关注行为的内容。 教师和小林一起完成操作单，主要在小林遇到困难或者受挫时，及时安抚情绪。 2. 在教师的鼓励下尝试回答问题，即使回答不准确，教师也给予肯定和鼓励，如"吃完是珍惜"。 3. 教师协助小林领取记录单和笔，给予他更多的时间和指导。 教师鼓励小林用简单的图画或符号记录，如画一个圆和一双筷子表示吃饭，画一个对勾表示珍惜粮食。教师在旁边给予鼓励和支持，帮助他完成记录任务。
五、讨论避免浪费粮食的方法	1. 引导幼儿讨论如何避免浪费粮食的方法。	1. 积极参与讨论，踊跃发言，提出自己的想法和建议，如"盛饭前可以提前告诉老师我想少吃一点"。	1. 在教师的鼓励下参与讨论。 教师用简单的问题引导小林表达自己的想法。如"你觉得怎么才能不浪费呢?"引导他自己说出不能随便倒饭，将饭菜推翻在地上。如果自己不爱吃或者不想吃，可以提前告诉老师心中的想法，例如:请老师不要盛这种饭菜。

续表

教学活动		
2. 将幼儿提出的方法用画图的方式记录在小黑板上，如"少盛多次""营养搭配""不挑食"等。	2. 认真倾听同伴的发言，补充和完善自己的想法。	2. 在教师的支持下提出自己的想法。 对于他提出的方法，教师给予肯定和表扬，即使方法不太合理，也给予积极的反馈。
3. 对幼儿提出的方法进行总结和补充，引导幼儿在日常生活中践行珍惜粮食的行为。		

第四部分：教师分析

1. 环境支持

在教学环境布置上，活动中增加了与粮食相关的视觉提示和明确的规则标识，帮助ADHD幼儿更好地专注于教学活动。例如，教师在教室的墙壁上布置了光盘行动主题墙和相关图片，划分不同活动区域并标明活动规则；减少了教室中的干扰因素，如将与教学无关的玩具、装饰品暂时收起，为ADHD幼儿创造一个相对简单、安静的学习空间。

2. 素材调整

对于ADHD幼儿，在展示粮食生长过程、浪费粮食现象等视频素材时，选择时长更短、画面更简洁、节奏更明快的内容，以更好地吸引其注意力。在图片展示方面，使用色彩鲜艳、对比度高、主体突出的图片，帮助他更好地理解和识别教学内容。

3. 活动简化

适当简化活动过程，减少活动之间的过渡环节和复杂指令，使教学流程更加清晰、直接。例如，在分辨珍惜粮食和浪费粮食的行为环节，减少图片或视频的数量，先集中展示较为典型、容易判断的行为内容。在记录对爱惜粮食行为的理解的环节，为ADHD幼儿提供模板或半成品，如预先绘制好碗、筷子等图案，让他在此基础上进行简单的补充和标记，降低任务难度。

4. 儿童喜好的运用

在教学活动中，增加更多的互动环节和动手操作内容，如让幼儿参与简单的粮食种植模拟活动、制作珍惜粮食的手工小作品等，满足其好动的特点，提高其参与度。

5. 成人支持

教师在教学过程中，更加密切关注ADHD幼儿的表现，及时给予他正面的反馈和鼓励,增强其自信心和学习动力。对于他在学习过程中遇到的困难,教师及时给予一对一的指导和帮助,耐心地引导他完成学习任务,及时安抚幼儿情绪。

6. 隐形支持

调整座位安排,将 ADHD 幼儿安排在离教师较近、干扰较少的位置,便于教师及时关注和指导。

第五部分:园长(教学骨干)点评

活动设计全面且深入,对幼儿进行了多维度、细致化的剖析,尤其是在关注 ADHD 幼儿的学习需求和发展支持方面,展现出了专业的教育视角和深刻的教育思考,具有很强的指导意义和实践价值。

活动设计能够充分考虑到普通幼儿与特殊需要幼儿在认知、学习、情感等方面的不同特点和需求,从环境支持、素材调整、活动简化、儿童喜好、成人支持、同伴支持以及隐形支持等多个方面提出了具有针对性的调整策略,这些策略基于幼儿的身心发展规律和特殊需求,具有很强的可操作性和实践意义。

希望教师能够在后续的教学实践中不断完善和优化这些调整策略,切实提高教学质量,促进每一位幼儿的健康成长和全面发展。

(点评人:北京大学附属幼儿园赵红梅博士)

三、大班:会说话的标志①

第一部分:特殊需要儿童基本情况

小宇,3 岁进入幼儿园时,被发现规则意识、安全意识和集体意识相对较弱。他先后在儿童医院和脑科医院接受诊断,被诊断为孤独症,智商评估结果为中等。目前,小宇是幼儿园大班的幼儿,能够正常参与班级的一日生活。

《会说话的标志》
教学活动视频

小宇具备基本的生活自理能力,能够自己穿衣、吃饭,并且能够控制大小便。但在没有提醒的情况下,他有时会把外套穿反。他的语言表达清晰,但会出现刻板语言,尤其是在紧张或害怕时,会说一些与当前情境无关的话。在有序的活动中,他的情绪相对稳定;但如果计划被打破,他容易出现情绪失控。在集体教学时,他的注意力容易分散,有时会自言自语,有时会出现离开位置去关闭电视的行为。在游戏中,他会反复开门或抽拉柜面抽屉,参与同一游戏的时间较短。

小宇与老师和同伴的关系一般。他在游戏中喜欢独自玩耍,不会主动发起互动,但在成人提醒下可以和同伴进行简短的交流。他有时会未经同伴许可就拿取物品,规则意识需要加强。在排队时,他不能在队伍中站立,需要有目标同伴在前面提示。

---

① 本案例由江苏省南京市殷华街幼儿园周昉老师提供

第二部分：教学内容分析

幼儿在日常生活中频繁接触到各种标志，这些标志如同无声的语言，从简单的交通指示到复杂的公共设施标识，无一不在潜移默化中影响着幼儿的认知与行为。选择"会说话的标志"，能够有效衔接幼儿的既有知识与新学习内容，使教育活动更加贴近幼儿的实际经验和兴趣点，从而提高他们的参与度和学习效率。

孤独症儿童常常面临社交障碍，难以理解非言语的社会线索，而标志作为一种直观、明确的信息传递方式，为他们提供了一种相对易于理解和掌握的社交"语言"。通过认识和理解这些标志，孤独症儿童能够在老师的引导和同伴的帮助下，逐步建立起对外部世界的认知框架，减少因误解或不理解规则而导致的焦虑和不安，进而促进其社会适应能力的提升。

在活动组织过程中，通过模拟日常生活场景，如模拟超市购物识别食品标签、扮演角色在游戏中辨认公共交通标志等，可以极大地增加活动的趣味性和参与性。这种情境化的学习不仅能够激发所有儿童的兴趣，对于孤独症儿童而言，更是提供了一个安全、低压力的环境，让他们在游戏和互动中逐步增强观察力、理解力和社会交往技能。

第三部分：融合教育教案

领域	社会	班级	大(5)班	执教者	周老师
主题	标志的世界		课题	会说话的标志	
学情分析	普通幼儿	大部分幼儿的人际交往与社会适应发展良好，能正确认识自己、看待他人，有良好的亲子关系、师生关系和同伴关系，获得安全感和信任感，建立自信和自尊，能遵守规则，形成基本的认同感和归属感。 当前，班级幼儿对生活中常见的标志比较熟悉，能够说出它代表的意思，但不会主动借助标志去解决生活中的问题，在关注标志和我们生活的关系上暂未形成链接。			
	特需幼儿	小宇，男，孤独症谱系障碍儿童，社会交往障碍突出，需要成人的辅助才能与人交往。知道自己和家人的名字，但无法区分人称代词；遇到问题时不会主动求助，较少主动发起问话，缺乏与人进行目光注视的交流；能在成人的提醒下完成生活自理；能在助学小伙伴的帮助下排队，根据同伴发出的指令做出相应的动作；无法关注别人的情绪和需要。 在生活中，小宇跟家人一起去过超市，知道超市是卖东西的地方，知道买完东西需要到收银台付款，但是对超市中的标志并没有过多关注，需要在成人的指认下方可知道超市中标识的意思，能认识厕所、购物车、收银台等常见标志。			

续表

学习目标	普通幼儿	1. 知道生活中超市、地铁站、公园、马路等场所常见标志的含义。 2. 能在游戏场景中按标志行动,与同伴交流生活中常见标志的作用。 3. 愿意关注生活中的各种标志,做文明的人。
	特需幼儿	1. 能指出生活中的超市、地铁站、公园、马路等场所的标志。 2. 能和同伴一起参与游戏,遵守基本的游戏规则。
教学方法	普通幼儿	情境教学法、启发式教学法、合作教学法
	特需幼儿	正强化、情境教学法、启发式教学法、合作教学法
教学准备	物质准备	超市、地铁游戏场景;PPT;布袋;任务单、标志卡片(超市标志、地铁标志、生活警示标志等)。
	经验准备	去过超市,乘坐过地铁。
	标志卡片仅供参考	超市相关标志: 地铁相关标志: 生活警示标志:

教学活动			
教学环节	教师活动	班级幼儿活动	特需幼儿活动
一、情境导入	1. 教师带领幼儿进入超市场景，引发幼儿参与活动的兴趣。 教师：你们怎么知道这是苏果超市的？	1. 知道苏果超市的标志。	1. 会根据成人提示说出苏果超市。 教师出示苏果超市的标志，引起小宇注视，并且询问小宇："你去过苏果超市吗？这个标志是哪个超市的标志？"
	2. 师生共同交流，观察超市里的标志。 (1) 教师：你在超市里看到了哪些标志，它是什么意思？ (2) 小结：这些标志告诉我们什么地方有什么物品。	2. 观察超市里的标志，知道标志的意思。	2. 和同伴共同参与活动，知道厕所、收银台的位置。 教师出示厕所、收银台的标志，提醒小宇坚持注视图片10秒，尝试说出标志的意思。如果不能说出可以直接提示——上厕所时可以寻找这个标志，超市购物结束要找到收银台的标志去结账。
		3. 师生共同交流，分享自己的发现。	
二、布置任务，了解超市里的常见标志（推车标志、乘坐扶梯标志、禁止标志、寄包柜标志、楼层标志等）	1. 布置任务，引导幼儿感受标志的便利。 (1) 教师：每个小组领一个任务单，看看你们组的任务是什么？怎样才能又快又好的完成任务？ (2) 小结：标志真的很方便，能让我们一下子就找到自己需要的东西。	1. 幼儿4人一组根据任务单完成任务。 (1) 小组介绍快速完成任务的方法。 (2) 知道根据标志找物品是帮助我们快速寻找物品的好方法。	1. 能和同伴一起进行寻找物品的活动。 同伴在过程中可以和小宇一起寻找他感兴趣的物品，找到物品后将标志出示给小宇看，并且说出物品的名称，如"小汽车是在玩具区找到的"。
	2. 观察超市里的其他标志，并了解其含义。 (1) 教师：超市里还有很多标志，两个小朋友看一份，仔细看一看是什么标志，并说一说这个标志表示什么意思。 (2) 教师小结：超市里的标志给我们购物带来很多便利，以后我们逛超市一定要看清楚超市里的标志。	2. 知道超市里的不同标志，能够说出它们的意思。 (1) 两人一组观看标志图，交流标志的意思。 (2) 知道标志给我们带来的便利，能够在逛超市时寻找标志。	2. 和同伴一起看标志图，听同伴介绍标志的意思。 同伴介绍标志时，教师可关注小宇的状态，当他能够持续观察标志图时，老师要给以口头表扬。如果出现注意力分散，教师可以轻摸小宇的头部，或者用可移动的图片引起小宇的视觉注视；同伴也可以用动作或者语言适当提示小宇关注当下的图片标志。

教学活动			
教学环节	教师活动	班级幼儿活动	特需幼儿活动
三、认识地铁站里各种安全、提示标志（进站标志、厕所标志、车门上的标志、文明标志等）	1. 观看地铁站的视频，寻找地铁站里的各种标志。	1. 观看视频，发现地铁中有很多标志。	1. 能专注地观看视频。当小宇看视频过程中出现左顾右盼的行为时，教师走到身边轻轻提醒他："视频上是哪里？小宇坐地铁看到这些标志了吗？"
	2. 讨论、交流地铁的各种标志。教师：你找到了哪些标志，这些标志告诉我们些什么？为什么要这样做呢？	2. 交流讨论地铁中的各种标志，知道它们所表示的意思。	2. 知道地铁里也有很多标志。教师可以提供一些放大的图片给同伴，当老师在PPT上出示时，同伴可以将对应的图片递给小宇，帮助小宇指认地铁里的常见标志，如进站标志、禁止标志。
	3. 游戏：上下地铁。 (1) 介绍游戏场景。 教师：这里就是一个地铁站，这块位置表示什么？我们来玩乘地铁的游戏，里面是车厢，黄色这块区域是等地铁的地方。 (2) 分析乘坐地铁时遇到的问题。 4. 教师小结：超市和地铁里都有很多标志，标志提醒我们哪些事情不可以做，哪些事情该怎样做，让我们做文明的人。	3. 和同伴一起进行乘坐地铁的游戏。 (1) 发现游戏中遇到的问题，一起交流黄线区域箭头和线条代表的意思。 (2) 知道乘坐地铁要先下后上，做一个文明人。	3. 和同伴一起进行乘坐地铁的游戏，遵守游戏规则。当小宇能够跟随同伴聆听地铁播放的声音乘坐地铁时，教师要给以称赞（语言表扬：小宇，真是一个文明的小乘客；动作鼓励：伸出大拇指点赞）。
四、拓展经验，交流生活中其他标志（交通标志、通行标志、河边警示标志、安静标志、水龙头标志等）	1. 教师根据幼儿描述播放标志图卡，师幼共同交流。教师：除了超市和地铁里的标志，你还见过什么标志？	1. 能够和同伴交流分享生活中出现的其他标志，知道它们所表示的意思。	1. 知道生活中很多地方都有标志。教师提供常见的生活标志图（交通标志、河边警示标志、安静标志），提示小宇关注："这些标志就在我们身边，小宇也可以去看一看，找一找。"
	2. 看标志，结束活动。教师：标志会说话哦，看看这个标志在说什么？	2. 能够根据老师出示的标志图做出对应的动作（排队、挥手再见）。	2. 在小伙伴的提醒下一起排队，挥手再见。同伴拉着小宇的手，用语言提醒小宇："小宇，我们一起和大家挥手再见。"

第四部分：教师分析

结合幼儿园融合教育课程调整的策略，活动设计中既关注了普通儿童和特殊需要儿童双向的发展需求，也基于孤独症儿童身心发展的特点对活动进行了差异性调整。

1. 环境支持

通过模拟超市的游戏场景，提供宽敞的通道和易于取放的货物，最大化地满足孤独症儿童自由、安全地行动和使用的需求，体现了无障碍性与便利性。活动中将讨论区、游戏区分隔开，建立动静分隔的区域，体现出环境创设的功能性，营造积极、富有启发性的学习氛围。

2. 素材调整

基于孤独症儿童视觉发展优势的特点，在其位置的安排上一般以弧形中间区域为主，这样易于他们完整地观看教学屏幕上呈现的画面，老师的面部表情及动作也能映入他们的视线中。课堂教学中提供一套匹配的标志图片，当孤独症儿童出现目光停顿或者其他行为时，依托反应方式匹配策略，用卡片的形式提醒他们关注当下的教学内容，对他们的注意力分散能起到一定调控作用。

3. 活动简化

从孤独症儿童已有的生活经验出发，并结合他们的认知发展现状，对提供的任务单内容进行适当的微调是必要的。当普通儿童需要完成寻找三件物品的任务时，孤独症儿童可以只完成其中一件，以减少任务的复杂性。在对标志的理解上，孤独症儿童可以专注于学习满足基本生活需求的标志，而对于复杂的标志则不作硬性要求。在游戏中适当提供流程图，帮助他们理解完成游戏任务的基本步骤，这有助于孤独症儿童更好地参与活动。

4. 儿童喜好的运用

在提供的任务单上，可以利用孤独症儿童喜爱的玩具车图片，体现"兴趣导向"原则，能极大地提升其参与活动的主动性。包括在设计乘坐地铁游戏时，也是考虑到孤独症儿童对交通工具的兴趣，这样的设计能够激发儿童及同伴共同参与活动的意愿。

5. 成人支持

在进行乘坐地铁的游戏时，教师可以扮演列车播报员的角色加入其中，模仿站点播报的声音，和幼儿共同参与游戏，拉近与幼儿的距离，体现亲近感，成为幼儿游戏的伙伴。同时，在活动中对孤独症儿童的表现及时给予肯定和赞美，这对他们来说是一种极大的支持，有助于提升他们参与集体活动的意愿和自信心。

6. 同伴支持

通过设置小组共同完成任务的活动，同伴对孤独症儿童的帮助不仅能让他们感受到温暖,而且能让普通儿童和特殊需要儿童双方都获得帮助他人和获得关爱的情感体验。同时,在完成游戏任务后,同伴间的非言语行为,如微笑、牵手等,对孤独症儿童来说是一种结合情境的正确示范,有助于他们逐渐理解和习得非言语行为。

7. 隐形支持

在超市场景的创设中,将孤独症儿童需要寻找的物品放置在最上面、最显著的位置,这是对环境进行适应性调整的一种方式。在分组讨论中,教师可以有目的地引导孤独症儿童提出问题,并进行有针对性的个别化指导,这种隐形支持有助于孤独症儿童更好地融入活动,提高他们的参与度和学习效果。

第五部分:园长(教学骨干)点评

活动设计基于幼儿的生活经验,结合幼儿已有的观察与发现,从常见的超市标志入手,帮助幼儿建立起标志和生活的联系。通过分组任务和游戏体验,普通幼儿和特殊需要幼儿都能在自然的情境下参与活动,这种设计改变了以往只关注知识掌握而忽略幼儿内心情感体验的做法。

融合教育活动的本质在于为每个儿童提供最适切的支持。环境创设的适应性、素材调整的科学性、活动过程的差异性,这些都是教师在设计前期所深思熟虑的,体现了公平而有质量的活动安排。同时,利用特殊需要幼儿对某项活动的偏好,在活动设计中巧妙融合,能极大地提升特殊需要幼儿参与活动的兴趣,使其获得积极的体验感。

教师和同伴的隐性支持渗透在活动之中,彰显出融合教育的无痕,既关注整体幼儿,又给以特需幼儿支持,普特幼儿在活动中获得双向发展。

(点评人:南京市江宁区殷华街幼儿园周昉副园长)

思考与练习:

1. 结合实例,根据年龄和发展水平制定幼儿社会领域教育内容和发展目标。

2. 从《请让我来帮助你》①和《情绪小管家》②案例中选一个,分析其课程调整策略并对其作出评价。

3. 尝试设计社会教育领域教学活动并说明对幼儿园融合教育课程调整策略的运用。

《请让我来帮助你》案例

《情绪小管家》案例

参考答案

---

① 本案例由昆明市第十八幼儿园房云慧、刘杨撰写,高春玲、马彦指导
② 本案例由昆明市西山区第七幼儿园崔家羽撰写

ELEVEN

幼儿园科学教育领域教学调整

学习目标

1. 了解幼儿园科学教育领域目标与内容
2. 掌握幼儿园科学教育领域教学调整策略
3. 在科学教育领域教学实践中灵活运用课程调整策略

幼儿园科学教育领域教学调整是指在确保教育公平性和包容性的前提下,针对不同能力和发展水平的幼儿,对科学教育的目标、内容、方法、评价等方面进行适当调整和个性化设计,以促进每个儿童都能在科学探究中积极参与并获得发展。

第一节　科学教育领域教学与调整概述

一、科学与儿童科学

科学作为一个综合体系,不仅涵盖了科学知识的积累与传承,还包括科学态度的培养以及科学能力的锻炼,这三个方面相辅相成,共同构成了科学的完整面貌。科学知识是指经过科学方法严格检验并被广泛认可的关于自然界、社会现象及其规律的知识体系,其核心特征是可验证性、系统性和动态发展性,即知识随新的证据和理论的出现而不断修正和完善。科学态度指的是在面对未知、解决问题时所展现出的一种精神状态和价值取向,包括好奇心、怀疑精神、批判性思维等。科学能力是指个体在科学探究活动中表现出的一系列能力,包括观察力、实验设计与操作能力、数据分析与解读能力、逻辑推理能力、利用科学知识解决实际问题的能力等。科学知识、科学态度、科学能力三者构成了科学素养的三维架构,它们相互依存、相互促进,共同支撑起一个人的科学综合素质。科学知识是科学素养的基础,为科学探究提供了起点和背景,使人们能够理解现象、构建假设并设计实验。科学态度是科学探究的内在驱动力,它激励人们去探索未知、质疑现有理论并持续学习。科学态度能够促进科学知识的深入学习和科学能力的有效发挥。科学能力是科学知识和科学态度在实际操作层面的体现,它要求个体不仅能掌握知识,还要能灵活运用这些知识去思考、分析和解决实际问题。简单来说,科学知识为科学探究提供素材和理论框架,科学态度决定个体是否有意愿和动力去进行探究,而科学能力则是实现这一探究过程并产生新知识的关键。在教育实践中,三者应当被综合培养,促进学习者的全面发展。

学前儿童的科学表现出一种特有的"朴素理论"特点,这是儿童认知发展处于感知运动阶段和前运算阶段的特有表现。在这个阶段,儿童会根据自己的直接经验和有限的知识,构建出对自然界和社会现象的解释和理解。这些解释往往充满了创意和想象力,尽管从成人的视角看可能不够准确或科学,但对儿童而言,它们却是逻辑上连贯且自洽的。例如,幼儿可能会认为太阳在晚上"睡觉"了,因为它每天都按时消失,这种解释是基于他们对日常现象的直接感知,即使这些解释在外人看来可能显得"天真",但却反映了儿童对世界认知的初步尝试和构建。有研究者把儿童的这种现象称为"天真的理论",指出儿童在日常生活中与其所处的环境发生交互作用,从自我的立场出发,对于客观物质世界如何运作也在进行思考,建构了"被称作为是天真的理论、摇摆不定的构架、有误的概念和直觉的理解"的想法。[①] 学前儿童的科学具有直观性、经验性、逻辑自洽性、创造性、发展性与可塑性等特点,同样包括了科学知识、科学态度和科学能力三个方面,随着年龄的增长和经验的积累,儿童对世界的认知会经历修正、整合乃至重构,教育和引导可以加速这一过程,帮助儿童向更科学、精确的认知过渡。

二、幼儿园科学教育领域目标与内容

科学教育在幼儿园课程中的引入相对较晚。早期的幼儿教育机构中,教师让幼儿培育植物、饲养动物,为幼儿讲述有关自然的故事,组织与自然现象有关的活动,目的只是为了欣赏,而不是要求他们去理解这些现象背后的原因。大约从 19 世纪二三十年代

---

① 朱家雄.幼儿园课程[M].3 版.上海:华东师范大学出版社,2022:150 - 151.

开始,随着教育理念的演进,科学教育开始被纳入幼儿园课程并逐渐占据一席之地,此时的科学教育开始更加注重对科学概念和方法的理解,而非仅仅停留在欣赏层面。发展到今天,幼儿园科学教育越来越注重与孩子的日常生活相联系,通过探究、解决实际问题来激发幼儿的兴趣和好奇心,鼓励幼儿通过自己的探索和操作来构建知识。

幼儿园科学教育是培养幼儿对周围世界的认知、探索和理解能力的教育活动,旨在通过观察、提问、探索、操作、实验等方式培养和提升幼儿的科学素养,包括对自然现象的好奇心、探索欲以及基本的科学知识和科学探究能力。幼儿园科学教育活动的设计和实施基于《幼儿园教育指导纲要(试行)》和《3—6岁儿童学习与发展指南》等国家政策及教育标准,旨在发展幼儿全面的科学素养。

根据《幼儿园教育指导纲要(试行)》和《3—6岁儿童学习与发展指南》,幼儿园科学教育领域主要的目标和内容要求具体如下。

《幼儿园教育指导纲要(试行)》指出,科学教育领域目标为:

1. 对周围的事物、现象感兴趣,有好奇心和求知欲;

2. 能运用各种感官,动手动脑,探究问题;

3. 能用适当的方式表达、交流探索的过程和结果;

4. 能从生活和游戏中感受事物的数量关系并体验到数学的重要和有趣;

5. 爱护动植物,关心周围环境,亲近大自然,珍惜自然资源,有初步的环保意识。

针对以上科学教育领域目标,具体的内容与要求包括:

1. 引导幼儿对身边常见事物和现象的特点、变化规律产生兴趣和探究的欲望。

2. 为幼儿的探究活动创造宽松的环境,让每个幼儿都有机会参与尝试,支持、鼓励他们大胆提出问题,发表不同意见,学会尊重别人的观点和经验。

3. 提供丰富的可操作的材料,为每个幼儿都能运用多种感官、多种方式进行探索提供活动的条件。

4. 通过引导幼儿积极参加小组讨论、探索等方式,培养幼儿合作学习的意识和能力,学习用多种方式表现、交流、分享探索的过程和结果。

5. 引导幼儿对周围环境中的数、量、形、时间和空间等现象产生兴趣,建构初步的数概念,并学习用简单的数学方法解决生活和游戏中某些简单的问题。

6. 从生活或媒体中幼儿熟悉的科技成果入手,引导幼儿感受科学技术对生活的影响,培养他们对科学的兴趣和对科学家的崇敬。

7. 在幼儿生活经验的基础上,帮助幼儿了解自然、环境与人类生活的关系。从身边的小事入手,培养初步的环保意识和行为。

《3—6岁儿童学习与发展指南》指出,科学教育领域的目标主要包括科学探究、数学认知两个方面,不同年龄段儿童具体发展目标如下。

(一)科学探究

目标1　亲近自然,喜欢探究

3~4 岁	4~5 岁	5~6 岁
1. 喜欢接触大自然,对周围的很多事物和现象感兴趣。 2. 经常问各种问题,或好奇地摆弄物品。	1. 喜欢接触新事物,经常问一些与新事物有关的问题。 2. 常常动手动脑探索物体和材料,并乐在其中。	1. 对自己感兴趣的问题总是刨根问底。 2. 能经常动手动脑寻找问题的答案。 3. 探索中有所发现时感到兴奋和满足。

目标2　具有初步的探究能力

3~4 岁	4~5 岁	5~6 岁
1. 对感兴趣的事物能仔细观察,发现其明显特征。 2. 能用多种感官或动作去探索物体,关注动作所产生的结果。	1. 能对事物或现象进行观察比较,发现其相同与不同。 2. 能根据观察结果提出问题,并大胆猜测答案。 3. 能通过简单的调查收集信息。 4. 能用图画或其他符号进行记录。	1. 能通过观察、比较与分析,发现并描述不同种类物体的特征或某个事物前后的变化。 2. 能用一定的方法验证自己的猜测。 3. 在成人的帮助下能制定简单的调查计划并执行。 4. 能用数字、图画、图表或其他符号记录。 5. 探究中能与他人合作与交流。

目标3　在探究中认识周围事物和现象

3~4 岁	4~5 岁	5~6 岁
1. 认识常见的动植物,能注意并发现周围的动植物是多种多样的。 2. 能感知和发现物体和材料的软硬、光滑和粗糙等特性。 3. 能感知和体验天气对自己生活和活动的影响。 4. 初步了解和体会动植物和人们生活的关系。	1. 能感知和发现动植物的生长变化及其基本条件。 2. 能感知和发现常见材料的溶解、传热等性质或用途。 3. 能感知和发现简单物理现象,如物体形态或位置变化等。 4. 能感知和发现不同季节的特点,体验季节对动植物和人的影响。 5. 初步感知常用科技产品与自己生活的关系,知道科技产品有利也有弊。	1. 能察觉到动植物的外形特征、习性与生存环境的适应关系。 2. 能发现常见物体的结构与功能之间的关系。 3. 能探索并发现常见的物理现象产生的条件或影响因素,如影子、沉浮等。 4. 感知并了解季节变化的周期性,知道变化的顺序。 5. 初步了解人们的生活与自然环境的密切关系,知道尊重和珍惜生命,保护环境。

（二）数学认知

目标 1　初步感知生活中数学的有用和有趣

3～4 岁	4～5 岁	5～6 岁
1. 感知和发现周围物体的形状是多种多样的,对不同的形状感兴趣。 2. 体验和发现生活中很多地方都用到数。	1. 在指导下,感知和体会有些事物可以用形状来描述。 2. 在指导下,感知和体会有些事物可以用数来描述,对环境中各种数字的含义有进一步探究的兴趣。	1. 能发现事物简单的排列规律,并尝试创造新的排列规律。 2. 能发现生活中许多问题都可以用数学的方法来解决,体验解决问题的乐趣。

目标 2　感知和理解数、量及数量关系

3～4 岁	4～5 岁	5～6 岁
1. 能感知和区分物体的大小、多少、高矮长短等量方面的特点,并能用相应的词表示。 2. 能通过一一对应的方法比较两组物体的多少。 3. 能手口一致地点数 5 个以内的物体,并能说出总数。能按数取物。 4. 能用数词描述事物或动作。如我有 4 本图书。	1. 能感知和区分物体的粗细、厚薄、轻重等量方面的特点,并能用相应的词语描述。 2. 能通过数数比较两组物体的多少。 3. 能通过实际操作理解数与数之间的关系,如 5 比 4 多 1;2 和 3 合在一起是 5。 4. 会用数词描述事物的排列顺序和位置。	1. 初步理解量的相对性。 2. 借助实际情境和操作(如合并或拿取)理解"加"和"减"的实际意义。 3. 能通过实物操作或其他方法进行 10 以内的加减运算。 4. 能用简单的记录表、统计图等表示简单的数量关系。

目标 3　感知形状与空间关系

3～4 岁	4～5 岁	5～6 岁
1. 能注意物体较明显的形状特征,并能用自己的语言描述。 2. 能感知物体基本的空间位置与方位,理解上下、前后、里外等方位词。	1. 能感知物体的形体结构特征,画出或拼搭出该物体的造型。 2. 能感知和发现常见几何图形的基本特征,并能进行分类。 3. 能使用上下、前后、里外、中间、旁边等方位词描述物体的位置和运动方向。	1. 能用常见的几何形体有创意地拼搭和画出物体的造型。 2. 能按语言指示或根据简单示意图正确取放物品。 3. 能辨别自己的左右。

三、幼儿园科学教育领域教学调整

幼儿园科学教育领域的教学调整强调所有儿童都能在科学领域的学习过程中获得平等的机会和必要的支持,从而推动儿童在科学探究和数学认知方面获得科学知识、科学态度和探究能力的全面发展。

1. 教学目标调整

幼儿园科学教育领域的教学目标既要遵循《3—6岁儿童学习与发展指南》中对科学探究和数学认知两个方面7条目标的设定,既要反应普遍性的科学素养培养,也要针对特殊需要儿童的具体情况,采用简化、减量、分解等策略调整现有目标,做到兼顾广泛性和个性化。如目标"幼儿通过观察、讨论和简单的实验探索在水中沉浮的物体,并能够用自己的语言对沉浮物体的特征作出初步的概括",对于轻度智力障碍儿童,这个目标可能就需要调整为"幼儿通过观察、讨论和简单的实验探索自己熟悉的物体在水中的沉浮,并能够用自己的语言描述观察到的现象"。

2. 教学内容调整

科学教育领域的内容非常广泛,科学探究方面包括物质科学、生命科学、地球与空间科学、科学与技术等,数学认知方面包括数和数的运算,量、量的比较和自然测量,形和数形结合,时间和空间等内容。因此,在科学教育领域的内容设计方面,首先应覆盖以上所有的主题,其次要根据班级中儿童的不同发展水平和特殊需求,通过增补、简化、减量等策略提供不同难度层次的教学内容。"在游戏中包含上下、前后、里外、中间、旁边、左右等空间方位"这一内容设计,针对全面性发育迟缓儿童的实际发展情况和学习能力,就可以调整为"在游戏中包含上下、前后、里外、中间等空间方位"。

3. 教学组织与实施调整

科学教育领域的教学活动需要考虑到不同儿童的能力和需求,不仅要能够促进所有儿童科学素养的发展,还要确保特殊需要儿童能在适合自己的方式下参与科学探索活动。组织科学教育活动时,可根据需要灵活运用课程调整的策略,如环境支持、素材调整、特殊器材、活动简化、同伴支持、成人支持等。首先,根据活动的需要灵活调整教室布局,确保所有儿童都能够无障碍地参与科学探究活动,同时要提供丰富的材料和工具供儿童探索,要考虑到特殊需要儿童的发展水平,提供有层次性的操作材料或个性化支持工具,如为视力障碍儿童提供有声录音反复了解实验步骤,为听障儿童或孤独症儿童提供图表等视觉提示帮助他们掌握实验流程。其次,科学活动中会更多运用到观察、操作、实验等教学方法,要尽可能地使用多种感官刺激,如视觉、听觉、触觉、动觉等,以适应不同儿童的学习风格。最后,要充分发挥同伴支持在科学活动中的作用,可将不同能力水平和兴趣爱好的儿童混合分组,鼓励儿童在小组内合作完成科学探究或实验任务,通过同伴间的交流学习促进同伴间的互动和支持。

4. 教学评价调整

由于科学教育领域包括了科学探究和数学认知两个大的方面,内容涉及广泛,不同主题活动持续时间差异较大,有的活动可能需要几个月甚至更久,如植物的生长周期,有的活动可能几天或者更短时间就能结束,如物体的沉与浮,因此,科学教育领域的教学评价是总结性评价与形成性评价相结合,更重视形成性评价,即既重视活动结束时儿童对科学知识、科学技能的掌握,更重视儿童在活动过程中参与的积极程度、与同伴的互动、对科学概念的主动探索等方面的表现。教师可以通过观察、作品分析、教师评价、自我评价、同伴评价等多样化的评价方法,全面收集儿童在科学活动中的表现,提供及时反馈,帮助儿童了解自己的进步和需要改进的地方。对于班级中的特殊需要儿童,教师要特别关注他们在科学活动中的参与度、努力程度以及个人进步,而不是他们是否能达到与其他儿童相同的水平。

第二节 科学教育领域教学活动调整案例与分析

一、大班数学领域:欢乐逗地鼠①

第一部分:特殊需要儿童基本情况

《欢乐逗地鼠》
教学活动视频

妹妹,4岁进入私立幼儿园,由于语言表达不清楚、注意力分散、无法进行简单的生活自理,一学期后休学在家。经某儿童医院问诊,确诊为轻度智力障碍,一直在某儿童医院康复训练中心进行康复训练,以智力训练和语言训练为主。6岁再次进入到幼儿园就读中班,现已是大班幼儿。

妹妹目前生活自理能力尚可,可以完成吃饭、喝水、如厕等自我服务;由于智力障碍导致其语言表述困难,说话不清楚,只用单字或词回答简单的问题;难以理解别人的语言,无法和同伴、教师正常交流;喜欢看故事书,上课时无法集中注意力,听觉视觉能力一般,可以辨别颜色。

妹妹与同伴关系一般,早期同伴能够帮助妹妹参与幼儿园的一日生活,但妹妹对于同伴的交流没有及时给予回应,偶尔会出现攻击性行为,久而久之同伴与妹妹的交流频次有所降低。

【知识链接】

智力障碍儿童身心发展特点

智力障碍是一种以智力功能和适应性行为都存在显著限制为特征的障碍。智力障碍儿童通常被划分为三类,即轻度智障儿童、中度智障儿童和重度智障儿童,以韦氏智

---

① 本案例由殷华街幼儿园提供并撰写

商测验为例,对应的智商分别在 55—70、40—55 以及 25—40。

智力障碍儿童一般在身高、体重、外貌等方面有较明显的特征,如过于肥胖或瘦小、身体明显瘦长,小头,五官不够端正,走路不稳,有的还伴有肢体残疾。因为大脑发育受到不同程度损伤,所以在感知、记忆、思维、语言等方面与普通幼儿有明显差距。

感知觉方面,他们的感知范围狭窄,感知的信息量少;知觉的恒常性比普通幼儿弱,同一事物在不同环境中,往往辨认不出。记忆方面,识记速度缓慢,需要重复多次才能习得新知识;记忆组织能力欠佳,不善于在理解的基础上记忆。思维特征主要表现在长期停留在直观形象阶段、思维刻板、缺乏独立性和批判性。

智力障碍儿童的语言发展迟钝,词汇量少,对稍长的句子较难理解,一般只能说简单的陈述句。他们发音不准,吐字不清,不会根据实际情境和需要控制自己的音量,可能存在口吃现象。

他们对外界环境漠不关心,缺乏交往动机。他们即使愿意和别人玩,也会表现出过激的交往行为和挑衅行为。攻击性行为在智力障碍儿童身上有较多表现,智障儿童中男孩的攻击性行为多于女孩。

第二部分:教学内容分析

选择"欢乐逗地鼠"作为大班数学活动的教学内容,旨在通过游戏情境提升幼儿参与活动的兴趣,丰富活动形式,助力智力障碍幼儿对空间方位的进一步理解和认知,同时在游戏中增强其注意力和社交互动能力。

首先,创建游戏化的学习形式。以"打地鼠"游戏为切入点,创设一个富有趣味性的游戏环境。通过不同方位和数量的地鼠出现,引导幼儿在观察和参与游戏的过程中学习并理解基本的空间位置,并尝试以某个参照物进行位置移动,掌握改变位置的方法。游戏化的学习形式能够激发智力障碍幼儿的学习动机,使他们更愿意参与活动并进行简单交流。

其次,借助信息化手段的教学方式。利用交互式白板工具,更好地提升幼儿参与表达的兴趣。通过电子屏幕上闪动的地鼠,幼儿在触屏的过程中获得真实的体验感,满足幼儿"做中学"的需求,增强他们对空间感知的理解,并用正确的方位语句表达自己的发现。智力障碍幼儿在信息技术的介入中,能够更好地提升专注力,逐渐发展记忆能力。

最后,使用多元表达的回应方式。数学活动的分组操作提供了不同形式的表达内容:有的借助图片上方块的造型,让幼儿进行实物搭建,感知方块不同的空间位置;有的提供可旋转的纸片,帮助幼儿感知空间旋转后位置的变化;有的则是渗透大小、数量的比对进行深入的思考,支持幼儿用语言表达自己的想法。在多元表达的过程中,普通幼儿和特殊需要幼儿都能获得相应的发展,尤其让智力障碍幼儿感受到完成任务后的自我成就感。

　　"欢乐逗地鼠"这一大班数学活动不仅在游戏化的情境中激发了幼儿的学习兴趣,丰富了活动形式,还促进了智力障碍幼儿对空间方位的深入理解,能有效提升他们的注意力和社交互动能力,实现多维度的教育目标。

　　第三部分:融合教育教案

领域		数学	班级	大(6)班	执教者	李教师
主题		我的动物朋友	课题		欢乐逗地鼠	
学情分析	普通幼儿	班级幼儿对于空间方位比较感兴趣,认识基本的空间方位,能够辨别自己的左右,有一定空间识别的经验。能按语言指示或根据简单示意图正确取放物品,发现生活中许多问题都可以用数学的方法来解决,体验解决问题的乐趣。但是幼儿对空间的旋转变化还缺少相应辨识,逻辑思维有待提升。				
	特需幼儿	妹妹,女,轻度智力障碍。对数的感知方面,能认识并书写数字 1 到 10,点数 10 以内数字并说出总数,但是不理解数量的含义;能够对水果、动物、色彩、形状等卡片进行单词的描述,句式的完整性表达欠缺。对别人的语言无法理解,影响其与同伴的交流,造成社交困难。 妹妹对空间的认识尚可,能理解并运用上下、前后、里外、中间、旁边等方位词描述物体的位置,但是在左右的辨识上缺少感知,对空间旋转变化上存在困难。				
学习目标	普通幼儿	1. 正确表述不同的空间方位,理解并掌握空间方位调整的方法。 2. 尝试运用信息化技术手段,感知小地鼠空间方位的不同,并进行苹果数量的合理匹配。 3. 乐意参与游戏,体验搜索小地鼠游戏带来的乐趣。				
	特需幼儿	1. 通过观察、模仿其他幼儿动作,数出苹果的数量。 2. 尝试运用信息化技术手段,理解上、下、左、右四个方位,感受打地鼠游戏的快乐。				
教学方法	普通幼儿	情境教学法、启发式教学法、合作教学法				
	特需幼儿	正强化、试听教学法、启发式教学法				
教学准备	物质准备	教具:白板课件、触屏点击棒。 学具:看图拼搭、洞洞板①、洞洞板②				
	经验准备	幼儿会玩打地鼠的游戏;认识九宫格和空间方位。				

教学准备	学具仅供参考	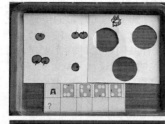　洞洞板①	　洞洞板②	图片参考

<table>
<tbody>
<tr><td colspan="4" align="center">教学活动</td></tr>
</tbody>
</table>

教学环节	教师活动	班级幼儿活动	特需幼儿活动
一、游戏导入	跟随音乐进行打地鼠游戏。 教师:你们会玩打地鼠的游戏吗?谁想来挑战一下?	知道打地鼠游戏的玩法,能够进行打地鼠游戏。	能够跟随画面上出现的地鼠进行点击。 教师根据妹妹参与游戏的情况适当调整播放的速度。
二、理解洞洞板与九宫格对应的关系	1. 教师出示地鼠藏起来的页面,幼儿猜测地鼠的位置。 教师:地鼠们一个接一个地藏了起来,它们会藏在哪里呢? 2. 教师出示洞洞板,引发幼儿观察洞洞板和地鼠位置的关系。 教师:地鼠妈妈有一个好东西——洞洞板,秘密就藏在这块洞洞板里。 3. 再次提供隐藏的地鼠,请幼儿结合洞洞板快速寻找地鼠的位置。 教师:小地鼠的位置又发生了变化,谁能快速找到他们的位置?	1. 观察画面,猜测地鼠隐藏的位置并说出自己的分析原因。 2. 借助洞洞板用空间方位词描述出地鼠出现的位置,并能和同伴进行分享。 3. 根据洞洞板的变化,能快速准确地说出地鼠的位置。	1. 能在他人的提示下观察画面,发现地鼠的变化。 妹妹能够关注画面10秒钟,教师对妹妹的专注性给以口头表扬或者动作称赞。当妹妹出现注意分散时,教师借助夸张的动作提醒她。 2. 知道洞洞板,能够将洞洞板和底图进行对应。 3. 能够用"上、下、旁边"等方位词描述地鼠的位置。 妹妹能根据教师的问话说出地鼠的位置,尝试用简短的话描述方位"地鼠在上面""地鼠在下面""地鼠在旁边",教师对妹妹的完整表述给予赞扬。

三、出示新游戏,锻炼幼儿瞬间记忆能力	1. 教师出示闪动的地鼠游戏,引发幼儿观察寻找地鼠的位置。 (1) 教师:调皮的小地鼠们又想到了一个新的游戏,看看你们能不能找到他! (2) 出示 4 只闪动地鼠,提升游戏难度。 教师:这次出现了几只小地鼠,你们能找到它们吗? (3) 增加地鼠的数量,引发幼儿提升专注力。 教师:这一次地鼠数量又变多了,看谁能又快又准的找出它们。 2. 教师出示喂地鼠吃苹果游戏,引发幼儿感知空间方位与数量关系。 (1) 教师:最近地鼠妈妈遇到了一个烦恼,我们一起听听她怎么说。 (2) 出示胖地鼠和瘦地鼠,引发幼儿思考分苹果的方法。 教师:这盘苹果怎么分,才能让两个地鼠都能吃到苹果呢?请你用方位词说出苹果的位置。	1. 观察闪动的地鼠,能够寻找到地鼠的位置。 (1) 和同伴共同寻找,并用方位的表述说出具体的位置。 (2) 观察 4 只闪动的地鼠,能用正确的方位词描述地鼠的位置。 (3) 根据地鼠数量的增加,快速准确的说出地鼠的位置变化。 2. 知道地鼠吃苹果游戏的玩法。 (1) 根据胖地鼠和瘦地鼠位置的不同,借助旋转洞洞板进行调整苹果的数量。 (2) 能够用方位词描述出苹果和地鼠的位置。	1. 能在他人的提示下发现地鼠的位置变化。 在同伴的提示下,妹妹能寻找并发现地鼠位置的变化,注意的时间能够维持在15秒。 2. 在他人的提示下知道洞洞板旋转的方式。 妹妹知道洞洞板旋转可以发生苹果和地鼠匹配的不同,聆听同伴的分享,尝试表达"胖地鼠吃 4 个苹果""瘦地鼠吃 2 个苹果"。
四、提供材料,分组操作及点评	1. 出示材料,提出操作要求。 教师:这里有三种游戏,请每个小朋友都去试一试,完成后可以相互看看操作的结果是否正确。 2. 师幼根据操作结果进行点评。 教师:你们在操作的过程中遇到了什么问题?	1. 熟悉操作材料,能进行分组游戏。 2. 分组操作中能和同伴相互检查,及时调整操作结果。 3. 能根据自己的操作结果,用空间方位表述出位置的变化。	1. 能参与游戏操作,完成后将作业单摆放到正确的位置。 妹妹在同伴的提示下参与分组活动。重点完成观察图片进行方块组合的操作任务。当妹妹出现方块组合困难时,教师或者同伴提示妹妹观察图片,借助数数的方式寻找正确数量的方块并进行组合。 2. 在同伴的提示下进行操作结果的调整。 当妹妹操作结果出现问题时,能在同伴的语言提示或者动作辅助下进行操作的调整。对妹妹正确的操作要及时给以口头赞扬或者动作称赞。

第四部分：教师分析

1. 环境支持

根据灵活性和多样性原则，创建集体讨论区以促进同伴间的交流和互动，并设立分组操作区来支持小组合作和探究实践。同时，配备辅助教学工具，如触控屏幕，以丰富教学内容，满足不同教学场景下的需求。

2. 素材调整

遵循多感官原则，利用视觉、听觉、触觉等多种信息材料的刺激来设计和调整素材，以适应不同幼儿的学习方式和认知特点，确保所有幼儿能够有效地吸收知识和技能。例如，使用色彩鲜明的画面、添加声音的追踪、可点击的屏幕等，让普通幼儿和特殊需要幼儿都能在一个包容、适应性高的环境中获得个性化、全面而富有成效的学习体验。

考虑到智力障碍幼儿的认知特点，在操作材料的先后顺序上，可以从简单到复杂，根据实际情况逐步添加。例如，先提供彩色画面的方块搭建图，让幼儿观察画面寻找方块的位置进行搭建，评估其操作能力后再提供旋转图片操作，进一步提升其空间辨识能力。

3. 活动简化

针对智力障碍幼儿，考虑到他们的认知理解能力相对较弱，在组织活动时应精心调整活动的形式与流程。在确保教育核心目标得以实现的基础上，对活动进行细致的优化，特别关注语言和表述的简化，并为他们提供适当的辅助，同时巧妙地将游戏元素融入其中，以提高活动的吸引力和参与度。

4. 儿童喜好的运用

利用幼儿对各类动物的认知和喜好，在活动设计之初就确定"小地鼠"作为活动的主要角色。在分组操作中，采用"长颈鹿"的造型拼搭作为智力障碍幼儿的操作材料，以更好地帮助其完成任务，提升其内在自信。

5. 成人支持

在打地鼠游戏的操作中，教师以观察等待、适时介入的方式，帮助智力障碍幼儿了解基本的玩法，并且鼓励幼儿独立继续完成。活动中教师在幼儿出现问题时，及时辅助支持，针对幼儿操作中的问题进行分解，鼓励幼儿坚持完成。

6. 同伴支持

在分组操作中，同伴能够主动帮助遇到搭建问题的智力障碍幼儿，并预留出可以搭建的部分，引导智力障碍幼儿进行操作。对于其完成后的结果，同伴能给予微笑或语言上的称赞，这种积极的反馈能够增强幼儿的自信心和参与感。

7. 隐形支持

活动过程中教师注重幼儿的情感体验,给予幼儿充分的机会表达自己的想法和感受,教师耐心倾听与理解,提供必要的支持和建议,对幼儿的行为给予积极反馈,即使在指出错误时也保持鼓励,激励幼儿继续探究。

第五部分:园长(教学骨干)点评

本次课程调整充分体现了促进普通幼儿与特殊需求幼儿共同发展的核心理念,特别是在融合教育方面做出了积极的尝试。通过精心设计和差异性调整,确保教育内容的针对性和适应性,为不同层次的幼儿提供了平等的学习机会。

环境创设与素材调整充满创意。基于多感官参与原则,利用视觉、听觉、触觉等多种信息材料的刺激,确保幼儿能够有效地获得新知识、掌握新技能。特别是在操作材料的先后顺序上,从简单到复杂的逐步添加,体现了教学设计的科学性。

活动设计关注个体差异。针对智力障碍幼儿认知理解能力较弱的特点,教师在组织活动时对形式与流程进行了细致的优化。通过简化语言和表述、提供适当的辅助以及巧妙融入游戏元素等方式,确保了教育核心目标的达成。

隐形支持彰显人文关怀。教师在过程中注重幼儿的情感体验,给予幼儿充分的机会表达自己的想法和感受,耐心倾听与理解,提供必要的建议,对幼儿的行为给予积极反馈。这种隐形支持不仅有助于幼儿的心理成长,也体现了教师深厚的教育情怀。

(点评人:南京市江宁区殷街幼儿园周昉副园长)

二、大班数学领域:找找相邻数[①]

第一部分:特殊需要儿童基本情况

甜甜,3岁前在某医院看诊,诊断为孤独症谱系障碍。先天性室间隔缺损(膜部缺损),3岁不会说话,经过一年的个训,可以开口说话,因身体原因未入园,4岁时按照年龄进中班。初入园时,对幼儿园充满好奇心,独爱大型玩具的秋千,会自己跑出去玩;爱自言自语,仿说;情绪反应大,不顺心就大喊大叫;无社交行为。中班上学期末,在老师语言提醒下基本可以和其他幼儿做一样的事情,开始模仿老师及其他幼儿的语言及行为,喜欢叫其他幼儿的名字,但一开始对应不上,过了一段时间能做到名字和同伴对应上。自己跑出班的情况也几乎没有了。中班下学期开始适应幼儿园全天生活,但中午会回家午休,下午再入园。学期末逐渐适应在园午睡,开始全天融合。目前是幼儿园大班的幼儿,能正常参与班级一日生活。

---

① 本案例与分析由北京大学附属幼儿园李鑫老师提供并撰写

甜甜具有基本的生活自理能力,能自己穿衣、吃饭、自主入睡,会自己大小便,午睡前需要在老师和其他幼儿的提醒下,将衣服摆放整齐;语言表达清晰,会有刻板语言出现,能叫出全班幼儿的名字,可以和老师、同伴正常交流,但是语言理解能力弱,比如:不小心撞到别的幼儿,老师请他道歉,他会跟着说"道歉",不知道要说对不起;在有序的活动中情绪较为稳定,如出现打破正常计划的活动容易出现情绪失控;有强烈的交往需求,喜欢和同伴游戏,喜欢模仿同伴游戏;在游戏和生活中会有刻板行为,比如:每天的过渡环节都会看同一本书,每天都要第一个进到卧室,如果不是第一个就会情绪失控;集体教学时注意力分散,时而自言自语,时而会出现离开座位去溜达的行为。

【知识链接】

孤独症儿童认知发展水平

在健康教育领域中,已经初步介绍了孤独症谱系障碍儿童的身心发展特点,孤独症(Autism Spectrum Disorders, ASD)是一种广泛性发展障碍,其核心症状是社会交往障碍、语言障碍和兴趣狭窄、重复刻板的行为。

就认知发展特点与水平而言,孤独症发生在从超常到弱智的各种智力水平的儿童身上。大多数孤独症儿童都伴随着弱智。大约 20% 的孤独症儿童有正常智力,30% 的孤独症儿童有轻度至中度的智力障碍,42% 的孤独症儿童有中度和极重度智力障碍。[1]孤独症儿童注意力难以集中,尤其集体活动中,经常随意离开位置或有时伴随大喊大叫等行为。以直觉行动思维为主,视觉发展占优势,也有个别孤独症儿童具有超强的数学推算能力。

第二部分:教学内容分析

选择"找找相邻数"作为大班数学活动的教学内容,是基于大班幼儿的已有生活经验以及本班幼儿数概念的发展特点。

大班幼儿通常能够进行 20 以内的点数。在日常生活中,他们频繁接触到相邻关系,例如,在排队时,他们会关注自己前面和后面的人是谁。此外,幼儿对自己的学号以及相邻的学号也非常关注。幼儿对相邻关系及其在数列中的应用表现出浓厚的兴趣,这与他们的生活经验紧密相关。选择这一主题,能够让幼儿通过数学游戏有效地衔接生活经验与数学认知之间的关系,使数学游戏与幼儿的生活相联系。

---

① 路得·特恩布尔,等.《今日学校中的特殊教育》[M].方俊明,等译.上海:华东师范大学出版社,2004:490.

孤独症儿童的典型特征之一是行为刻板,他们的理解能力相对较弱,对于抽象的数学知识理解起来会很困难。因此,需要通过更直观的方式来帮助他们理解和认识这些概念。通过"送点子娃娃回家"的游戏,可以帮助孤独症幼儿直观地认识和理解相邻数。在老师的引导和同伴的帮助下,孤独症儿童能够初步认识和理解相邻数,并通过游戏的方式进行巩固和练习。

第三部分:融合教育教案

领域	数学	班级	大(1)班	执教者	李老师
主题	有趣的数	课题		找找相邻数	

学情分析	普通幼儿	大多数幼儿已经具备一定的数学认识经验,并对数学游戏表现出兴趣。他们能够认识并依次点数20以内的数,理解数量的多少。然而,对于相邻数的概念及其隐含的判定条件和数量关系——即在从小到大依次排列的自然数中,一个数前面和后面相互邻近的两个数是该数的相邻数——这些复杂概念的理解对他们来说仍然具有挑战和困难。
	特需幼儿	甜甜,女,孤独症谱系障碍儿童,认知和社会障碍突出,可以表达自己的基本需求,能和老师、同伴正常交流,有基本的生活自理能力,可以自主进食,不挑食,可以自己穿脱衣服,在老师和同伴帮助和提醒下,可以将衣服摆放整齐。刚入园时,大便需要教师帮助,现在可以独立如厕。有强烈的交往需求,喜欢和同伴游戏,喜欢模仿老师和同伴,但是不知道如何与同伴交往。在遇到违背自己意愿的事情时,会情绪波动或崩溃。认知水平较低,可以唱数20以内的数,在成人帮助下能进行10以内物体的点数。 能关注到生活当中的数字,但是对于相邻数、奇偶数、加减法等抽象概念的理解存在困难,需要成人的帮助或实物的提示。
学习目标	普通幼儿	1. 认识12以内的相邻数。 2. 感知12以内相邻数之间的等差关系。 3. 体验数学地图游戏的乐趣。
	特需幼儿	1. 能根据实物点数12以内的数。 2. 可以参照排列好的点子娃娃说出12以内数的相邻数。 3. 能在老师和同伴的帮助下完成数字地图游戏。
教学方法	普通幼儿	情境教学法、启发式教学法、游戏教学法、合作教学法
	特需幼儿	正强化、个别指导、游戏化教学法

物质 准备		点子娃娃新房 12 个(1—12)、数字(1—12)、数字地图。
经验 准备		能够认识并点数 1—12 的数字
教 学 准 备	点 子 娃 娃 房 子 和 数 字	

教学活动			
教学环节	教师活动	班级幼儿活动	特需幼儿活动
一、情境导入	1. 教师出示点子娃娃的新房,引发活动的兴趣。 教师:今天老师要带着小朋友们和点子娃娃做游戏,点子娃娃要住进自己的新房子里,我们一起来看看点子娃娃的新家吧。 2. 师幼共同交流,数一数新房的数量和点子娃娃的数量。 教师:一共有几间房? 每间房里住了几个点子娃娃? 3. 请幼儿按顺序给每间房子贴上相应的数字。	1. 知道点子娃娃要住新家了。 2.(1) 能通过点数知道有几个新房。 (2) 能通过目测、接数或一一点数的方法,知道每间房里住了几个点子娃娃。 3. 能根据数量,给每间房贴上对应的数字。	1. 能在同伴的带动下说出点子娃娃的新家和点子娃娃。 出示点子娃娃的新家和数字宝宝,引起甜甜的关注。询问:你知道这是什么吗? 引导幼儿回答:是点子娃娃的新家。 2. 和同伴共同参与活动,在老师和同伴的引导下,能一一点数出新房的数量以及每间房里点子娃娃的数量,并能找到对应的数字。 出示点子娃娃的新家,主动提醒甜甜注视,用小手一一点数,尝试说出正确的数量,找到对应的数字。
二、点子娃娃找邻居,认识相邻数(点子娃娃新房、数字宝宝撕拉贴纸)	1. 幼儿帮助点子娃娃找邻居。 (1) 教师:点子娃娃们做完游戏要回家了,请你帮他找一找它的邻居。 (2) 教师:3 的前面是? 3 的后面是? 3 的相邻数是谁和谁? 4 的前面是谁? 4 的后面是谁? 4 的相邻数是谁和谁? 以此类推,一直到12。 (3) 小结:在从小到大依次排列的自然数中,一个数前面和后面相互邻近的两个数就是该数的相邻数。 2. 幼儿观察自主发现相邻数之间的等差关系。 (1) 教师:4 的相邻数是谁和谁? 4 和3 差几?? 4 和5 差几? 你们发现了什么? 它们的差一样吗? 都是差几? (2) 教师小结:每个数都有两个相邻数(1 除外),前一个相邻数小1,是它的小邻居,后面一个相邻数大1,是它的大邻居,前后这两个数都是中间这个数的相邻数,它们之间的差都是1,这就叫等差关系。	1. 能通过观察和思考快速说出相邻数是几和几。 (1) 能跟随老师的节奏,迅速说出相邻数。 (2) 知道除了数字1 每个数都有两个相邻数。 2. 通过观察和思考,能自主发现相邻数之间的等差关系。 (1) 观察数字的多少,发现相邻数之间的等差关系。 (2) 知道一个数会有两个相邻数(1 除外),前面一个,后面一个,就是前一个相邻数小1,是它的小邻居,后面一个相邻数大1,是它的大邻居,前后这两个数都是中间这个数的相邻数,它们之间的差都是1,这就叫等差关系。	1. 能和同伴一起进行相邻数的游戏。 同伴在过程中可以带甜甜一起点数,通过点子娃娃的新房和数字提示卡,说出相邻数是几和几。 2. 和同伴一起观察相邻数的数量,在老师和小朋友的提醒下,说出两个数差1。 同伴在说相邻数关系的时候,教师可关注甜甜的动作、神态,当她能够跟随同伴说出等差关系时,及时给予表扬和鼓励。老师和同伴可以和甜甜一起进行一一点数,发现相邻数之间差1的规律。

教学活动			
三、数字地图游戏，巩固相邻数（数字地图、笔、橡皮、点子娃娃新房示意图、数字辅助）	1. 观察数字地图，说一说起点在哪，终点在哪。 2. 幼儿分组，进行数字地图游戏（根据幼儿能力水平，将幼儿分为4组，每组数字地图游戏难度不同）。	1. 观看找到数字地图的起点和终点。 2. 分组完成数字地图游戏。	1. 能在老师和同伴的帮助下，找到数字地图的起点和终点。 当甜甜找不到时，老师和小朋友给予帮助和提示。 2. 能在老师和同伴的帮助下，根据视觉提示（点子娃娃的新房和数字）完成数字地图游戏。 提供视觉提示，甜甜可以参照点子娃娃的排列顺序，完成数字地图游戏。当甜甜遇到困难时，及时给予鼓励和引导。 当甜甜可以向老师、同伴发起求助时，给予及时鼓励和帮助（语言表扬："甜甜真棒，全做对啦"，"能主动请老师小朋友帮助，太棒啦"；动作鼓励：伸出大拇指点赞）。
四、幼儿分享	组织幼儿分组分享自己的数字地图游戏，包括如何快速完成等。	能够和同伴交流分享自己是如何完成的，使用了什么方法。	能在老师和同伴的鼓励下分享自己的数字地图。 敢于尝试分享，教师就给予鼓励和表扬。

第四部分：教师分析

1. 环境支持

模拟"点子娃娃住新家"的游戏场景，能够吸引幼儿的注意力。并且，甜甜对数字敏感，点子又是她比较熟悉的，她有一定的前期经验，"点子娃娃住新家"的设计能够有效满足孤独症幼儿的好奇心和兴趣。

2. 素材调整

基于孤独症儿童视觉发展优势的特点，在游戏过程中，将点子娃娃的新房和数字粘贴好，按顺序排列，给予孤独症幼儿视觉提示和材料的支持，帮助其完成游戏。

为满足班级中不同能力发展水平的幼儿，为幼儿提供了难度不同的数字游戏材料，以满足幼儿的不同需求。对孤独症幼儿适当降低难度，选择了适合他能力水平的数字地图游戏，并给予其视觉提示。

3. 活动简化

从孤独症儿童已有生活经验出发，结合他的认知发展现状，提供的数字地图游戏符合其能力发展水平，适度降低了难度。当普通儿童需要完成10—20的相邻数时，孤独症儿童只需要完成1—10即可。对相邻数等差关系的理解，普通儿童需要完全理解，孤独症幼儿能够根据等差关系找到它的相邻数即可。

4. 儿童喜好的运用

在提供的游戏中,选择了幼儿感兴趣的点数和数字地图游戏,体现"兴趣导向"原则,可以极大地提升幼儿参与活动的主动性,激发幼儿及同伴共同参与活动的意愿。

5. 成人支持

在游戏活动中,教师以同伴的身份加入幼儿游戏,共同参与幼儿找数字邻居的游戏活动,在活动过程中给予孤独症幼儿及时的鼓励和赞扬。当她遇到困难时,主动给予语言、材料上的支持和帮助。

6. 同伴支持

活动中设置不同能力水平的小组,同伴可以给予孤独症幼儿帮助,在和同伴一起的游戏中,孤独症幼儿可以获得安全感、自信心和集体的温暖。完成任务后收获的成就感对特殊幼儿来说也是一种满足。

7. 隐形支持

在点子娃娃住新房的游戏中,请孤独症幼儿参与游戏时,选择了点数较小的新房,以降低挑战难度。并且,将粘贴好的点子娃娃新房按照顺序摆放,为其进行数字地图游戏提供视觉支持。分组分享中,教师可以有目的性和针对性地对孤独症幼儿进行个别化指导。

第五部分:园长(教学骨干)点评

"找找相邻数"这一活动设计基于幼儿的生活经验,结合幼儿已有的目测点数的经验以及数字地图的游戏经验,从幼儿熟悉的材料和游戏入手,帮助幼儿建立相邻数的概念。借助分组游戏,设计不同难度的游戏,满足不同幼儿发展的需求。

融合教育活动的本质在于为每个儿童都提供最适切的支持,环境创设的适应性、素材调整的科学性、活动过程的差异性,教师在设计前期都有所思考,体现出公平而又有质量的活动安排。同时,利用特需幼儿对某项活动的偏好,在活动设计中进行巧妙融合,能极大地提升特需幼儿参与活动的兴趣,使他们获得积极体验感。

教师和同伴的隐性支持渗透在活动之中,彰显出融合教育的无痕,既关注整体幼儿,又给予特需幼儿支持,普特幼儿在活动中获得双向发展。

(点评人:北京大学附属幼儿园赵红梅博士)

三、大班科学领域:《自制计时工具》①

第一部分:特殊需要儿童基本情况

跳跳,喜欢玩拼图,逻辑思维能力、观察能力、大运动能力较强,喜欢攀爬以及蹦跳,但规则意识、安全意识和集体意识比较弱。8 个月时说出第一个字,1 岁 10 个月时能将 2—3 个字连在一起。听觉、视觉检查结果为正常,但早期在医院生长发育科的检查显示,他的发展基本比同龄孩子晚 2—3 个月。3 岁 8 个月时,经过医院测评诊断为孤独症。目前,是幼儿园大班的幼儿,能够正常参与班级的一日生活。

跳跳具有基本的生活自理能力,能自己穿衣、吃饭,大小便会自控;语言表达较清晰,但有时会出现刻板语言,尤其是在情绪失控或需求未得到满足时,可能会说出与当下情境无关的话,例如皱着眉拉着老师的衣服说"吃雪糕"来表达不满和焦虑。在有序的活动中,他的情绪较为稳定。在集体教学时,他经常需要手里拿着东西,有时会自言自语,或离开位置自己走来走去。跳跳喜欢玩拼图游戏,能够理解事物之间的联系。他对运动充满热情,大运动动作能力强,喜欢攀爬和蹦跳,有时会独自走来走去或跳来跳去。

在游戏中,跳跳倾向于独自玩耍,不会主动发起互动,但在成人的提醒下可以和同伴进行简短的交流,或者模仿老师的语言进行回应。在同伴介入时,他也能参与游戏,例如在感兴趣的拼图游戏、骑小车游戏、追跑游戏中,他可以与同伴平行游戏或共同游戏。在排队时,他有时能在队伍中站立,或者需要同伴牵手一起行进排队。

第二部分:教学内容分析

随着时间主题活动的深入开展,幼儿对钟表和计时工具产生了浓厚的兴趣,他们从家中带来了各式各样的钟表,组成了一个钟表展览馆,极大地激发了幼儿对于钟表和时间的兴趣。在同伴的介绍和动手操作中,幼儿了解到计时工具和方法的多样性。当提出可以用哪些工具来计时的问题时,幼儿想到了秒表、滴水计时、玩具滑落计时等方法。顺应幼儿的想法,教师组织开展了自制计时工具的活动。本次活动中,幼儿将通过自主收集材料、小组合作完成制作计时工具,进一步锻炼创造能力和创新精神。

孤独症儿童在社交方面通常表现被动,一般需要同伴的邀请才能参与互动。小组共同制作活动可以促进同伴间的交流和合作能力的发展。教师在日常观察中注意到跳跳的思维能力较强,能够关注事物间的联系,并且对沙漏表现出浓厚兴趣。因此,教师引导普通幼儿邀请跳跳加入沙漏组,并在分享环节请跳跳完成他能够表达的部分。

---

① 本案例与分析由北京大学附属幼儿园尤凤娇老师提供并撰写

第三部分:融合教育教案

领域		科学	班级	大(5)班	执教者	尤老师
主题		《时间的秘密》	课题		自制计时工具	
学情分析	普通幼儿	喜欢接触和尝试有挑战性的事物,具备初步的探究能力,能通过观察、分析,发现并描述不同种类物体的特征或某个事物前后的变化;能用一定的方法验证自己的猜测;用图画或其他符号进行记录;根据感知物体结构画出或拼搭出该物体的造型,探究中能与他人合作与交流。				
	特需幼儿	跳跳,男,对于钟表展览馆里的各种钟表感兴趣,时而会去摸一摸,手里摆弄着拨动指针,喜欢将沙漏倒过来又倒过去,静静地看沙子流下来,反复操作。在操作钟表的游戏材料时,能够按照1—12数字的不同形状一一对应到游戏材料的镶嵌板中,顺利填满钟表表面的数字游戏。				
学习目标	普通幼儿	(1) 对自制计时工具感兴趣。 (2) 能够根据计划和设计来尝试制作,遇到问题时能够及时解决。 (3) 感知可以通过物体变化的过程来计时。				
	特需幼儿	(1) 对自制计时工具感兴趣。 (2) 能够和同伴一起制作计时工具。 (3) 感知物体的变化。				
教学方法	普通幼儿	任务驱动法、启发式教学法、合作教学法、实践活动法				
	特需幼儿	正强化、合作学习				
教学准备	物质准备	各组的计时工具设计图、剪刀、胶棒、双面胶、沙子、瓶子等,开放的班级环境				
	经验准备	对计时工具有初步的了解,经过小组讨论已设计出自制计时工具的设计图				

教学活动			
教学环节	教师活动	班级幼儿活动	特需幼儿活动
一、谈话导入	1. 利用设计单引发幼儿制作自制计时器的兴趣。 2. 引导幼儿小组讨论如何合作制作计时工具。 教师:小朋友们,经过讨论大家已经设计出各组的计时工具,请问我们怎样才可以快速制作出本组的计时工具呢?	1. 知道自己小组设计的计时工具的名称。 2. 讨论小组如何合作制作计时工具。	1. 能根据成人提示说出本组设计的计时工具——沙漏。 出示设计单(实物图),引起跳跳注视,并且询问跳跳:"你们组设计的是什么计时工具?" 2. 和同伴共同参与讨论。尝试说出"合作"的意思。如果不能说出,教师可以直接提示"要共同找材料"。

教学活动			
教学环节	教师活动	班级幼儿活动	特需幼儿活动
二、操作环节:幼儿根据本组的设计单寻找材料,尝试制作计时工具	1. 寻找材料,尝试制作。 (1) 你们组设想的材料遇到问题了吗? 你们是怎样调整的? 为什么? (2) 小结:虽然设想的材料看似非常合适,但往往在实际应用之后需要做调整。 2. 制作过程中,能够发现问题并想办法解决。 教师巡视观察和指导。 教师:为什么会出现这样的问题? 想一想可以有什么办法来解决?	1. 四人一组,根据设计图寻找材料。 (1) 小组分工,寻找材料。 (2) 在操作中检验材料是否适宜,根据发现的问题调整材料。例如,滚珠组原本设想用牙膏盒作为支架,但竖起来的牙膏盒太软,很容易倒,幼儿将牙膏盒换成积木,使支架变得更加稳定。 2. 四人一组,认真观察,对于出现的问题进行讨论。 (1) 小组将集齐的材料进行组合、粘贴。 (2) 小组讨论,每个成员说出自己的想法,能够倾听他人的意见。例如,沙漏组的沙子流不下来,一名幼儿觉得是瓶孔太小,另一名幼儿提议用剪刀把瓶孔剪大一点。	1. 能和同伴一起进行寻找物品的活动。 同伴在过程中可以和跳跳一起寻找他感兴趣的材料,找到材料后说出物品的名称。例如,塑料瓶可以做沙漏的瓶身。 2. 和同伴一起进行制作,根据同伴的指引寻找材料。 同伴提出需要剪刀的时候,教师可关注跳跳的状态,询问跳跳哪里可以拿到剪刀,或者用手来指出剪刀的方向,引起跳跳的注意。
三、分享环节:请幼儿介绍本组的计时工具的计时方法,感知可以通过物体的变化过程计时	1. 分享本组计时工具的计时方法。 (1) 教师:请小朋友来说一说你们组的计时工具是怎样计时的。 (2) 小结:虽然我们每组设计的工具都不一样,但是方法都是通过物体的变化过程来计时。 2. 幼儿分享调整方法,教师帮助幼儿梳理经验。 (1) 教师:在制作的过程中,你们遇到了什么问题? 是怎样解决的? (2) 小结:每个小组遇到的问题都不一样,但是大家都能一起想办法,比如更换材料,调整材料大小、长短等。	1. 各组向同伴介绍本组的计时工具并演示计时方法。 (1) 每组推选一名幼儿代表介绍,其他人补充。 (2) 观看各组的计时工具。 2. 与同伴交流制作过程中遇到的问题。 例如,滚珠组:"我们需要做一个倾斜的斜坡,第一次不够高,我们又加了一些积木。" 漏刻组:"我们在倒水的时候,水都从吸管旁边的孔里流出来了,我们用橡皮泥堵住了缝隙,水就能从吸管里流到下一个杯子里了。"	1. 能专注地观看各组的计时工具的演示。 当跳跳在看演示中出现跳来跳去的行为时,教师递给橡皮泥,指椅子的位置,提示他坐下来。 2. 能与同伴一起分享本组的计时工具——沙漏。 同伴将计时工具递给跳跳,并提示跳跳倒着把沙漏放在桌子上,演示沙漏如何计时。

教学活动		
四、总结并引导幼儿将计时工具应用到生活中	教师:通过制作计时工具,我们感受到物体变化的过程可以帮助我们计时,为今天的小发明鼓鼓掌吧!想一想我们制作的计时工具可以用来做什么呢?	能够和同伴交流分享生活中哪些事情可以用到制作的计时工具。	知道生活中会用到计时工具。引导跳跳知道沙漏里的沙子流完时可以跳多少下,同伴来为跳跳计数(户外活动时可以尝试)。

第四部分:教师分析

1.儿童喜好的运用

在活动设计中,无论是活动的起源还是关于自制计时工具的内容,都源自幼儿的想法和自发的兴趣。教师通过提出问题来支持幼儿,激发他们对计时工具的认识,并随着活动的开展,引导他们探索新发现的问题。特别是对于孤独症儿童,教师通过日常观察发现他对沙漏的兴趣,并引导同伴邀请他加入沙漏组,使他能够积极参与到活动中。

2.素材调整

在素材准备方面,从孤独症儿童已有的生活经验出发,并结合他们的认知发展现状,对提供的设计图内容进行了适当的微调。根据幼儿的不同能力水平,教师提供了不同的设计单。当小组协商完成后,教师会根据普通幼儿的设计图再设计一份彩打实物照片的设计图。例如,如果小组设计的是普通幼儿画的沙漏和瓶子等的简笔画,教师会将简笔画中的沙漏、瓶子等元素一一对应成实物图片。这样的调整可以发挥孤独症儿童的视觉优势,使他们更容易寻找材料。

3.同伴支持

在活动中,通过小组形式共同完成任务,孤独症儿童在寻找材料、传递材料、制作等环节中得到了小组的支持。同伴的邀请和提示展现了普通幼儿对孤独症幼儿的接纳,他们愿意等待和帮助孤独症儿童,共同完成计时工具的制作。这种互动为普通儿童和特殊需要儿童提供了双向的社会性发展机会,对他们未来的社交能力培养极为宝贵。

4.隐形支持

在寻找材料和制作过程中,将孤独症幼儿需要寻找的材料放置在班级最显眼的位置,环境中做好适应性调整。分组讨论中,教师有目的地对孤独症儿童进行问题引导。

第五部分:园长(教学骨干)点评

活动设计基于幼儿的兴趣,讨论自制计时工具、设计计时工具、收集材料等都是以幼儿兴趣为基础。在活动中,教师注重激发幼儿的观察与思考,开放的班级环境和材料的丰富性可以与幼儿形成有效互动。借助小组活动,在制作过程中通过观察、操作等要求满足不同幼儿发展的需求。

在活动中,教师尊重幼儿的个体差异,通过环境创设的开放性、素材调整的科学性、活动过程的差异性,关注到特需幼儿的兴趣,在活动设计中进行巧妙融合,极大地提升特需幼儿参与活动的兴趣,在活动中也促进普特幼儿理解和尊重彼此的意识,在友善互助的环境中共同学习和成长。

（点评人:北京大学附属幼儿园赵红梅博士）

四、大班科学领域:认识海鸥[①]

第一部分:特殊需要儿童基本情况

东东,3岁进入幼儿园托班,经医院诊断为唐氏综合征,智商评估中等,语言表达能力欠缺,性格十分内向,并且执拗,没有与同伴交往的动机以及没有发展出以语言为主的社交能力,认知发展落后,观察力、想象力落后,规则意识较差。目前六岁,在幼儿园大班就读,正常参与班级一日生活。

《认识海鸥》教学
活动视频

东东集体规则意识较弱,喜欢搞小破坏,有时会与教师、同伴反着干,或者不愿意参与集体活动。存在中轻度的构音问题,部分字词发音不准确,以及部分字词不会发音表达,一些字词存在发音错误的情况。句子的使用较为困难,只能使用简单句,表达时以使用陈述句描述为主。理解能力和沟通能力有待提升,对他人的提问经常低着头或者躲起来,不愿意回答,有时不能理解他人的话语,时常以"不知道"回应他人与自己的交流。不愿意与当下和自己相处之外的人交流,人际交往能力较为欠缺。

东东与老师关系较好,与同伴关系一般,游戏中喜欢独自玩耍,基本不会主动发起互动,在成人的提醒下可以和同伴进行简短的交流。每天很乐意到幼儿园,在家与亲人们关系十分亲密,家庭教养方式民主,积极鼓励他参与幼儿园各种类型的集体活动,以及在幼儿园儿童发展中心上语言、社交、感觉统合方面的教育康复课程。

【知识链接】

唐氏综合征幼儿身心发展特点

唐氏综合征又叫作21三体综合征（Down's syndrome）、"先天愚""伸舌样痴呆",由于21号染色体多了一条所致,是一种染色体病。

---

① 本案例由昆明学院附属幼儿园奚银晶撰写,高春玲、曾慧指导

1886 年英国医生 J.L.Down 首次对该病的临床症状进行描述,主要临床特征是:智力发育不全,发育迟缓,大多数患者的智商在 30—55 之间。患儿出生后不久即呈现特殊面容:眼距宽,眼裂小且上斜;有的患者眼球突出、内眦赘皮,上腭高尖,鼻根低平,颌小,口常半开,舌常外伸;有的有舌裂、流涎。新生儿可见第三囟门,肌张力低,患者皮纹常有典型的变化。有的患者伴有先天性心脏病,房间隔和室间隔缺损多见。男性患者无生育能力,常有隐睾;女性患者偶有生育能力,所生子女 1/2 将发病。

在人格行为方面,多数表现为脾气好,重感情,温顺,愉快,有时固执,或顽皮,而对他人无害,很少说谎或偷窃,有的易激惹,违拗,有破坏性。在新生儿中的发病率约为 1/600—1/800,在智力落后儿童中约占 5%—10%。

第二部分:教学内容分析

首先,结合地域特色,贴近幼儿生活经验。昆明冬季有大量海鸥迁徙至此,这一现象是昆明独特的自然景观。选择"认识海鸥"作为科学活动主题,能够充分利用本地资源,让幼儿从身边熟悉的自然现象中学习,增强学习的趣味性和实用性。对于幼儿来说,海鸥是他们在生活中可能亲眼见过的动物,能够激发他们的兴趣和好奇心,降低学习陌生内容的难度。

其次,促进幼儿认知和情感发展。"认识海鸥"这一科学活动,能够有效促进幼儿的认知和情感发展。通过观察、探索和互动,幼儿不仅能够学习关于海鸥的科学知识,还能在情感上建立与自然的联系,培养环保意识和热爱生命的情感。当然,我们意识到普通幼儿和唐氏综合征幼儿在认知和情感发展上存在差异,因此在活动设计中会针对两类儿童的特点展开具体分析。对于普通幼儿,活动通过观察、思考和互动,发展他们的认知能力和科学探究兴趣,对于唐氏综合征幼儿,活动则通过直观的感官体验、简单的认知学习和具体的行为示范,帮助他建立对海鸥的初步认知,并激发积极的情感反应。

最后,创设贴近生活的互动情境。在活动组织过程中,通过观察生活所在城市的一些场景,如昆明的海鸥,选择身边可以捕捉到的冬天作为教学内容,增加活动的真实性、趣味性和参与性。在学习活动中学会观察、学会模仿同伴,以及通过绘画的形式向海鸥送祝福,可以极大地激发幼儿的想象力。这种情境化的学习能够激发所有儿童的兴趣,对于唐氏综合征儿童而言也是如此,为他提供一个真实的环境,让他在活动中做到模仿同伴以及与同伴互动,并逐步增强观察力、理解力和社会交往与生活技能。

第三部分:融合教育教案

领域	科学领域	班级	大(4)班	执教者	奚银晶、蔡莹莲
主题	嘿!冬天	课题		认识海鸥	

<table>
<tr><td rowspan="2">学情分析</td><td>普通幼儿</td><td colspan="3">　　大班幼儿对自然界充满好奇,尤其对动物有浓厚的兴趣,能够主动提问并探索。语言表达能力和观察能力强,能够通过图片、视频或实物观察动物的外形特征,用完整的句子表达自己的想法,并能与同伴进行简单的讨论。
　　当前班级,东东从小班开始融入,与班级同学十分熟悉,在班级里面也有很多的相处机会,在班级生活中能够关注到东东在哪里,在做什么,是否需要帮助,能够邀请他一起加入集体活动。</td></tr>
<tr><td>特需幼儿</td><td colspan="3">　　东东,男,唐氏综合征儿童,认知能力低于同龄普通幼儿,在沟通方面,东东倾听、听指令的能力较好,但是句型的使用、主动表达以及交互式对谈能力较弱;在社交方面,社交责任感很强,但对他人的情绪反应、心智理解比较困难,对于冬天以及所在城市情况的感知能力较弱,在团体生活中,整体人际互动能力、问题解决能力比较欠缺。</td></tr>
<tr><td rowspan="2">学习目标</td><td>普通幼儿</td><td colspan="3">1. 欣赏昆明有海鸥的冬天,增进对冬天的热爱。
2. 了解海鸥模样、海鸥吃的食物和海鸥在哪里。
3. 观赏海鸥,大胆向同伴分享感受。</td></tr>
<tr><td>特需幼儿</td><td colspan="3">1. 欣赏昆明有海鸥的冬天,增进对冬天的热爱。
2. 说出海鸥的颜色、进食的食物名称。
3. 观赏海鸥之后,表达自己的心情。</td></tr>
<tr><td rowspan="2">教学方法</td><td>普通幼儿</td><td colspan="3">情境教学法、多感官教学、游戏法</td></tr>
<tr><td>特需幼儿</td><td colspan="3">教师示范、同伴模仿、口语提示、肢体辅助</td></tr>
<tr><td rowspan="2">教学准备</td><td>物质准备</td><td colspan="3">教学 PPT、25 张黑色卡纸、5 盒彩铅、25 份地点清单</td></tr>
<tr><td>经验准备</td><td colspan="3">普通幼儿有想象力和绘画经验、特需幼儿有简单的口语表达和涂鸦能力</td></tr>
<tr><td colspan="5" align="center">教学活动</td></tr>
<tr><td>教学环节</td><td colspan="2">教师活动</td><td>班级幼儿活动</td><td>特需幼儿活动</td></tr>
<tr><td>一、你从哪里来</td><td colspan="2">1. 教师播放海鸥从西伯利亚迁徙到昆明的视频。
2. 教师讲授每年 11 月到第二年的 3 月,海鸥会在昆明过冬。</td><td>1. 幼儿能说出海鸥从西伯利亚来。
2. 幼儿能说出海鸥每年 11 月到第二年的 3 月在昆明过冬。</td><td>1. 东东能理解并说出海鸥来昆明了。
2. 东东模仿教师或同伴说一说地点。</td></tr>
</table>

教学活动			
教学环节	教师活动	班级幼儿活动	特需幼儿活动
二、你在哪里	教师提出问题:海鸥来了,在哪里呢,我们要去哪里看?展示以下地点的图片:海埂大坝、翠湖公园、大观公园、环西桥、海洪湿地公园、捞鱼河公园、海晏村、滇池南岸沙滩公园、宝丰湿地公园。	幼儿与教师一起欣赏,看一看和说一说这是哪里?	
三、记住你的模样	1. 教师引导幼儿学习海鸥的外形特点。教师:我们是怎么认出海鸥的呢? 让我们一起来了解一下它的模样吧!2. 教师引导幼儿学习海鸥的习性特征。教师:它的外貌是什么样的?(羽毛、小脚、嘴巴)它们吃什么? 它们怎样活动?(飞或在水里游)	1. 幼儿使用语句描述海鸥的外貌。2. 幼儿使用语句描述海鸥吃的食物和行动方式。	1. 东东使用词语表达出海鸥的 1—2 种外貌特征。(观察图卡)2. 东东使用词语表达出一种海鸥吃的食物;使用句子表达出一种海鸥活动的方式。(图卡提示)
四、留住我的祝福	1. 教师鼓励幼儿画一幅送给海鸥的作品。教师:来年三月,昆明的冬天走了,我们的海鸥朋友也要回到遥远的西伯利亚,让我们拿起我们的画笔,画一个物品送给海鸥朋友。画吃的、玩的、住的等都可以。2. 幼儿画完之后,以小组的形式上台展示。3. 请幼儿在周末父母有空的时候,一起把自己给海鸥朋友画的作品带去给它们看一看。4. 教师给幼儿发一张有海鸥的地点,请幼儿分享给家长,周末请爸爸妈妈带幼儿,邀请好朋友一起,选择喜欢的地点去看海鸥。	1. 幼儿进行绘画,画出自己心中想留给海鸥的纪念品。2. 幼儿与本组同伴结对,展示绘画作品。3. 幼儿邀请好朋友周末一起看海鸥。	1. 东东在教师准备好的纸张上,给海鸥吃的小饼干、小鱼等食物图涂上颜色,或者在纸张上画上自己喜欢的物品。2. 东东跟随同伴一起展示作品。3. 东东能够回应同伴的邀请,周末和好朋友一起去看海鸥。

第四部分：教师分析

1. 环境支持

课堂座位进行了调整，把东东的位置调整到第一排中间的位置，一方面是由于东东会在老师看不到的地方搞小破坏，偷偷捉弄身边的小朋友，另一方面，他还会在老师关注不到的时候不集中注意力、玩小手。所以，安排在第一排中间位置，他能够全神贯注地参与课堂活动。

2. 素材调整

利用视觉提示支持东东的学习，如在描述海鸥时，给他图片提示，东东可以直观地看图描述海鸥模样。在绘画环节，给普通幼儿的要求是能够发展想象力，绘画出自己想要送给海鸥的物品。而东东想象力较弱，绘画的精细能力尚待发展，所以教师先帮助他把图形画出来，请东东在线条内涂色，降低任务难度。

3. 活动简化

在活动中，因为东东的观察能力、表达能力相对较弱，所以在描述海鸥特征、海鸥所在地时，普通幼儿使用自然顺畅的语言进行表达，东东使用词语或者短句表达，形式简化，让东东更有信心表达，课堂活动参与次数便增加了。

4. 成人支持

教师在活动过程中主要承担示范者和引导者的角色。在需要东东回答问题之前，会请其他小朋友先说一次或者老师自己描述一次，对东东起到示范作用。另外，在东东表达了之后，引导他使用正确的词语和发音，并及时给予肯定。

5. 同伴支持

集体教育活动中，同伴通过直接与间接的方式帮助东东。直接支持方面，同伴主动帮助东东回答出问题答案，以及提醒东东举手回答问题。间接支持方面，东东通过观察同伴语言、行为，潜移默化地学习到集体中的社会行为，模仿他们，举手参与回答问题，简单表达想法。东东在回答问题过程中表达能力较弱，语言不够清晰，句子表达速度较慢，同伴给他提供语言示范的同时，普通幼儿也学会了等待和倾听。在场景转换时，会有一名同伴引导东东去到他自己的位置，参与活动。

第五部分：园长（教学骨干）点评

活动设计基于幼儿的生活经验，结合幼儿已有的观察与发现，从所在城市的特有场景入手，帮助幼儿提升认知和社会交往能力。融合教育活动的本质在于为每个儿童都提供最适切的支持，特需儿童的差异性、环境创设的适应性、素材调整的科学性、活动过程的趣味性，教师在设计前期都有所思考，做出了公平而又有质量的活动安排。教师和同伴的支持渗透在活动之中，彰显出融合教育的本质，既关注整体幼儿，又给予特需儿童支持,普特儿童在活动中获得双向发展。

(点评人:昆明学院学前与特殊教育学院高春玲副院长)

思考与练习:

1. 结合实例,根据年龄和发展水平制定幼儿科学领域教育内容和发展目标。

2. 分析《1 米有多长》[①]案例中的课程调整策略并对其作出评价。

3. 尝试设计科学教育领域教学活动并说明对幼儿园融合教育课程调整策略的运用。

《1 米有多长》案例　　　参考答案

_____

① 本案例由北京大学附属幼儿园包何燕教师撰写

TWELVE

幼儿园艺术教育领域教学调整

```
┌─────────────────────┐
│ 学习目标            │
├─────────────────────┘
  1. 了解幼儿园艺术教育领域目标与内容
  2. 掌握幼儿园艺术教育领域教学调整策略
  3. 在艺术教育领域教学实践中灵活运用
     课程调整策略
```

　　幼儿园艺术教育领域教学调整,是指在幼儿园教育环境中,结合融合教育理念,依据《幼儿园教育指导纲要(试行)》及《3—6岁儿童学习与发展指南》等教育指导文件,针对不同需求的儿童群体,对其在艺术教育领域的课程内容、教学策略、组织结构及评估机制等方面进行的个性化与创新性改良。这一调整旨在确保所有儿童,不论其能力差异,都能在艺术活动中获得适宜的挑战与支持,享受平等的学习机会,充分发掘和培养他们的艺术天赋与创造力。

第一节　艺术教育领域教学与调整概述

一、艺术与学前儿童艺术

　　艺术是一种复杂而多元的人类表达形式,它借助各种媒介和技巧,创造能够传达情感、思想、美感和审美体验的作品。艺术不仅是对现实的再现，更是对现实的深刻理解和情感投射，通过形象思维和创造性表现，超越日常经验，触及人类精神和文化的深层次。艺术包括视觉艺术、表演艺术以及新兴的数字艺术和多媒体艺术等。视觉艺术包括绘画、雕塑、摄影等，直接作用于观赏者的视觉感官，通过颜色、形状、纹理和构图等元素，激发情感反应和思考。例如，绘画不仅展现了艺术家眼中的景象，还通过笔触、色彩的选择反映出创作者的情感状态和审美理念。雕塑则在三维空间中塑造形态，探索物质与空间的关系，给予观者更为立体的体验。摄影作为现代技术的产物，记录现实的同时也能够通过取景、光线运用等手法赋予画面深刻的意义和情感深度。表演艺术包括音乐、舞蹈、戏剧等，强调时间性和现场性，艺术家与观众之间存在着即时的交流与反馈。音乐以其旋律、节奏和和声触动人心，跨越语言障碍，直击灵魂深处。舞蹈通过身体动作和表情传达情感与故事，展现人类身体的极限美。戏剧结合了语言、肢体表演和舞台设计，通过情节展开探讨人性、社会和哲学议题，引导观众进行道德与情感的反思。随着数字技术的发展，数字艺术和多媒体艺术成为新兴的艺术形式，它们融合了计算机图形、声音、视频、虚拟现实等多种媒介，为艺术创作开辟了全新的维度。数字艺术家们利用代码、算法等工具创作，探索虚拟空间中的美学与叙事可能，挑战传统艺术界限。这种艺术形式不仅拓宽了观众的感知体验，也反映了当代社会对科技、网络文化的深刻思考。总之，艺术以其多样化的形式和深远的影响力，构成了人类文明的重要基石，是连接过去与未来、个体与集体、现实与理想的重要桥梁。

学前儿童艺术主要涉及视觉艺术和表演艺术，即绘画、雕塑、手工、音乐、舞蹈、戏剧等。情感主导、象征性表达、创造性与想象力、游戏性等是其主要特点。学前儿童的艺术活动充满了情感色彩，是儿童表达内在感受、情绪和想象的重要途径。他们的作品往往直接反映出个人的情感体验和对外界的直观感受。儿童在美术创作中倾向于使用象征性符号来代表现实中的事物，他们的作品往往富含象征意义，反映出儿童对周围世界的独特理解和解释。同时，儿童在艺术活动中展现出惊人的创造力和丰富的想象力，他们能够不受现实约束，自由地结合经验和想象，创造出独特的艺术形象和场景。游戏是儿童的基本活动，艺术对于学前儿童而言也是一种游戏，他们通过动作、表情、语言等直接表达对美的感受，艺术活动本身就是一种充满乐趣的游戏体验。

二、幼儿园艺术教育领域目标与内容

根据儿童艺术主要涉及的领域，幼儿园艺术教育一般分为美术教育和音乐教育。由于美术是与儿童自然联系在一起的，幼儿不受任何限制地运用各种材料，无忧无虑地探索他们所处的环境，以自己的方式理解世界，并自由地表现和表达自己的所思、所想、所感，他们能在美术这一教育领域中获得许多足以引起他们兴趣和愉悦的经验。罗恩菲尔德（Lowenfeld V.）的儿童中心论和艾斯纳（Eisner E.W.）的学科中心论对幼儿园美术教育产生了深刻影响。罗恩菲尔德将艺术看作是游戏的一种形式,认为在美术这样一种游戏中,儿童内在的需求得到了真正的满足,而这种满足有助于其成为协调和幸福的人。罗恩菲尔德强烈反对在美术教育中让儿童去抄袭和模仿,认为这样的做法有害于儿童美术的成长。他以改革者的激进态度坚决主张,教师切不可将成人的表达形式强加于儿童,任何一种美术创造的风格都必须作为创造者个人的意向和需要的必然产物加以理解并给予尊重。美术教育是为了儿童的发展,是为了通过美术发展儿童的一般创造力,美术教育应该注重过程而不是美术作品。罗恩菲尔德的主张对当时美术教学中以传授"正确"的技能为主的课堂教学是一种冲击,起到了一定的矫正作用,但过于强调儿童的自由表现和自我创造,导致了美术教育空有过程而无结果。20 世纪 60 年代,以艾斯纳为代表的儿童美术本质论强调学科中心,主张实现美术学科自身独特的价值。1972 年,艾斯纳在《视觉艺术的教育》中表述了他对美术教育的哲学主张:(1) 美术教育的主要价值在于它对个人经验的独特贡献;(2) 美术能力不是自然成长的结果,而是学习的结果;(3) 有益的美术教育领域是创作、批评和历史;(4) 良好的课程设计是美术教育收效的必备条件;(5) 评价作品有助于教师和儿童了解其学习进程。罗恩菲尔德和艾斯纳从不同的角度指导幼儿美术教育。应该看到,对幼儿而言,美术教育除了顺应儿童发展以外,还应具有将儿童发展纳入社会对美术教育赋予价值的轨道,从而有效促进儿童的发展。

在儿童音乐教育中,奥尔夫(Orff C.)音乐教育思想和实践、柯达伊(Kodaly Z.)音乐教育思想和实践、达尔克洛兹(Dalcroze E.J.)音乐教育思想和实践、综合音乐感教育实践被广泛地接受和运用。奥尔夫认为,音乐教育始于动作,应从儿童的身体反应和动作开始。他提出了一种自发的、想象的教授音乐的方法,这种方法依据三个原则:(1) 所有生物都表现出节奏感;(2) 讲话、动作和音乐形成整体的人;(3) 所有的儿童都有乐感。奥尔夫主张运用集体教学和综合教学的方法实施教育,因为儿童以小组活动形式参与的集体教学活动能给予儿童自由、宽松、交流和分享的音乐学习环境;综合教学的特点主要体现为歌、舞、乐三位一体,创作、表演和欣赏三位一体。奥尔夫注重发挥儿童的即兴能力和想象力,鼓励儿童在此基础上进行创造。柯达伊主张,音乐教育要从幼儿园开始,将民间歌曲和游戏歌唱曲作为幼儿园的主要音乐教材,他认为,为儿童提供的音乐教材只能来自三个方面:(1) 真正的儿童游戏和儿歌;(2) 真正的民间音乐;(3) 由名作曲家创作的优秀音乐。达尔克洛兹的音乐教育体系由韵律体操、视唱练耳和即兴创作三个因素组成,他将韵律体操看成是联合儿童感觉和认知经验的一个手段,主张让儿童聆听音乐,引导儿童通过身体运动去接触音乐的各个要素。达尔克洛兹认为,三种要素相互依赖、相互联系,以培养和发展儿童的听觉、运动觉以及创造性表现能力。综合音乐感是指综合音乐素质,是对儿童进行音高(不定音高及相对音高的听辨)、力度(声音强弱的听辨)、音色(具有音色表现方面的选择能力)、节奏(拍率)等方面素质的综合培养。综合音乐感教育让儿童以听觉为探索工具,通过自由探索、引导探索、即兴创作、有计划即兴创作和巩固概念五个教学环节,以及听觉、演出、指挥、创作、分析和评估六个方面的教学活动训练,锻炼儿童多方面的能力,从中体验和感受探索的意义与乐趣。以上不同的音乐教育思想和实践都为幼儿音乐教育提供了思路,幼儿音乐教育不仅是唱唱跳跳的身体节律活动,更在于培育幼儿的音乐感、节奏感、创造力以及真善美的情操。①

幼儿园艺术教育是指在幼儿园教育环境中,教师通过精心设计和组织多样的艺术活动,旨在促进3—6岁儿童艺术素养与审美能力全面发展的教育过程。艺术教育不仅关乎儿童对艺术形式(如音乐、美术)的基本认知,还包括情感的审美体验、创意表达及艺术技能的培养,是儿童全面发展不可或缺的一部分。参照《幼儿园教育指导纲要(试行)》和《3—6岁儿童学习与发展指南》的精神,幼儿园艺术教育领域的主要目标和内容要求可具体阐述如下:

《幼儿园教育指导纲要(试行)》指出,艺术领域目标为:

1. 能初步感受并喜爱环境、生活和艺术中的美;

2. 喜欢参加艺术活动,并能大胆地表现自己的情感和体验;

3. 能用自己喜欢的方式进行艺术表现活动。

针对以上艺术领域目标,具体的内容与要求包括:

1. 引导幼儿接触周围环境和生活中美好的人、事、物,丰富他们的感性经验和审美情趣,激发他们表现美、创造美的情趣。

2. 在艺术活动中面向全体幼儿,要针对他们的不同特点和需要,让每个幼儿都得到美的熏陶和培养。对有艺术天赋的幼儿要注意发展他们的艺术潜能。

3. 提供自由表现的机会,鼓励幼儿用不同艺术形式大胆地表达自己的情感、理解和想象,尊重每个幼儿的想法和创造,肯定和接纳他们独特的审美感受和表现方式,分享他们创造的快乐。

4. 在支持、鼓励幼儿积极参加各种艺术活动并大胆表现的同时,帮助他们提高表现的技能和能力。

5. 指导幼儿利用身边的物品或废旧材料制作玩具、手工艺品等来美化自己的生活或开展其他活动。

6. 为幼儿创设展示自己作品的条件,引导幼儿相互交流、相互欣赏、共同提高。

---

① 朱家雄.幼儿园课程[M].3版.上海:华东师范大学出版社,2022:155-157.

《3—6岁儿童学习与发展指南》指出,艺术领域的目标主要包括感受与欣赏、表现与创造两个方面,不同年龄段儿童具体发展目标如下。

（一）感受与欣赏

目标1　喜欢自然界与生活中美的事物

3~4岁	4~5岁	5~6岁
1. 喜欢观看花草树木、日月星空等大自然中美的事物。 2. 容易被自然界中的鸟鸣、风声、雨声等好听的声音所吸引。	1. 在欣赏自然界和生活环境中美的事物时,关注其色彩、形态等特征。 2. 喜欢倾听各种好听的声音,感知声音的高低、长短、强弱等变化。	1. 乐于收集美的物品或向别人介绍所发现的美的事物。 2. 乐于模仿自然界和生活环境中有特点的声音,并产生相应的联想。

目标2　喜欢欣赏多种多样的艺术形式和作品

3~4岁	4~5岁	5~6岁
1. 喜欢听音乐或观看舞蹈、戏剧等表演。 2. 乐于观看绘画、泥塑或其他艺术形式的作品。	1. 能够专心地观看自己喜欢的文艺演出或艺术品,有模仿和参与的愿望。 2. 欣赏艺术作品时会产生相应的联想和情绪反应。	1. 艺术欣赏时常常用表情、动作、语言等方式表达自己的理解。 2. 愿意和别人分享、交流自己喜爱的艺术作品和美感体验。

（二）表现与创造

目标1　喜欢进行艺术活动并大胆表现

3~4岁	4~5岁	5~6岁
1. 经常自哼自唱或模仿有趣的动作、表情和声调。 2. 经常涂涂画画、粘粘贴贴并乐在其中。	1. 经常唱唱跳跳,愿意参加歌唱、律动、舞蹈、表演等活动。 2. 经常用绘画、捏泥、手工制作等多种方式表现自己的所见所想。	1. 积极参与艺术活动,有自己比较喜欢的活动形式。 2. 能用多种工具、材料或不同的表现手法表达自己的感受和想象。 3. 艺术活动中能与他人相互配合,也能独立表现。

目标 2　具有初步的艺术表现与创造能力

3～4 岁	4～5 岁	5～6 岁
1. 能模仿学唱短小歌曲。 2. 能跟随熟悉的音乐做身体动作。 3. 能用声音、动作、姿态模拟自然界的事物和生活情景。 4. 能用简单的线条和色彩大体画出自己想画的人或事物。	1. 能用自然的、音量适中的声音基本准确地唱歌。 2. 能通过即兴哼唱、即兴表演或给熟悉的歌曲编词来表达自己的心情。 3. 能用拍手、踏脚等身体动作或可敲击的物品敲打节拍和基本节奏。 4. 能运用绘画、手工制作等表现自己观察到或想象的事物。	1. 能用基本准确的节奏和音调唱歌。 2. 能用律动或简单的舞蹈动作表现自己的情绪或自然界的情景。 3. 能自编自演故事，并为表演选择和搭配简单的服饰、道具或布景。 4. 能用自己制作的美术作品布置环境、美化生活。

三、幼儿园艺术教育领域教学调整

幼儿园艺术教育领域的教学调整强调在艺术教学中确保所有儿童都能平等地参与艺术活动，都能在艺术的感受、探索和表达中获得适合自身发展的学习机会，从而推动儿童在审美感知、创意表现等方面获得全面发展。

1. 教学目标调整

幼儿园艺术教育中，感受欣赏与表现创造是两大核心目标，它们不仅构成了艺术教育的基础，也是促进幼儿全面发展的关键。在融合教育背景下，艺术教育的目标设定既要包括普遍性的艺术素养提升，也需针对特殊需要儿童设定具体可行的目标，做到兼顾广泛性和个性化。例如，普遍性目标"培养幼儿对雕塑作品的基本认知与审美感知能力，让幼儿学会用语言或非语言方式表达对艺术作品的感受"，对于视力障碍的儿童，该目标可以调整为"通过触摸艺术作品或特殊材质的雕塑，感受作品的形态与质感，并在引导下表达个人体验"。普遍性目标"鼓励幼儿随着音乐节奏即兴舞蹈，以此来表达自己的情感、想法和创意"。针对孤独症谱系的儿童，目标可调整为"利用重复的音乐节奏或视觉图案，通过模仿和重复来感受音乐，逐步引导他们尝试新的表达方式"。

2. 教学内容调整

在幼儿园融合教育艺术教育领域教学中，教师要细心观察每个幼儿的独特需求和发展水平，灵活调整艺术领域教学内容的难度、数量和呈现方式，创造一个包容、鼓励和支持的学习氛围。首先，就教学内容难度而言，可以做适应性调整，为不同能力水平的幼儿设计不同层次的艺术活动。例如，在一次绘画花朵的美术活动中，教师准备了画纸、颜料和不同的绘画工具。教师对班级幼儿提出了不同的要求，先画完的幼儿可以根据自己的喜好在画上添加新的内容；完成较慢的幼儿可以根据自己的节奏作画；对于那些需要更多时间的幼儿，教师则提供额外指导和支持。其次，就教学内容数量而言，要做到适量安排、弹性选择。例如,教师原计划在音乐课上教唱两首新歌曲,然而,观察到幼儿对同时学习多首歌曲感到困惑,教师决定将数量减少到一首,并将剩下的时间用于复习和动作配合已学过的歌曲。通过重复和巩固,幼儿的音乐能力得到了更好的提升。最后,就教学内容的呈现方式而言,要采取多样化展示,可利用多媒体工具、实物展示、现场演示等多种方式呈现艺术内容,以满足幼儿不同的学习风格,吸引幼儿的注意力并激发他们的学习兴趣。

3. 教学组织与实施调整

在幼儿园融合教育环境中,艺术教育不仅是培养儿童审美能力和创造力的重要途径,也是促进特殊需要儿童融入集体、表达自我、增强自信的关键环节。教师需要创造一个充满鼓励和创意的课堂氛围,确保所有儿童都能舒适地参与艺术活动。比如,设立无障碍艺术工作站,配备特制画架和调节高度的桌子,方便行动不便的儿童操作。提供各种大小的握把工具、易于抓握的画笔和颜料盒,以适应不同儿童的动手能力。确保艺术工作区域宽敞,允许轮椅等辅助设备自由移动,减少儿童的身体限制感。在集体绘画活动中,采用"伙伴绘画"模式,让普通儿童与特殊需要儿童配对合作,共同完成作品,如设计一个"梦想花园"壁画,通过协作加强彼此的理解和友谊,这种模式不仅能增进幼儿之间的理解,还能让特殊需要儿童在伙伴的帮助下更好地参与艺术创作过程,体验成功的喜悦。强化感官体验,针对视觉障碍儿童,可以使用具有不同质感的材料(如粗砂纸、绒布、金属片)来代表不同的色彩和形状,通过触觉体验丰富他们对艺术作品的感受。对于听力障碍儿童,则可以通过振动音乐垫或低音振动乐器,让他们通过身体感受音乐的节奏和旋律,从而参与到音乐创作中。

4. 教学评价调整

在融合教育背景下,幼儿园艺术教育领域的教学评价不仅关乎儿童艺术技能的培养,更关乎其个性、情感、创造力的发展。首先,评价体系应全面而灵活,关注儿童在艺术探索过程中的成长和情感体验,而非单一的艺术成果。全面性除体现在艺术成果外,还应包括儿童如何通过艺术活动来表达情感、想法、解决问题以及他们在审美感知、创新思维、合作与交流等方面的进步。灵活性则体现在评价方法能够适应不同儿童的能力水平和学习风格,确保评价既精准又具有包容性。其次,评价手段要多元,可以通过艺术成长档案、教师观察、同伴互评、家长反馈等多种方式全面反映儿童艺术成长。通过艺术成长档案,记录儿童在不同阶段的创作作品、创作过程的照片和视频,既为教师提供跟踪儿童长期发展的依据,也成为儿童自我反思和成就感的来源。教师作为引导者和观察者,记录儿童在艺术活动中的参与度、探索行为、情感反应和问题解决策略,这些非正式的日常观察能为评价提供丰富的一手资料。通过同伴互评,幼儿可以学会欣赏他人的独特创意,并从同伴那里获得宝贵的反馈。家长是儿童成长的重要伙伴,定期的家庭—幼儿园沟通机制,如家长会或家园联系手册,可以促进双方就儿童在艺术领域的进步进行交流。

第二节　艺术教育领域教学活动调整案例与分析

一、中班音乐活动:大象和蚊子①

第一部分:特殊需要儿童基本情况

西西,3岁进入幼儿园,4岁4个月时诊断为孤独症谱系障碍,表现为注意力不集中、规则意识欠缺、情绪控制能力弱、社交合作意识和能力不足。

西西具备基本的生活自理能力,主动性较差,在老师的帮助和提示下,能够独立完成各项任务,生活习惯养成上有待进一步引导,如进餐后送碗筷、喝水后放杯子等。

在班级中对感兴趣的事情表现出明显的主动性,过程中遇到困难和挫折,或者预期目标没有达成时会表现出不耐烦,导致情绪崩溃难以恢复。与喜欢的老师能够建立较亲密的关系,但是对于同伴之间的交往缺乏主动性、不能识别他人情绪,以个人为中心。集体活动中表现出明显的注意力不集中,专注力、规则意识薄弱的现象。

模仿能力强,生活或者游戏中能够模仿老师或者同伴的语言、行为,进行跟随性学习。语言表达和逻辑思维水平高出同年龄小朋友。喜欢说唱英文歌,有着较强的音乐节奏感。喜欢阅读图书,对动物尤其感兴趣。

第二部分:教学内容分析

《大象和蚊子》音乐活动以两个动物之间发生的有趣故事为背景,结合音乐节奏的变换和故事表演,让幼儿在音乐活动中获得对节奏的多重体验和感受。考虑到大象和蚊子这两种生活中常见的动物,幼儿对它们已经有一定的认识。将生动有趣的故事情节与音乐、节奏结合起来,可以让幼儿在倾听、欣赏以及肢体动作表演的过程中自由地表达对音乐的理解,同时在游戏中体验声音和形象之间的关联。

第一,本活动主题基于幼儿兴趣和发展优势所选择。兴趣是幼儿学习的最大动力。当活动内容与幼儿的兴趣高度契合时,能够极大地激发他们的参与热情和主动性。本活动中的孤独症幼儿在日常生活中表现出高度的听觉敏感性,非常喜欢听音

---

① 本案例与分析由北京大学附属幼儿园张帅老师提供并撰写

224

乐。因此,选择了涉及多种节奏型变换的音乐,目的在于满足幼儿的学习需求,发挥他在这一领域的优势,进一步激发和挖掘其潜能,同时拓展其他方面的感知和经验,促进全面发展。

第二,本活动主题基于音乐故事对幼儿情绪情感理解和体验的教育价值。音乐故事作为一种结合音乐和故事情节的教学方法,对孤独症幼儿感受音乐的作用是不可替代的。通过音乐故事的讲述,幼儿不仅能够感受到音乐本身带来的情感冲击,还能深化对情感的理解和体验。在《大象和蚊子》这一富有趣味性的音乐故事中,通过音乐的旋律、节奏、故事情节的引导,幼儿在感受音乐的同时,也能体会到故事中角色的情感变化。通过角色扮演和故事情节的推进,幼儿在情感代入上和情感共鸣上得到进一步的提升,逐渐学会体会和表达情绪情感。

第三,本活动内容的选择基于音乐表演形式促进幼儿社会性发展的需要。使用奥尔夫音乐方法中的游戏教学形式,可以帮助教师更好地尊重并关注幼儿个体的发展差异。通过灵活调整活动的难易度,并采用分层评价的方式来帮助幼儿在原有的能力水平上做出进步。在教学过程中,教师通过游戏化的活动方式可以最大限度地激发幼儿参与活动的主动性,使他们获得愉快的体验。而游戏表演环节则为孤独症幼儿与普通幼儿之间提供了一个相互合作和交流的平台,促使特殊需要幼儿和普通幼儿能够在积极自然的状态下展开合作,进一步促进双方在社会性发展方面的提升。

第三部分:融合教育教案

领域	艺术	班级	中班	执教者	张帅
主题	可爱的动物	课题		大象和蚊子	

学情分析	普通幼儿	大多数幼儿在人际交往和社会适应方面发展良好,他们能正确认识自己、看待他人,有良好的亲子关系、师生关系和同伴关系。这些关系为他们提供了安全感和信任感,帮助他们建立自信和自尊。他们能够遵守规则,并形成了基本的认同感和归属感。 班级中的幼儿喜欢参加音乐游戏活动,能够用简单的语言表达自己的想法,并拥有音乐欣赏和音乐律动的活动经验。在游戏中,他们愿意与同伴合作,但在协商和解决问题的能力方面,仍需要教师的指导和帮助。
	特需幼儿	西西,男,孤独症谱系幼儿,性格乐观积极。听觉高度敏感,能够听到他人听不到的声音,活动中表现出较强的音乐节奏感,区域中喜欢参与他人的表演活动,不会表达合作愿望,经常以个人意愿为主加入他人游戏,缺乏与他人协商的能力和经验。需要教师辅助进行协商,他可以接受同伴辅助,但不会主动与同伴交往。具备基本的情绪感知能力,不能迁移和换位思考。情绪控制和调节能力弱,具备一定的模仿能力,喜欢模仿故事中的小动物。爱心同伴带领时能够跟随同伴游戏,愿意配合同伴指令。

学习目标	普通幼儿	1. 理解乐曲表现的故事情境,感受典型乐段节奏特点,能随乐曲旋律自由大胆表现大象走、蚊子叮等游戏动作。 2. 能根据音乐变化及时变换动作,较完整连贯的与同伴共同游戏。 3. 在与同伴的互动中体验游戏中蚊子"叮",大象"赶"。
	特需幼儿	1. 丰富对音乐节奏的多重感知力和表现力。 2. 能在教师语言、动作提示中感受音乐节奏的变化的基础上理解音乐所表达的故事情节。 3. 能有意识地参与合作表演游戏,感受音乐游戏中与同伴互动的快乐。
教学方法	普通幼儿	情境教学法、启发式教学法、合作教学法
	特需幼儿	正强化、情境教学法、启发式教学法、合作教学法
教学准备	物质准备	音乐、故事、图谱、头饰
	经验准备	幼儿有奥尔夫音乐图谱游戏的经验、具备节奏感知和表现经验。
	物质材料图片	 图 1　大象头饰若干　　　图 2　蚊子头饰若干 图 3　音乐图谱

教学活动			
教学环节	教师活动	班级幼儿活动	特需幼儿活动
第一部分：情境导入	1.导入：今天老师带来了一首音乐，讲了大象和小蚊子的故事。请你们听一听音乐，猜一猜大象和小蚊子之间到底发生了什么事情。 2.教师提问：大象和小蚊子之间发生什么有意思的事情？ 幼儿自主表达，教师予以鼓励。	1.专注欣赏音乐，想象音乐中表现的故事情境。 2.大胆猜想并积极回答问题。	1.能够听他人回答。 教师帮助特需幼儿集中注意力，听他人的回答。 2.教师请特需幼儿回答问题。 在几个幼儿回答问题以后，适时提问特需幼儿，如"西西，你觉得大象和蚊子在干什么？"引导特需幼儿倾听后进一步思考。
第二部分：分段听音乐，识别角色与情境	教师讲述游戏故事，幼儿完整了解游戏线索。 音乐游戏情境故事： 从前在森林里住着一头小象，它长得肥嘟嘟、胖乎乎的。妈妈就对他说："小象，看你吃得这么胖，赶快到森林里去走一走，跳一跳，锻炼锻炼减减肥吧。"于是小象抬起它肥肥的大脚到森林里去散步了…… 走、走、跳跳跳，走、走、跳跳跳，走、走、跳跳跳（教师表现出上气不接下气的样子），小象太胖走一会儿就累了，它偷偷躲起来睡觉了。小象刚刚睡着，有一群小蚊子飞来了。小蚊子飞到小象这一看，哇！胖乎乎的大屁股看见就想叮，看准了……叮（3次）"哎呀！这是谁啊，叮得我好痒"，小象就站起来赶蚊子。赶、赶、赶蚊子（2次）……小象一看蚊子都赶走了就又睡了。小蚊子一看小象又睡觉了，又出来叮小象。飞……停！（4次）看见了肥肥的屁股，看准了……叮！（8次）"哎呀"，小象实在是太生气了！"我刚一睡着蚊子又来叮我了，我生气啦！我要踩扁你！"他抬起自己的大脚把所有的蚊子都踩扁了。	幼儿认真听故事的同时，关注老师的动作的变换并进行模仿。如"走、走、跳跳跳"时，教师先单脚轮流用力走，然后双脚原地跳，幼儿自由跟随并模仿老师的动作和节奏，积极参与。	听故事，理解音乐节奏和故事情节之间的关系。 教师在讲述故事时，适当提高音量或放慢语速。 教师走到特需幼儿身边，做特定的手势动作，近距离与特需幼儿互动，如教师伸出手指，对着幼儿做"叮，叮；叮"的动作，引起幼儿的有意注意。 讲述过程中，在节奏出现变化时，教师用语言、动作辅助，帮助特需幼儿理解节奏与故事情节的关系。

	教学活动		
第三部分：分组听音乐，表现音乐与故事	1. 解读音乐图谱,学习游戏动作,初步互动游戏。 (1) 教师出示图谱,幼儿边看图谱边完整欣赏音乐第二遍。 教师:"这个有趣的故事就叫《大象和小蚊子》,我们一边听着音乐一边看一看图谱。"(教师伴随音乐指读图谱) (2) 分析图谱意义,学习表现大象和小蚊子的典型动作。 问题:图谱上有几种颜色?蓝色代表谁?红色代表谁?最后的大大的紫色脚印是什么意思? 教师小结:蓝色代表大象,红色代表蚊子,紫色大脚印表示把蚊子踩扁了。 (3) 逐段解读图谱内涵,伴随音乐学习游戏动作。 ① 理解大象走路的图谱,提问:"大象在干什么?" ② 理解小蚊子叮咬的图谱。提问:"小蚊子在干什么? 用什么动作表现蚊子叮咬?" 提问:小蚊子为什么要飞一飞、停一停? 小蚊子可以怎样飞?" ③ 理解大象赶蚊子的图谱。提问:"大象会用身体的什么地方赶蚊子?" ④ 理解大象踩蚊子的图谱。 听音乐,看图,引导幼儿按节奏表现"大象生气,踩扁小蚊子"的动作,强调控制脚步动作。	1. 认识图谱 (1) 幼儿观察图谱上的图示,讨论蓝色脚印、小眼睛、大脚印分别代表的含义。 (2) 幼儿发现脚印有颜色和大小之分,积极举手发表自己的看法:蓝色脚印和紫色脚印是大象;红色很多线是小蚊子发出声音,小眼睛是蚊子看啊看。紫色的大脚印是大象把蚊子踩扁了。 (3) 幼儿创编不同的动作表现大象走、蚊子飞,如:双手上下扇动表现蚊子飞,双臂上下扇动并转圈表现蚊子飞…… ① 师幼共同练习大象"走、走、跳跳跳"的节奏,伴随音乐稳定、有节奏地表现大象走跳的样子。 ② 师幼共同创编动作,练习小蚊子飞、停、叮大象的动作,幼儿跟随教师有节奏地做动作和停顿。 ③ 幼儿回答:大象尾巴和鼻子驱赶蚊子。幼儿用胳膊模仿大象的鼻子,驱赶蚊子;用手模仿大象的尾巴,放在身后甩来甩去,驱赶蚊子。 ④ 做踩扁蚊子动作时表现出很大的动作力度。	1. 分段认识图谱 (1) 教师使用肢体动作辅助解释音乐中的情节,帮助特殊需要幼儿初步理解图谱。 (2) 特殊需要幼儿和能力较强的幼儿一起讨论图谱中每一个图示代表的意思。 教师个别指导:你觉得大脚印是大象在干吗? 小眼睛是蚊子在做什么? 引导幼儿根据图谱内容回答:大象在走路,大象在打呼噜,蚊子飞、看啊看、叮大象,大象在赶蚊子。 (3) 请同伴带特需幼儿跟音乐配合图谱做大象走路,蚊子飞,大象赶蚊子、踩蚊子的动作。 根据特需幼儿对音乐的理解程度,选择时机发挥特需幼儿节奏感强的优势。如,教师:"请西西带大家听音乐,做飞一飞、停一停的动作。"
	2. 师幼伴随音乐,完整表现游戏情节两遍。 教师重点关注动作的节奏,小蚊子叮咬分散不聚集,小蚊子叮咬大象的位置、大象赶蚊子、踩扁蚊子的情绪与动作控制(通过语言节奏"我生气了",帮助幼儿把握音乐最后乐段的长音部分)	2. 幼儿跟随音乐完整表现音乐故事。	2. 第一遍完整表演。在节奏变换处,教师走到特需幼儿身边,用语言提示其下一个情节。 第二遍完整表演。 教师用图谱、语言辅助,提示幼儿情节变换。

续表

教学活动			
第四部分：角色扮演，开展音乐游戏	1. 师幼分角色进行游戏。	1. 幼儿分两组随音乐扮演，一组戴大象头饰扮演大象，一组戴蚊子头饰扮演蚊子。	特殊需要幼儿根据自己的喜好选择头饰和角色。第一种调整方式：教师请西西作为第二组表演的成员，先观看其他幼儿表演，学习并模仿他人的表演动作、与同伴之间合作表演的模式。第二种调整方式：为西西找一名善于表现与合作的幼儿，与其搭档，提供必要的帮助和示范。
	2. 组织幼儿分组扮演大象和小蚊子，独立互动游戏（根据游戏情况，进行1—2遍）。	2. 幼儿互换角色表演。	

第四部分：教师分析

1. 环境支持

音乐活动中，座位排成半圆形，教师安排特殊需要幼儿坐在中间，教师的正对面，确保他们从视觉和听觉上都能直接面对教师和图谱。教师通过捕捉幼儿的反应，灵活调整支持策略。幼儿能够听到、看到同伴的反应，在活动中获得最直观全面的信息，保持注意力。

2. 素材调整

在音乐故事表演环节，教师为幼儿提供动物头饰，不仅帮助幼儿在表演过程中深化角色意识，还进一步激发了他们创造性的肢体表达。特殊需要幼儿与同伴互换角色表演时，头饰起到了明确自己角色的作用。此外，使用动物形象制作音乐图谱，让幼儿能直观地看到每一段音乐所表现的故事情节，引导幼儿有目的地进行动作创编。这种视觉提示帮助特殊需要幼儿通过视听觉共用深化对故事及节奏的理解，为顺利参与活动提供了支持和促进作用。

3. 儿童喜好的利用

本次活动以"大象和蚊子"的故事为背景展开游戏，结合幼儿对动物角色扮演的独特喜好，激发他们对参与音乐活动的兴趣。同时，通过故事情节的推动，帮助幼儿提升音乐的感受力。教师利用幼儿听觉敏感的优势，在讲故事过程中强调语调和语气的表达。在幼儿表演练习中，教师在每个节奏变化的关键节点进行简单的语言提示，帮助幼儿在音乐表演游戏中获得胜任感。此外，教师发挥幼儿节奏感的优势，例如，当幼儿在活动中对蚊子飞、停的节奏型掌握较准时,教师请他们带领其他小朋友进行动作练习,从而树立特殊需要幼儿在班集体中的自信。

4. 教师支持

教师有目的地对特殊需要幼儿进行问题引导,并有针对性地进行个别化指导。例如,以故事中的关键词为线索,帮助幼儿梳理故事线:大象走、大象睡、蚊子飞、蚊子叮、赶蚊子、踩蚊子,以加深他们对图谱的认识和理解。在带领幼儿进行两次完整表演时,教师对特殊需要幼儿进行分层辅助。第一次表演时提供肢体动作示范和语言提示,第二次则将动态的肢体动作提示改为静态的图谱和语言提示配合。通过这种逐步减少辅助的过程,教师不仅帮助特殊需要幼儿建立了动作技能,还培养了他们的自信心和独立性,最终实现从依赖到自主的转变。

5. 同伴支持

活动中,同伴的示范性动作和语言能够帮助特殊需要幼儿更好地理解任务,减少活动的难度,从而更好地帮助他参与活动。同时,活动中设置的合作表演任务要求同伴与特殊需要幼儿协商分配角色、互换角色进行故事表演,有效激发了特殊需要幼儿的社交内在动机。

第五部分:园长(教学骨干)点评

音乐活动"大象和蚊子"以大象和蚊子的故事为核心,利用幼儿对动物角色扮演的兴趣来激发他们的参与热情。通过环境支持、素材调整、儿童喜好的利用、教师与同伴的支持等多方面的策略,为特殊需要幼儿和普通幼儿创造了一个包容且富有成效的学习环境。座位的调整确保特殊需要儿童能够直面教师和图谱,便于他们从视觉和听觉上获取更多信息。教师和同伴的支持为特殊需要儿童提供了直观的学习榜样,降低了活动难度。合作表演任务不仅增强了幼儿之间的互动,还通过角色互换等活动,促进了特殊需要幼儿的社会交往能力发展,激发了他们的内在社交动机。

总体而言,本活动通过精心设计的活动情境和丰富多样的素材,显著提高了幼儿的参与度,特别是特殊需要幼儿在活动中表现出了更高的积极性。教师和同伴的支持策略有效地帮助特殊需要幼儿建立了自信心,使他们在活动中不再感到孤立,而是能够主动参与到集体活动中。

"大象和蚊子"这一音乐活动设计体现了融合教育的基本理念,综合考虑了特殊需要幼儿和普通幼儿的不同需求。通过环境、素材、教师与同伴的多重支持,促进了普通幼儿与特殊需要幼儿之间的互动与合作,增强了班级的整体凝聚力,确保了教育教学效果。

(点评人:北京大学附属幼儿园赵红梅博士)

二、大班音乐活动：朱迪警官破案记①

《朱迪警官破案记》
教学活动视频

第一部分：特殊需要儿童基本情况

珩珩，3 岁进入幼儿园，开口说话较晚，三岁多到四岁时才会说话，语言表达不太清晰，学习能力相较于同龄儿童比较缓慢，注意力较难集中，行为难以控制。5 岁时在某脑科医院就诊，确诊为广泛性发育迟缓伴随注意力缺陷多动障碍。目前半天在园参与班级活动，半天在某康复机构进行康复干预训练。

珩珩具有基本的生活自理能力，能在教师的提示下完成自我服务；语言表达多以简单句为主，发音不太清晰；注意力难以集中，主要体现在与其对话时目光处于游离状态，对话中难以理解和回应超过十个字以上的内容；精力旺盛，坐在椅子上时，会持续绕圈晃动上半身，户外活动时喜欢绕圈奔跑，经常会使用大叫的方式去发泄和表达情绪。

【知识链接】

ADHD 儿童身心发展特点

注意力缺陷多动障碍（ADHD）是儿童期常见的一种行为障碍，可以细分为三种类型：以涣散为主的注意力缺陷多动症；以多动——冲动为主的注意缺陷多动症；混合型注意缺陷多动症。注意力缺陷多动障碍儿童的主要发展特点是多动、冲动和注意力不集中。

注意力缺陷多动障碍儿童的注意发展以无意注意占优势，有意注意能力有限。他们比同龄儿童接受外界信息要显得慢一些，很容易被环境中的无关刺激吸引而分心；注意维持时间短暂，稳定性有限，难以做到连续集中注意几分钟，极易疲劳和分散注意力；不注意细节，注意分配能力有限，无法同一时间接受或完成两个任务指令。

他们的行为主要表现为多动行为和冲动行为，也可能出现自主行为缺失、动作不协调、问题行为和社交行为困难。注意力缺陷多动障碍儿童的多动行为通常没有明显的目的性，这使得他们很难参与集体活动。他们可能会不断动来动去，或者打扰周围的同伴，比如在教室内乱跑或跑到教室外，趴在地上不动、打滚或跳跃。冲动行为表现为在行动前不预先思考，例如，问题还没有听完整就抢先回答，或者不分场合、不顾后果地行动。自主行为缺失主要表现在容易健忘，难以管理自身行为，听到好消息可能会大声尖叫，面对挫折时常常会立刻发脾气。动作不协调表现为走路呈 S 形前进，容易摔跤，缺乏节奏感，有时还会出现一只手在做某一动作时，另一只手也会不自主地做类似动作。注意力缺陷多动障碍儿童的"吮吸手指"行为发生频率较高。由于他们无法掌控自己的行为，不了解社交中的积极行为，因此难以做出符合社会期待的行为。

---

① 本案例由殷华街幼儿园提供并撰写

第二部分：教学内容分析

选择音乐律动《朱迪警官破案记》作为教学内容，既考虑到了注意力缺陷多动障碍幼儿动态行为较多、精力充沛的特点，又将音乐律动与动作表达相结合，以满足他们在动作表达中提高参与活动的兴趣，实现在一定时间内的集中注意力，并与同伴共同参与游戏。

首先，这一活动满足幼儿的动觉学习特点。针对 ADHD 幼儿难以安坐、喜欢走动的特性，音乐律动作为一种在音乐快慢节奏中进行动作编排的活动，以警官破案的故事情境为切入点，加入开车的动作，有效引发幼儿在活动中的参与兴趣。通过动作表达和队形走动，活动设计符合 ADHD 幼儿的动觉学习特点。

其次，活动设计引起 ADHD 幼儿的视觉注视。将律动活动与信息化课件融合，创造出动静交替的画面，从视觉上唤起 ADHD 幼儿的关注。警官破案的神秘感和画面上信件的出现，能激发幼儿的好奇心，引导他们的视觉停留，从而改善注意力分散的现状。

最后，活动融入幼儿的生活体验。游戏情境与幼儿生活中坐车的经验相结合，帮助幼儿回忆生活画面，并在游戏中呈现这些场景。幼儿在已有经验的基础上更愿意参与其中，提高活动的积极性。同时，通过游戏情境中的小组合作形式，帮助 ADHD 幼儿逐渐感受与同伴共同游戏的愉悦，降低冲动行为的发生。

第三部分：融合教育教案

领域	艺术	班级	大(7)班	执教者	李教师
主题	各种各样的职业	课题		朱迪警官破案记	

学情分析	普通幼儿	大部分幼儿喜欢参与音乐活动，具有初步的艺术表现与创造能力，能用律动或简单的舞蹈动作表现自己的情绪或自然界的情景。班级区域内，音乐小屋成为最受幼儿欢迎的区域之一，幼儿在音乐小屋内经常进行钢琴演奏、随乐舞动等活动，能自编自演，并为表演选择和搭配简单的服饰、道具或布景。 在音乐律动活动中，大多数幼儿节奏感掌握较好，能随着节奏的变换调整动作。但是在队形的变化中，依然会有部分幼儿出现掉队，不知道队形的走位等问题，需要在活动中有所提示或指引。
	特需幼儿	珩珩，男，被确诊为注意力缺陷多动障碍（ADHD）。他的社会交往能力与同龄幼儿相比存在差距，与班级内同伴的交流较少，通常表现为被动社交，主动社交的情况较少出现。在精细动作方面，珩珩在使用工具进行操作时，手部控制力较弱。在情绪行为方面，他在情绪调节、情绪理解和特殊习惯上与同龄幼儿相比也存在差异。 在音乐活动中，珩珩喜欢聆听节奏明快的音乐，并能跟随音乐做简单的动作。然而，他有时会表现出过度兴奋，出现转圈或离开位置等行为。在社交反应方面，珩珩的表现不够恰当，需要成人的提示才能与同伴进行相关的合作游戏和分组活动。
学习目标	普通幼儿	1. 感受并理解 ABA 音乐节奏，随着音乐的变化，能够进行动作表现。 2. 看图谱记录音乐变化过程，在故事情境的演变中合理表现动作，进行队形的调整。 3. 收集线索信息推理破案，发展细节观察能力，体验和同伴共同破案成功的喜悦。
	特需幼儿	1. 通过观察模仿、教师提示、同伴带领等不同方式，表现开车、刹车、转弯的动作，跟随同伴进行队形移动。 2. 在音乐变换时，体会音乐节奏的变化，能保持情绪稳定。

教学方法	普通幼儿	启发式教学法、情境教学法、个别示范法		
	特需幼儿	正强化、情境教学法、个别示范法		
教学准备	物质准备	音乐《猪突猛进（勇往直前）》、音乐图谱、与情境匹配的PPT		
	经验准备	观看过动画电影《疯狂动物城》		
	图谱仅供参考	图片参考		

教学活动

教学环节	教师活动	班级幼儿活动	特需幼儿活动
一、故事导入，激发兴趣	教师扮演故事角色，引发幼儿的好奇。 教师：我是动物城的朱迪警官，我刚才接到一个新的案件：森林停车场的一辆红色车子被偷了，牛局长打电话让我去破案。	幼儿在具有悬念的故事中，注意力专注，积极主动地参与活动。	能够安坐在座位上保持10—15秒，认真听故事，注意力较集中。
二、感知音乐，熟悉动作	1.随音乐讲述故事，帮助幼儿初步感知音乐。 教师：朱迪警官在开车前做了哪些准备？开车时又遇到哪些情况呢？ 2.教师出示图谱，示范动作。 教师：我开车时还做了哪些事情呢？每个动作做了几遍呢？转油门的动作可以怎么做？ 3.验证图谱，熟悉动作。 教师：每个动作是不是做了4遍呢？我们一起看着图谱再来验证一下。 4.听音乐练习动作。 教师：你想不想成为小警员和我一起去破案呢？全体起立，跟着音乐再来做一次。	1.认真听音乐，说出朱迪警官在开车前做了哪些准备。 2.（1）通过图谱回顾音乐内容，感受音乐情境中的动作变化，理解并掌握基本动作。 （2）积极回答问题，随着不同动作的转变，体会音乐节奏的变化，感受朱迪破案时紧张刺激的氛围。 3.通过多次播放音乐、教师示范，总结出动作的要领和遍数，并跟着教师一起做一做。 4.随乐站立，验证图谱中动作的遍数，能跟随音乐节奏的变化过程调整自己的动作。	1.能安静听音乐，在音乐节奏出现变化时，保持情绪稳定。 当出现情绪问题时，教师给予动作上的提示，如"不可以"手势；或在语言上的提示"我们的朱迪警官正在耐心破案呢，请给她一个安静的破案环境哦！" 2.教师提供放大图谱，能积极辨认图谱上的内容，并知道每个动作各做几下。 教师通过手势显示数字"4"，提示珩珩下一个动作做4下。 3.珩珩能在同伴和教师示范的情况下跟随全班同学一起做动作。 当同伴发现珩珩做错动作时，能通过亲身示范和轻声言语提醒的方式帮助珩珩纠正错误。

三、跟随音乐进行律动游戏	1. 根据线索分四队游戏。 教师:通往山顶的路有几条啊?每个房子里都有可能藏着小偷,那我们要怎么去找呢?	1. 幼儿分为四队寻找偷车贼的线索,过程中需要做出开车的队形,队伍中保持队伍整齐。 在本环节中,幼儿能跟随音乐律动搜集推理信息,并能在情境指令的引导下保证每一小队合作紧密、队员不掉队,小队与小队之间保持恰当距离不碰撞,最后跟随语言指令和音乐变化站在原地保持队形。	1.(1)珩珩认真听教师的问题,和同伴保持队形的一致。 教师对珩珩的行为给予肯定性回应。如:回答出问题时,及时用语言或动作的形式对珩珩进行赞美和称赞,强化珩珩在集体面前回答问题的成就感。 (2)珩珩能够跟随小组成员一起进行开车、刹车、转弯等动作表现。
	2. 听音乐进行四队变两队游戏。 教师:在巡视的过程中我们发现了一个信封,里面藏着破案的线索,我们一起来看一看。哪个房子前有这样的大树?我们来看一看门前有蝴蝶和小鸟的房子。 教师:从四条路变成两条路行驶,你遇到了什么问题?	2. 变化队形:过程中跟随音乐变化,仍然保持开车动作,从4队变成2队。 观察比较信封中隐藏的线索,发现两栋房子门前有蝴蝶和小鸟的大树。	2. 和同伴共同参与到游戏情境中,感受音乐节奏中的变化。 按照教师的要求打开隐藏在信封里的线索,并能说出画面的不同。 在本环节中通过提供同伴支持、教师动作提示的方式,提供社交支架,帮助珩珩更好地参与到游戏情境中。
	3. 找到偷车贼,两队变一队进行抓捕。 教师:到底谁是小偷呢?我们一起听一听(尼克和闪电)。谁是偷车贼?小警员们开始实施抓捕,可是现在抓捕闪电的路又变成了几条?那我们怎么从两队变成一队呀? 教师:终于抓到偷车贼了,小警员们顺利完成任务,恭喜你们成为优秀的小警员!(颁发警员徽章)	3. 变化队形:过程中跟随音乐变化,仍然保持开车动作,从2队变成1队。 能认真听音乐,通过音乐和特效声音,情感不断强化,推理找出最后的偷车贼是谁,体会到推理成功带来的乐趣。 在本环节中,幼儿通过队形的不断变换,感受到情境的转变。在前期队形变换的经验上,此时更加能熟练、迅速地完成队形转换,并能根据音乐的变化,感受到抓到偷车贼的喜悦,和同伴分享这一情感。	3. 在教师言语提醒和同伴引导下完成队伍变换,在同伴安抚下保持情绪稳定。 本环节中珩珩在同伴的带领下,能参与到集体破案的情境中,完成队形的变化。 在教师颁发警员徽章时,珩珩能跟教师说:"谢谢"。
四、拓展经验,深度思考	出示摆放到门口的障碍物,带着幼儿一起继续探索。 教师:新的任务来了,前面的道路出现了障碍,我们怎么通过呢,一起去试试吧!	幼儿在音乐声的伴随下一起绕障碍走出教室。	珩珩在同伴的提示下一起绕障碍走出教室。

第四部分：教师分析

根据幼儿园融合教育的课程调整策略,以促进普通幼儿与特需幼儿的共同发展为目标,充分考虑注意力缺陷多动障碍幼儿在身心发展上的特点,对现有教育活动进行了有针对性的调整。

1. 环境支持

考虑到 ADHD 幼儿注意力易分散,在辅助教学工具的呈现上,增加了互动性强的白板,如触屏点击信封、动物声音音频的提供。视觉、听觉、触觉等多元信息的融合,能引发 ADHD 幼儿参与活动的兴趣。借助位置优化策略,在位置的安排上采用半圆形围坐,同伴和配班教师分别位于 ADHD 幼儿的两侧,以便在幼儿出现影响教学活动的行为时,同伴和教师能够适时提醒。

2. 素材调整

在信息材料的提供上,采用对比鲜明的黄色作为底色,强烈的颜色对比有助于 ADHD 幼儿快速识别和记住,从而增加注意力的维持时间。同时,可以事先准备一套翻页式小型图谱,在幼儿出现注意力转换时,及时提供,以引起幼儿视线的恢复。

3. 活动简化

在引导幼儿进行动作表现时,融入游戏情境,提醒幼儿进行动作、队形的变化。以任务分解的形式帮助他们逐步理解音乐、掌握基本动作、跟随同伴一起游戏。

首先,以配乐故事的形式讲述需要表现的内容,将核心动作编排到故事中,如"开车""刹车""转弯""掉进坑里"等关键词语的表达,帮助幼儿更好地理解动作、匹配音乐进行游戏。其次,在队形变化的过程中,借助明确的语言提示,如"拐弯之后变两队""坑里出来变一队",为幼儿下一阶段动作的变化做好预令。

4. 儿童喜好的运用

通过日常观察,我们发现该幼儿对交通工具特别感兴趣。在音乐情境中,可以将警车纳入活动,创设一个开警车寻找小偷的故事。这种设计既富有趣味性,又提高了幼儿的参与性,体现了"兴趣导向"原则。

5. 成人支持

在活动中,教师适时向 ADHD 幼儿提问,并将拆信封的任务交给该幼儿。在自然的情境中鼓励幼儿表达自己,增强其自信心,满足幼儿被他人肯定的需求。同时,教师扮演警长的角色,通过夸张的动作和表情为幼儿提供相应的刺激,激发他们跟随同伴一起参与活动的意愿。

6. 同伴支持

在活动中,设置三人一组进行开车游戏,前面带队的幼儿能够为 ADHD 幼儿提供正确的示范和引导。在完成游戏任务后,同伴间的微笑、牵手等非言语行为,对 ADHD 儿童来说都是一种有效的同伴支持。

7. 隐形支持

在分组活动中,教师参与到任务游戏中,及时对 ADHD 幼儿出现的动作进行调控。同时,在活动结束时提供破案成功获得的奖章,让幼儿感受到完成任务后的喜悦。

第五部分:园长(教学骨干)点评

活动设计充分考虑了 ADHD 幼儿的特点,ADHD 幼儿注意力容易分散,但在互动性强、视觉和听觉刺激丰富的辅助工具,如白板、音频等的支持下,能有效集中注意力,增强参与活动的兴趣。活动中,教师通过游戏情境的设置、任务的分解和明确的指令,帮助幼儿更好地理解和参与活动。

其次,同伴支持在本次活动中发挥了重要作用。通过三人一组的合作形式,普通幼儿不仅能够为 ADHD 幼儿提供正确的示范和引导,还能在完成任务后给予他们积极的反馈和鼓励,从而增强了 ADHD 幼儿的自信心和参与感。

融合教育的实施需要教师的持续观察、反思和调整,它不仅仅是针对特殊需要儿童的教育,更是促进所有儿童共同成长的教育方式。

(点评人:南京市江宁区殷华街幼儿园周昉副园长)

三、中班美术活动:跳舞的藤蔓①

第一部分:特殊需要儿童基本情况

可乐,男,3 岁进入幼儿园,目前 5 岁半,即将在今年九月升入大班。刚入园时,他不与老师或同伴沟通交流,常常独自沉浸在自己的世界里,尤其是不参与集体活动。经医院诊断,可乐患有孤独症。他的生活环境比较特殊,自出生以来一直由老人照顾,从 5 岁开始在康复中心主要接受社交能力和沟通方面的训练。目前,他是幼儿园中班的幼儿,基本能参与班级的一日生活。

可乐具备基本的生活自理能力,能够自己吃饭、控制大小便、洗手喝水等,也能自己脱衣物,但尚未具备独立穿衣裤的能力。在老师的引导下,他能进行简单的语言表述;在有序的活动中,他的情绪较为稳定。然而,如果活动计划被打乱,他会随意走动或自顾自地拍手;在集体教学时,需要老师多次干预和指导才能完成任务;他基本不参与集体游戏活动。

可乐与老师关系亲密,但与同伴的关系一般,交流不多。在游戏中,他喜欢独自玩耍,不会主动发起互动,但在成人的提醒下可以和同伴进行肢体交流(例如:握手、拥

---

① 本案例由昆明市海贝中英文幼儿园撰写,高春玲、马彦指导

抱)。可乐最感兴趣的是"吃",看到食物时会表现出很强的保护性。

第二部分:教学内容分析

艺术活动本质上是一个发现美、观察美、感受美以及创造美的过程。我们从大自然中发现美、感受美,再结合中班幼儿美术技能的发展需求,可以让幼儿尝试用水粉笔进行作画。"跳舞的藤蔓"这一主题不仅贴合幼儿的实际生活经验,更蕴含着促进孤独症幼儿艺术性发展的深远意义。

幼儿在玩耍时会发现一些树上缠着藤蔓,日常生活中也会看到相关的植物,他们对藤蔓充满好奇,经常会站在树下仔细观察并讨论藤蔓的样子。基于幼儿的兴趣和生活经验,设计本活动,引导幼儿感受藤蔓舞动的不同姿态,尝试运用水粉表现出藤蔓不同的生长方向和造型特点。

孤独症幼儿的特征之一是语言和社交上存在困难,但许多孤独症患者拥有非凡的视觉思考能力,可以将这种能力转化为良好的记忆处理能力,记录图像和视觉信息,并通过绘画或其他艺术媒体表达思想。基于此,设计了"跳舞的藤蔓"这一绘画活动,为孤独症幼儿提供视觉交流的机会,引导他们用绘画的方式表达语言无法表述的内容,传达自己的想法。这对于培养孤独症幼儿的想象能力、思考能力、细节观察能力等也是有效的。同时,对于发展孤独症儿童社交互动中的非语言交流能力也非常重要。绘画作品可以作为孤独症儿童与他人交流的桥梁,通过展示自己的作品,他们可以在不需要过多语言交流的情况下与他人分享自己的世界。

第三部分:融合教育教案

领域		艺术	班级	中(2)班	执教者	杨老师
主题		认识藤蔓		课题		跳舞的藤蔓
学情分析	普通幼儿	大部分幼儿的人际交往与社会适应发展良好,能正确认识自己、看待他人,能遵守规则,形成基本的认同感和归属感。目前,班级中的幼儿对艺术活动的绘画常规相当熟悉。通过欣赏和观察藤蔓的生长形态,他们能够合作使用画笔大胆创作。				
	特需幼儿	可乐,男,孤独症谱系障碍幼儿,社会交往障碍较为突出,需要成人的辅助才能与人交往。他知道自己和家人的名字,但还无法区分人称代词;遇到问题时不会主动求助,较少主动发起对话,缺乏与人目光注视的交流。在成人的提醒下,可乐能够完成生活自理;在助学小伙伴的帮助下,他能够排队,并根据同伴发出的指令做出相应的动作;但他还无法关注别人的情绪和需求。 在生活中,可乐能够自己简单地画画,有时甚至能独立完成一幅哥哥的绘画作品。当他看到老师进行绘画相关活动时,也会表现出浓厚的兴趣。				

学习目标	普通幼儿	1. 感受藤蔓舞动的不同姿态,尝试运用水粉表现出藤蔓不同的生长方向和造型特点; 2. 能大胆运用粗细、曲直不同的线条表现藤蔓的主要特征,并用点彩的方法表现叶子和花朵; 3. 能合作画水粉画,享受水粉画活动的兴趣。
	特需幼儿	1. 能跟着老师用手比出藤蔓生长的样子。 2. 能和同伴一起在画纸上画出不同形态的藤蔓。
教学方法	普通幼儿	情境教学法、启发式教学法、合作教学法
	特需幼儿	正强化
教学准备	物质准备	(1) 教学课件:视频、图片; (2) 绘画材料:水粉笔、颜料、背景纸等。
	经验准备	有画各种线条的经验
		藤蔓的图片

教学活动			
教学环节	教师活动	班级幼儿活动	特需幼儿活动
一、情境导入	播放藤蔓生长的视频,在动态的过程中感受藤蔓舞动的姿态。 指导语:小朋友们,你们见过藤蔓吗? 藤蔓是什么样子的?	1. 欣赏观察藤蔓。 2. 描述藤蔓的形态。 3. 师幼共同交流,分享自己的观察。	1. 愿意参与集体活动。 2. 认真观看视频。

教学活动			
教学环节	教师活动	班级幼儿活动	特需幼儿活动
二、欣赏观察	引导幼儿欣赏藤蔓的图片，进一步感知藤蔓粗细不同、曲直不同的造型姿态。 1. 逐一欣赏藤蔓的图片，感受曲直不同的造型姿态。 2. 引导幼儿观察、讲述藤蔓不同的姿态，并用肢体动作进行模仿。 3. 通过观察比较，感受藤蔓粗细的不同和生长方向的不同。	1. 欣赏图片并说出藤蔓的外形特点。 2. 能用动作表示出藤蔓的姿态。 3. 了解藤蔓不同的生长方向并能描述。	1. 会欣赏藤蔓的图片。 2. 能简单地跟着老师一起用动作表示藤蔓。
三、实操绘画	回顾并绘画 1. 看一看，我们今天用什么来画画（水粉）？ 2. 你想画什么样子的藤蔓？请小朋友上来试着画一条藤蔓。（颜料不一样，用哪一种颜料画藤蔓比较合适？） 3. 幼儿分组创作，教师巡回指导。 幼儿分成四个组，一起画一幅最喜欢的藤蔓，用其他颜料画出叶子和花（介绍叶子和花的画法——手指点画）。	1. 对水粉感兴趣，能用水粉画出藤蔓。 2. 幼儿互相合作，共同完成藤蔓的绘画。 3. 画完藤蔓之后能用彩色的颜料画叶子、小花作为装饰。	1. 能在老师的引导下说出几种颜料的颜色。 2. 能大胆用水粉笔蘸颜料在白纸上画出藤蔓的大体形态。 3. 不搞破坏、有序地参与绘画活动。
四、欣赏评析	小组作品的欣赏与评价 请幼儿分享介绍自己组合作绘画的藤蔓。	小朋友上台讲述自己喜欢哪一幅画，并说一说为什么？	能指出自己画的藤蔓是哪些。

第四部分：教师分析

1. 环境支持

教室内设置了不同的区角，特别是美工区，给幼儿提供了充足的美术工具。宽敞的通道、易于取放的货物，最大化地满足孤独症幼儿自由、安全的行动和使用，体现了无障碍性与便利性。基于孤独症儿童视觉发展优势的特点，在位置的安排上一般以弧形中间区域为主，易于他们完整观看教学屏幕上呈现的画面，老师的面部表情及动作也能映入他们的视线中。

2. 素材调整

教学中老师以图片和动作肢体来吸引幼儿注意力，当孤独症幼儿出现目光停顿或者其他注意力分散行为时，对其注意力能起到一定调控作用。从孤独症幼儿已有生活经验出发,结合他们的认知发展现状,提供的任务单内容可以做适当微调。

3. 活动简化

从孤独症儿童已有生活经验出发,结合他们的认知发展现状,提供的图片都是日常生活中经常能观察到的。当普通儿童能观察描述4—5张图片时,孤独症儿童只需要完成1—2张图片即可。在对图片的表现上不做硬性要求,只要能在老师的帮助和引导下做出简单的动作即可。

4. 儿童喜好的运用

在提供的任务单上,以藤蔓生长的图片作为辅助,体现"兴趣导向"原则,可以极大地提升幼儿参与活动的主动性。用动作模仿藤蔓的生长形态,也可以满足幼儿对藤蔓的兴趣,激发幼儿及同伴共同参与活动的意愿。

第五部分:园长(教学骨干)点评

活动设计基于幼儿的生活经验——在幼儿园和小区见过藤蔓,借助图片讲解、动作示范,普通幼儿和特殊需要幼儿都能在观看和模仿的情境下感知并实际进行绘画。融合教育活动的本质在于为每个儿童提供最合适的支持。环境创设的适应性、素材调整的科学性、活动过程的差异性,都是教师在设计前期所深思熟虑的,体现出既有趣又考验幼儿合作的活动安排。同时,利用特殊需要幼儿对某项活动的偏好,在活动设计中巧妙融合,多用动作模仿,能极大地提升特殊需要幼儿参与活动的兴趣,获得积极的体验感。

(点评人:昆明学院学前与特殊教育学院高春玲副院长)

思考与练习:

1. 结合实例,根据年龄和发展水平制定幼儿艺术领域教育内容和发展目标。

2. 分析《小老鼠与泡泡糖》①案例中的课程调整策略并对其作出评价。

3. 尝试设计艺术教育领域教学活动并说明对幼儿园融合教育课程调整策略的运用。

《小老鼠与泡泡糖》案例　　　　参考答案

---

① 本案例由北京大学附属幼儿园王安琪老师撰写

参考文献

1.《辞海》编辑委员会.辞海:教育、心理分册[M].上海:上海辞书出版社,1980.

2. 艾略特.W.艾斯纳.儿童的知觉与视觉的发展[M].孙宏,葛凌凌,张丹,译.长沙:湖南美术出版社,1994.

3. 邓猛.融合教育与随班就读:理想与现实之间[M].武汉:华中师范大学出版社,2009.

4. 黄群.无障碍通用设计[M].北京:机械工业出版社,2009.

5. 卡罗尔·格斯特维奇.发展适宜性实践——早期教育课程与发展[M].霍力岩,等译.北京:科学教育出版社,2011.

6. 李拉.融合教育学[M].南京:南京大学出版社,2022.

7. 联合国教科文组织.全纳教育共享手册[M].陈云英,杨希洁,赫尔实,译.北京:华夏出版社,2004.

8. 刘新学,欧阳新梅.学前融合教育[M].南京:南京大学出版社,2023.

9. 路得·特恩布尔,等.《今日学校中的特殊教育》[M].方俊明,等译.上海:华东师范大学出版社,2004.

10. 施良方.课程理论——课程的基础、原理与问题[M].北京:教育科学出版社,1996.

11. 王辉.特殊儿童教育诊断与评估[M].3 版.南京:南京大学出版社,2018.

12. 约翰·杜威.学校与社会·每日之学校[M].赵祥麟,任钟印,吴志宏,译.北京:人民教育出版社,1994.

13. 约翰·杜威.杜威教育论著选[M].赵相麟,王承旭,编译.上海:华东师范大学出版社,1981.

14. 中国大百科全书总编辑委员会《教育》编辑委员会.中国大百科全书:教育[M].北京:中国大百科全书出版社,1985.

15. 钟启泉.现代课程论[M].上海:上海教育出版社,1989.

16. 朱家雄.现代儿童保健百科全书[M].上海:中国大百科全书出版社上海分社,1994.

17. 朱家雄.幼儿园课程[M].3 版.上海:华东师范大学出版社,2022.

18. Susan R Sandall, Llene S Schwartz.学前融合教育课程建构模式[M].卢明,魏

淑华,翁巧玲,译.北京:心理出版社,2010.

19. 世界卫生组织.健康教育专家委员会报告[R].日内瓦:世界卫生组织,1954.

20. Hehir T. Inclusion：The dream and the reality[M]. Boston：Harvard Education Press，2002.

21. Rose H D，Meyer A，Strangman N. Teaching every student in the digital age：universal design for learning[M]. Alexandria，VA：Association for Supervision and Curriculum Development，2002.